Frank Schäffler | Bernd Reuther (Hrsg.)

AUFSTIEG

16 Vorschläge für die Zukunft Deutschlands

FRANK SCHÄFFLER | BERND REUTHER
(Hrsg.)

AUFSTIEG

16 Vorschläge für die Zukunft Deutschlands

FBV

Mit einem Vorwort von
WOLFGANG KUBICKI

Bibliografische Information der Deutschen Nationalbibliothek:
Die Deutsche Nationalbibliothek verzeichnet diese Publikation in der Deutschen Nationalbibliografie; detaillierte bibliografische Daten sind im Internet über http://d-nb.de abrufbar.

Für Fragen und Anregungen:
info@finanzbuchverlag.de

Originalausgabe, 1. Auflage 2020

Nymphenburger Straße 86
D-80636 München
Tel.: 089 651285-0
Fax: 089 652096

Redaktion: Ulrike Kroneck; Conny Rutsch
Korrektorat: Karla Seedorf
Umschlaggestaltung: Marc-Torben Fischer, München
Umschlagabbildung: shutterstock.com/Yuravector
Satz: abavo GmbH, Buchloe
Druck: GGP Media GmbH, Pößneck
Printed in Germany

ISBN Print 978-3-95972-417-3
ISBN E-Book (PDF) 978-3-96092-528-6
ISBN E-Book (EPUB, Mobi) 978-3-96092-529-3

INHALT

WOLFGANG KUBICKI

VORWORT 9

FRANK SCHÄFFLER

KAPITEL 1

DAS AUFSTIEGSVERSPRECHEN ERNEUERN 13

SARNA RÖSER

KAPITEL 2

MEIN DEUTSCHLAND IM JAHR 2030 – AUFSTIEGSCHANCEN ERMÖGLICHEN 31

THOMAS SATTELBERGER

KAPITEL 3

HILFE DURCH WIRTSCHAFTSWUNDER 2.0 UND AUFSTIEG DURCH DIGITALE FREIHEITSZONEN 41

KARSTEN KLEIN

KAPITEL 4

AUFSTIEG AUF PUMP? 57

JUSTUS HAUCAP
KAPITEL 5
AUFSTIEG UND WETTBEWERB IN DER DIGITALEN WIRTSCHAFT: WAS SICH IN DEUTSCHLAND ÄNDERN MUSS 73

DR. GERO HOCKER
KAPITEL 6
KINDERN MUT MACHEN, LEISTUNGSFREUDE FÖRDERN, BILDUNGSAUFSTIEG ERMÖGLICHEN! 89

ALEXANDER MÜLLER
KAPITEL 7
BEGINNEN WIR EIN MONDFAHRT-PROJEKT 105

INGO ANDERBRÜGGE
KAPITEL 8
WARUM WIR ALLE WIEDER AUF DEN BOLZPLATZ SOLLTEN 121

BERND REUTHER
KAPITEL 9
GILT HEUTE NOCH DAS VERSPRECHEN DER SOZIALEN MARKTWIRTSCHAFT? 139

OLIVER LUKSIC
KAPITEL 10
ENTPÖRUNG UND RESILIENZ, WELTOFFENHEIT UND OPTIMISMUS 155

OLIVER FLASKÄMPER
KAPITEL 11
WIR BRAUCHEN MEHR EDDI THE EAGLE 173

CARINA KONRAD
KAPITEL 12
AUFSTIEGSVERSPRECHEN IN LÄNDLICHEN RÄUMEN ERNEUERN! 191

TORSTEN HERBST
KAPITEL 13
DEUTSCHLAND BRAUCHT MEHR FORTSCHRITTS-BEGEISTERUNG, WENIGER GERMAN ANGST 209

JOHANNES VOGEL
KAPITEL 14
DAS STREBEN NACH GLÜCK 227

DANIELA KLUCKERT
KAPITEL 15
IDEOLOGEN BITTE ABTRETEN. INNOVATIONEN GEHÖRT DIE ZUKUNFT 245

ULF POSCHARDT
KAPITEL 16
AUFSTIEG KENNT ZWEI STRATEGIEN 265

ANMERKUNGEN 275

VORWORT

Wolfgang Kubicki

Wolfgang Kubicki, Jahrgang 1952, trat 1971 in die FDP ein. Dem Kieler Landtag gehörte er von 1992 bis 2017 an. Zwischen 1989 und 1993 war er Landesvorsitzender der FDP Schleswig-Holstein und Mitglied des Bundesvorstands. 1992/93 und von 1996 bis 2017 war er Vorsitzender der FDP-Fraktion im Schleswig-Holsteinischen Landtag. Er kandidierte insgesamt bei sieben Landtagswahlen als Spitzenkandidat der Liberalen und erreichte 2009, 2012 und 2017 die drei besten Wahlergebnisse in der Geschichte seiner Partei. Wolfgang Kubicki ist seit 2013 stellvertretender Bundesvorsitzender der Freien Demokraten. Seit 2017 gehört er wieder dem Bundestag an. Er wurde Ende Oktober 2017 zum Vizepräsidenten des Deutschen Bundestags gewählt. Er ist Rechtsanwalt. Wolfgang Kubicki ist in dritter Ehe mit der Strafrechtlerin Annette Marberth-Kubicki verheiratet und hat zwei Kinder.

Die folgenden Sätze sind mehr als 60 Jahre alt, doch sie sind heute noch genauso richtig wie damals:

> »Erziehung und Bildung sollen allen Menschen die Möglichkeit geben, ihre Anlagen und Fähigkeiten unbehindert zu entfalten. Sie sollen die Widerstandskraft gegen die konformistischen Tendenzen unserer Zeit stärken. Kenntnis und Aneignung der überlieferten kulturellen Werte und Vertrautheit mit den formenden Kräften des gesellschaftlichen Lebens der Gegenwart sind Grundlagen unabhängigen Denkens und freier Urteilsbildung.«[1]

Diese Worte entstammen dem berühmten Godesberger Programm der SPD vom November 1959. Sie waren Teil des Aufstiegsversprechens, das zehn Jahre nach der Gründung der Bundesrepublik nun auch die Sozialdemokratie den Westdeutschen geben wollte. Fortan war in der Bonner Republik unbestritten, dass persönlicher Aufstieg nur in einer freien Welt, in einem freien Wirtschaftssystem und einem freien und mündig machenden Bildungssystem stattfinden kann.

Es war Konsens in der Wiederaufbaugesellschaft, dass sich Leistung lohnen sollte. Wer sich anstrengte, der sollte mehr davon haben als jemand, dessen berufliche und persönliche Ambitionen nicht nach oben, sondern eher »seitwärts« ausgerichtet waren. Es war ein positives Leistungsverständnis, das unsere volkswirtschaftliche Kraft in einem zuvor ungeahnten Maße steigerte. Jeder sollte gemäß seinen Fähigkeiten und Neigungen alles erreichen können – wenn er sich genug anstrengte.

Heute, gut 60 Jahre und mindestens eine Bildungsexpansion später, müssen wir feststellen, dass die Offenheit für den Leistungsgedanken in weiten Teilen der politischen Landschaft deutlich kleiner geworden ist. Wenn Schulnoten nicht mehr gegeben werden sollen, um junge Menschen in der Phase der Adoleszenz angeblich nicht zu verunsichern, wenn Anforderungen an Abiturprüfungen reduziert werden müssen, um einen schlechten Notendurchschnitt zu verhindern, wenn Leistungsträger von politischen Akteuren öffentlich als faule und asoziale Solidaritätsverweigerer dargestellt werden, dann bekommt der Leistungsgedanke einer Gesellschaft erhebliche Risse – oder schlimmer noch: Junge Menschen lernen, dass Leistung und Anstrengung für weniger wichtig erklärt und nicht mehr die zentralen Maßstäbe für den Erfolg werden. Das ist fatal, denn wie kann der Aufstieg sonst begründet werden, wenn nicht mit besonderen Leistungen?

In den vergangenen Jahren bekam diese Entwicklung eine neue Dynamik: Viele Abiturienten mussten feststellen, dass sie zwar die allgemeine Hochschulreife verliehen bekommen haben, ihnen aber die tatsächlichen Fähigkeiten für ein Hochschulstudium fehlten. Manche Professoren beklagten einen »Akademisierungswahn«, der dazu geführt habe, dass junge Menschen glaubten, nur ein Hochschulstudium könne ihnen ein chancenreiches Leben garantieren.

Der Aufstiegsgedanke hat sich in Deutschland in den vergangenen Jahren also leider formalisiert und verhärtet, weil er sich sehr stark auf den Zweiklang Abitur und Studium fokussiert hat. Der durchaus verständliche politische Wunsch nach einer Erhöhung der Abiturientenquote hat am Ende allerdings dazu beigetragen, sowohl die betriebliche Ausbildung als auch das Abitur selbst zu entwerten. Eine Karriere als Meister ist für viele offenbar nicht so viel wert wie die Karriere eines Masters.

Die Hoffnung, die sich mit der höheren Abiturquote verband, nämlich die Verbesserung der Chancengerechtigkeit, hat sich in weiten Teilen nicht erfüllt. Ende 2018 stellte die OECD ernüchternd fest, dass die Bildungschancen in Deutschland immer noch stark vom Elternhaus abhängig sind. Die Corona-Krise hat das Übrige getan, dass sich diese Kluft vergrößerte.

Diese Entwicklung sollte uns nicht ängstigen, sondern Ansporn geben, die politischen Weichen wieder richtig zu stellen. Die wichtigste Aufgabe des freiheitlichen Staates ist die Verwirklichung der Chancengleichheit am Start und die Ermöglichung von Ungleichheit im Ziel. Jeder Mensch muss die gleiche Möglichkeit bekommen, jedes persönliche Aufstiegsziel zu erreichen. Die Möglichkeit zum Aufstieg ist die notwendige Voraussetzung für die individuelle Freiheit.

Insofern brauchen wir wieder eine positive Sichtweise auf Leistung und Leistungsträger – und keine einfältigen stigmatisierenden Diffamierungen. Wir brauchen ebenfalls eine respektvolle Kultur des Scheiterns, denn besondere Leistungen werden oft durch besondere Wagnisse erzielt. Es gehört zu einer offenen und freien Gesellschaft, dass sie dem Scheiternden immer eine neue Chance gibt und ihn im Scheitern nicht noch mit Spott übergießt.

In der Fußballbundesliga wird das Ringen um den Aufstieg zelebriert. Der Absteiger bekommt in der kommenden Saison eine faire Chance, wieder aufzusteigen. Warum sollte diese Fairness nicht auch im Berufs- und Geschäftsleben gelten?

Dieses Buch möchte das Thema »Aufstieg« von verschiedenen Seiten beleuchten. Die Autoren werden Vorschläge für ein aufstiegsfreundliches Deutschland präsentieren, ihre individuelle Aufstiegsgeschichte erzählen und werden darlegen, was zu tun ist, um Menschen zu befähigen, ihre eigenen Lebensziele zu erreichen.

Die Lektüre der folgenden Beiträge wird spannend und aufschlussreich zugleich sein. Sie sind sicher nicht allumfassend, aber eine gute Grundlage, das eigene Denken anzuregen.

Wolfgang Kubicki

KAPITEL 1

DAS AUFSTIEGSVERSPRECHEN ERNEUERN

Frank Schäffler

Frank Schäffler, Jahrgang 1968, stammt aus Bünde in Ostwestfalen-Lippe, ist verheiratet und hat zwei Kinder. Der Diplombetriebswirt (FH) war von 2005 bis 2013 Mitglied des Deutschen Bundestags und seit 2017 erneut.

Er ist Vorsitzender der Arbeitsgruppe Steuern und Finanzen der Fraktion der Freien Demokraten im Bundestag. Er ist Gründer und Geschäftsführer des klassisch-liberalen Thinktanks Prometheus – Das Freiheitsinstitut gGmbH.

Der amerikanische Traum ist der Traum vom Aufstieg: Der Traum, vom Tellerwäscher zum Millionär zu werden, aus der Garage heraus ein Weltunternehmen wie Apple oder Microsoft aufzubauen oder über den Leistungssport beim Basketball, American Football oder Baseball den sozialen Aufstieg zu schaffen. Dieser Mythos trägt noch heute dazu bei, dass es Menschen in den USA immer wieder und wahrscheinlich auch besser gelingt, erfolgreich zu werden.

Doch auch bei uns gab es diesen Traum. Quelle und Neckermann schrieben im Nachkriegsdeutschland Erfolgsgeschichte. Später gehörte auch die Gründung der SAP vor fast 50 Jahren dazu. Im Sport sind Fußballer wie Fritz Walter, Uwe Seeler und Lothar Emmerich heute noch Legenden. Das politische Leitbild der Nachkriegszeit war das Aufstiegsversprechen. Das daniederliegende Deutschland hatte einen enormen Bedarf an Gütern. Alles war zerstört, Wohnungen waren knapp, die Souveränität des Landes eingeschränkt. Zu Beginn dieser jungen Bundesrepublik legte Wirtschaftsminister Ludwig Erhard mit der sozialen Marktwirtschaft den Grundstein für den gesellschaftlichen und wirtschaftlichen Aufstieg. Sein Buch *Wohlstand für alle* war das wortgewaltige Bekenntnis, dass allein die Marktwirtschaft Voraussetzungen für die Überwindung der Versorgungsmängel der Bürger schaffen kann.

Der Aufstieg mit Bildung als Schlüssel für Wohlstand wurde erst in den späten 1960er-Jahren des letzten Jahrhunderts von der sozialliberalen Regierung Brandt/Scheel eingeleitet. Aufstieg war somit nicht länger ein Phänomen weniger Privilegierter, sondern ermöglichte ein schichtenübergreifendes Vorankommen.

Die neue Regierungskoalition hatte den Anspruch, dass gesellschaftlicher und ökonomischer Aufstieg durch individuelle Leistung für jeden möglich sein sollte. Das Instrument dafür war unter anderem eine große Bildungsoffensive. Viele Hochschulgründungen fielen in diese Zeit, ebenso die Einführung des BAföG und die Erleichterung des Hochschulzugangs. Diese gesellschaftliche Öffnung war verbunden mit der Zusage, dass jeder alles werden könne, der individuelle Erfolg von der eigenen Leistung abhängig sei.

Doch wer zu der Einschätzung gekommen sein sollte, diese Phase der Emanzipation sei vor allem auf den sozialdemokratischen Koalitionspartner zurückzuführen, weil die SPD doch die Partei der Arbeiter war und deren gesellschaftlichen Aufstieg begünstigen wollte, der hat sich nie ernsthaft mit der Geschichte des Liberalismus beschäftigt.

DER LIBERALISMUS ERMÖGLICHTE GESELLSCHAFTLICHEN AUFSTIEG

Die Geschichte des deutschen Liberalismus ist eng mit dem gesellschaftlichen Aufstieg verbunden. Der Liberalismus war historisch gesehen eine Bewegung von unten. Seinen Ursprung hatte er hierzulande im Vormärz des 19. Jahrhunderts, als die Bürger gegen Verkrustung, Standesdünkel und Privilegien weniger aufbegehrten. Es war ein Aufstand für diejenigen Menschen, die bitterarm waren und deren Gesundheitsversorgung katastrophal war. Eine enorme Bevölkerungsentwicklung verschärfte die Situation. Allein zwischen 1800 und 1900 wuchs die Bevölkerung in den Grenzen des Deutschen Reiches von 24,5 Millionen auf 50,6 Millionen.[2] Bauernbefreiung und Freizügigkeit führten zu einer Sogwirkung in die Städte, die mit Hunger und Wohnungsnot einherging. Dieser Bevölkerungsentwicklung standen die Privilegien der Besitzstandswahrer im Wege: Berufsverbote, Zölle und staatliche Monopole verhinderten den Aufstieg aus dem Elend. So war die Ausübung eines Gewerbes ein Konzessionsrecht, das der jeweilige Landesherr vergab. Erst mit der Reichsgründung 1871 wurde die Gewerbefreiheit deutschlandweit gesetzlich verankert und zu einer entscheidenden Basis für den gesellschaftlichen Aufstieg breiter Schichten und die sukzessive Bekämpfung der Armut.

Auch das Eintreten Liberaler für den Freihandel diente der Bekämpfung der Armut. Der Liberale John Prince-Smith war der Begründer der Freihandelsbewegung im 19. Jahrhundert in Preußen und im Deutschen Reich. 1809 in London geboren, kam er als Lehrer für Englisch und Französisch nach Preußen, unterrichtete dort einige Jahre, gab diese Tätigkeit jedoch auf, um als Publizist volkswirtschaftlicher und politischer Schriften zu arbeiten. Er gründete 1846 in Anlehnung an die Anti-Corn Law League der englischen Freihändler um Richard Cobden und John Bright den deutschen Freihandelsverein und versuchte zeit seines Lebens, die Freihandelsidee in Deutschland populär zu machen. Schutzzölle verhinderten den freien Warenaustausch und machten Getreide und damit Brot teuer. Viele Menschen verhungerten in dieser Zeit. Der Abbau von Zöllen diente daher im Wesentlichen den Armen und Mittellosen.

Die Erfüllung des Aufstiegsversprechens hing eng mit dem Ideal der Selbsthilfe zusammen. Es ging nicht mehr darum, Armut zu verwalten, sondern sie zu beenden. Es etablierte sich ein Do-it-yourself-Ethos, der Vorschuss-, Darlehens- und Konsumvereine hervorbrachte. Der Liberale Hermann Schulze-Delitzsch war der entscheidende Wegbereiter der Genossenschaftsidee. Sein politisches Engagement für die liberale Deutsche Fortschrittspartei im Reichstag führte zum ersten Genossenschaftsgesetz, dessen Grundlagen bis heute Gültigkeit haben. Die Liberalen waren der bürgerliche Teil der Arbeiterbewegung. Sie organisierten sich im Kongress deutscher Volkswirte. Ihr erster Vorsitzender Viktor Böhmert bezeichnete die Berufsfreiheit als »eines der ersten Menschenrechte – die Freiheit der Arbeit.«

Liberale, die mit der Deutschen Fortschrittspartei und der späteren Deutschen Freisinnigen Partei eng verbunden waren, gründeten damals private Arbeitervereine, deren Anspruch es war, Bildung und Wissen zu vermitteln, um gesellschaftliche Unterschiede auszugleichen und wirtschaftlichen Aufstieg zu ermöglichen. Der Tüchtige könne so vom Arbeiter zum Unternehmer werden.

Die Erfüllung des Aufstiegsversprechens hing eng mit dem Ideal der Selbsthilfe zusammen.

Das Parteiorgan *Freisinnige Zeitung* schrieb über das Selbstverständnis der Liberalen:

> »... der Freisinn ist die Partei des kleinen Mannes, der sich auf sich selbst und seine eigenen Kräfte verläßt, der keine Geschenke von dem Staate verlangt, sondern nur wünscht, dass man ihn nicht hindere, seine Lage nach Kräften zu verbessern und dahin

strebt, dass er seinen Kindern ein bessres Los hinterläßt, wie ihm selbst zuteil geworden ist.«[3]

Diese Selbstbeschreibung würde einer liberalen Partei auch heute noch gut anstehen.

Der heutige Wohlfahrtsstaat behindert den gesellschaftlichen und ökonomischen Aufstieg.

Der Liberalismus war schon immer eine Bewegung der Benachteiligten, der Unterdrückten und des Aufstiegs aus der Unmündigkeit. Der heutige Wohlfahrtsstaat ist dagegen neofeudalistisch. Er wirkt wie der Obrigkeitsstaat des frühen 19. Jahrhunderts: Er verhindert die Überwindung der Armut, zementiert sie und behindert den gesellschaftlichen und ökonomischen Aufstieg.

DIE ABGABENBELASTUNG VERHINDERT DEN AUFSTIEG

Ein wesentlicher Grund dafür: Die Belastung für die Bürger bleibt historisch hoch. Und das ist nicht nur ein Befund für Gutverdiener. Paradoxerweise belastet der Staat den Geringverdiener höher als den Gutverdiener. Während jemand mit 7000 Euro Einkommen für eine Gehaltserhöhung eine Abgabenbelastung von 44 Prozent zu schultern hat, führt beim Mindestlohnverdiener die Gehaltserhöhung zu einer Abgabenbelastung von 47 Prozent. Von 100 Euro Zusatzverdienst können Mindestlohnverdiener lediglich 53 Euro behalten. Der Rest geht an den Finanzminister für Lohnsteuer und Soli mit 27 Prozent sowie an die Sozialversicherungen mit 20 Prozent.

Gering- und Normalverdiener haben faktisch keine Chance, voranzukommen.

Heute verhindert der Staat erneut den gesellschaftlichen Aufstieg. Gering- und Normalverdiener haben faktisch keine Chance voranzukommen. Sie sind im Abgabensumpf gefangen. Das ist unmoralisch. Wie soll sich eine Kassiererin im Supermarkt, ein Auszubildender oder ein

Industriearbeiter jemals finanziell verbessern, wenn am Ende des Monats nichts übrig bleibt und man wieder auf die Umverteilungsapparate des Staates angewiesen ist, die einem huldvoll die eine oder andere Wohltat zuweisen?

Und selbst wenn etwas übrig bliebe, gibt es völlig falsche Anreize für die Vermögensbildung in Deutschland. Notwendig wäre ein Volk von Aktionären, die Eigentum an Unternehmen halten. Stattdessen sind wir ein Volk ohne Eigentum und seit einigen Jahren auch ohne Zinseinkünfte, dem massenweise Altersarmut droht. Lediglich 20 Prozent der Bürger halten Aktien und wir haben international eine der schlechtesten Quoten an Wohneigentum.[4] Ein Volk von Eigentümern würde die Selbstverantwortung stärken, das Verständnis für wirtschaftliche Zusammenhänge fördern und durch bessere Renditen das Erfüllen der Wünsche und Träume jedes Einzelnen erreichbar machen. Stattdessen sind gewaltige Summen gebunden in dem Versprechen auf Rentenansprüche, die wohl kaum erfüllt werden können.

Wo ist das Aufstiegsversprechen gegenüber vielen kleinen Selbstständigen – ohne Stabsabteilung und Apparat? Für den türkischen Gemüsehändler, der durch die Bonpflicht gequält wird, die Stunden seines 450-Euro-Jobbers wöchentlich dokumentieren muss und den Müll in acht Fraktionen trennen und entsorgen soll; für den Freelancer, der sich gerade selbstständig gemacht hat und immer auf der Hut sein muss, nicht zum »Scheinselbstständigen« zu werden, weil er aktuell nur einen Auftraggeber hat und deshalb bald in der gesetzlichen Rentenversicherung zwangsversichert wird; und für die selbstständige Reinigungskraft, die nachmittags nicht arbeiten kann, weil sie als alleinerziehende Mutter keine Betreuungsmöglichkeiten für ihr Kind bekommt, aber es partout allein schaffen will? Denn die öffentlich organisierte Kinderbetreuung versagt, während der Mutter zugleich nicht genug Geld vom Gehalt übrig bleibt, um selber einen Betreuungsplatz zu finanzieren.

BILDUNG ALS SCHLÜSSEL FÜR DEN AUFSTIEG

Wo ist das Aufstiegsversprechen in der Bildung? Kann es für Kinder aus bildungsfernen Schichten erfüllt werden? Erfüllt unser überwiegend staatlich organisiertes Bildungssystem diesen Anspruch? Wie kann es sein, dass das mit erheblichen öffentlichen Mitteln ausgestattete Schulsystem immer noch daran scheitert? Fachfremde Vertretungsregelung und Stundenausfall schaden gerade den benachteiligten Kindern. Sie haben meist keine Möglichkeit, privat finanzierte Nachhilfe zu erhalten. Und die Selbsthilfe im Sinne eines Schulze-Delitzsch ist durch den staatlichen Paternalismus erloschen. Gerade während der Corona-Pandemie wird das Versagen des Staates im Bildungsbereich offensichtlich. Wenn Kinder wochenlang nicht in die Schule gehen können und Online-Unterricht in den meisten Schulen ein absolutes Fremdwort ist, dann liegt etwas im Argen. Der Grund dafür ist der Bildungszentralismus, der Eigeninitiative im Keim erstickt.

Der Bildungszentralismus erstickt Eigeninitiative im Keim.

Lehrer sind im Idealfall gute Pädagogen. Sie haben sich im Rahmen eines Studiums Wissen angeeignet und können es vermitteln. Lehrer sind aber meist keine guten Manager. Wären sie es, dann hätten sie womöglich nicht Pädagogik, sondern Betriebswirtschaftslehre oder Ähnliches studiert. In unserem Schulsystem müssen Pädagogen aber häufig beides sein: Pädagogen und Manager, insbesondere dann, wenn Pädagogen zu Schulleitern oder stellvertretenden Schulleitern berufen werden, denn dann dreht sich das Verhältnis um. Sie sind dann in erster Linie Manager und in zweiter Linie Pädagogen. Sie müssen sich um neue Lehrer, Vertretungsregelungen und das Schulessen kümmern, aber auch für eine gute IT-Ausstattung sorgen und deren Betreuung organisieren. Sie müssen sich mit ihrem Schulträger, meist der Kommune, auseinandersetzen, um die Instandhaltung, die Sanierung und die Erweiterung der Gebäude und Ausstattung zu erreichen. Und sie müssen sich mit dem Schulministerium und den Schulämtern über Personal und Inhalte streiten. Eigentlich ist eine weiterführende Schule, sei es Gymnasium,

Gesamt-, Real- oder Hauptschule, ein mittelständisches Bildungsunternehmen, das aber leider oft unprofessionell gemanagt wird.

Dies liegt an der mangelnden Autonomie der Schule. Sie verfügt nicht über ein eigenes Budget, mit dem sie Personal- und Sachausgaben bezahlen könnte. Jeder öffentlichen Schule wird diese Aufgabe von der Kommune und dem Land abgenommen. Um die Mittelverwendung zu kontrollieren, regiert ein Schulministerium mit Rundschreiben, Erlassen und personeller Aufsicht in den Bezirksregierungen und Schulämtern meist bis in die einzelne Schule hinein. Fehlentscheidungen sind so vorprogrammiert, da das Land nicht individuell auf jede Schule eingehen kann. Aber auch Eigeninitiative wird so vor Ort untergraben und verhindert.

Eigentlich brauchte es hier eine Reform an Haupt und Gliedern. Warum werden Schulen nicht von Managern geführt, die dazu ausgebildet wurden? Neben pädagogischen Führungskräften könnte auch eine betriebswirtschaftliche und eine technische Ebene für mehr Effizienz und Professionalität in der Schule sorgen. Dies würde aber erfordern, dass Landesparlamente und Landesregierungen Schulen in die Eigenständigkeit und Freiheit entlassen würden. Nicht immer neue Schulversuche, Modellprojekte und starre Lehrpläne wären hier angesagt, sondern eine Budgetierung aller Schulen mit weitgehender Personal- und Kostenverantwortung vor Ort.

Gleichzeitig könnten über Bildungsgutscheine die Nachfrageseite gestärkt und Schüler und Eltern als Kunden verstanden werden. Doch in vielen Bundesländern existieren sogar Schuleinzugsbezirke, die die Auswahl der Schule zusätzlich erschweren. Anders als im derzeitigen System würde so nicht nur Mittelmaß erzeugt, sondern größere Differenzierung möglich und damit eine zielgenauere Förderung der Talente. Ein besseres Management, bessere Pädagogen und eine bessere Mittelverwendung würden die eine Schule gegenüber der anderen attraktiver machen. Es würden Leuchttürme entstehen, an denen man sich orientieren könnte. Es würde sich ein Wettbewerb zum Guten entwickeln. Auch für die Lehrer wäre dies attraktiv. Sie könnten sich auf das konzentrieren, was sie gelernt haben und was sie

Deutschland fällt als Bildungsnation zurück.

eigentlich machen wollen: Kinder und Jugendliche bilden, erziehen und ihnen möglichst Vorbilder sein.

Beste Bildung ist auch eine Frage der Investitionen. In den letzten zehn Jahren sind die Bildungsausgaben relativ zur Wirtschaftsleistung allerdings nicht gestiegen, sondern sogar gefallen. Dabei reden fast alle Parteien davon, mehr Geld in den Bildungssektor zu investieren. Doch ein wirklicher Paradigmenwechsel findet nicht statt. Das ist ein Armutszeugnis für ein Land, das für seine Dichter und Denker, Tüftler und Techniker international gerühmt wird. Doch der Bildungserfolg ist nicht nur eine Frage des Geldes, sondern auch des effizienten Mitteleinsatzes. In der deutschen Bildungsbürokratie herrscht das Denken des Zentralismus. Computer und Software werden zentral bestellt und die Leistung beim Abitur wird über eine zentrale Prüfung abgefragt. Lehrer werden nicht nach Leistung bezahlt, können nicht entlassen werden und die Schulleitung hat keine disziplinarischen Möglichkeiten bei Minderleistung. Alles das führt dazu, dass Deutschland als Bildungsnation zurückfällt. Vielleicht sollte das Bildungsideal Wilhelm von Humboldts wieder eine stärkere Rolle spielen. Er sagte über die Rolle von Staat und Bildung: »Die Staatseinrichtung an sich ist nicht Zweck, sondern nur Mittel zur Bildung der Menschen.«[5]

EIN VOLK VON EIGENTÜMERN

Bildung ist der Schlüssel zum gesellschaftlichen Aufstieg – aber nicht nur, auch die Vermögensbildung macht den Einzelnen unabhängig von staatlicher Willkür. Der Anspruch: »Unseren Kindern soll es einmal besser gehen« ist ein entscheidender Antrieb für die Vermögensbildung. Eltern wollen ihren Kindern etwas überlassen. Sie sollen bessere Startbedingungen haben als ihre Eltern. Doch der Staat verhindert das. Der Sparer wird derzeit an mehreren Fronten angegriffen. Die geplante Finanztransaktionssteuer der Großen Koalition schadet insbesondere bei langfristigen Sparprozessen. Gerade bei der Anlage in Aktienfonds – seien sie an einen Index gebunden oder aktiv gemanagt – zahlt der Anleger bei jeder Umschichtung. Die Befürworter argumentieren zwar, dass dies nur kleine Summen sind, doch langfristig werden aus diesen kleinen Summen leicht fünfstellige Beträge, die bei der eigenen Altersvorsorge fehlen.

Darüber hinaus führt die Zinspolitik der EZB zur kalten Enteignung von Arbeitnehmern in Deutschland. Denn diese sparen im Wesentlichen in Schuldpapieren, die eigentlich Zinsen abwerfen sollten. Drückt die Notenbank durch ihre Aufkäufe die Rendite und den Zins dieser Anleihen, dann können diejenigen, die in diese Zinspapiere investieren, logischerweise auch keine Erträge erwarten. Das betrifft nicht die ganz Armen, aber auch nicht die ganz Reichen in diesem Land. Es betrifft in erster Linie die Normalsparer, also die Mitte der Gesellschaft. Wer konservativ spart, in Lebensversicherungen, Festgelder und Bausparverträge sein Geld anlegt, verliert.

Die Vermögensbildung macht den Einzelnen unabhängig von staatlicher Willkür.

Gleichzeitig steigen die Preise der Vermögensgüter, zum Beispiel im Immobiliensektor, stark an. Denn dort fließt das billige Geld der Notenbanken hinein. Die konsumfernen Wirtschaftszweige profitieren zuerst davon und so steigen deren Vermögenswerte durch die erhöhte Nachfrage. Gleichzeitig zahlen diejenigen, die in Ballungszentren wie München, Stuttgart oder Düsseldorf zur Miete wohnen, dafür mit einem immer höheren Anteil ihres Arbeitnehmereinkommens.

Dies ist nur einer der Kollateralschäden, die das billige Geld der Notenbanken produziert. Seit dem Tiefpunkt an den Wertpapierbörsen 2009, als die EZB den Leitzins in mehreren Schritten auf 0 Prozent senkte, stieg der Deutsche Aktienindex DAX um mehr als das Dreifache. Immer wieder wollen Finanzminister daran partizipieren und schlagen vor, die Kapitalertragsteuer von 25 Prozent abzuschaffen und die Besteuerung der normalen Einkommensteuer zu unterwerfen. Einige halten das für gerecht. Wieso soll die niedrigere Kapitalertragsbesteuerung dem Einkommensteuertarif mit seiner Besteuerung in der Spitze von 45 Prozent nicht angepasst werden?

Doch letztlich wäre diese Änderung unsozial und ungerecht. Gerecht wäre es, wenn Einkünfte jeglicher Art zu jedem Zeitpunkt gleich besteuert und der Weg von Gering- und Mittelverdienern in den Aktienmarkt nicht verhindert wird. Gerecht wäre es auch, wenn die Regierung nicht die Bürger in bestimmte Anlageformen lenkt oder zwingt. Eine verpflichtende Altersvorsorge für Selbstständige gehört dazu. Das wäre fatal. Es würde die Zahl der Existenzgründer in Deutschland weiter reduzieren. Denn wer schon von Beginn seiner Selbstständigkeit an 300, 400 oder 500 Euro pro Monat in eine Lebensversicherung sparen muss, fängt erst gar nicht an, seine unternehmerische Idee hier umzusetzen, sondern wandert gleich aus.

Ein gerechtes Steuersystem, das Sparen nicht diskriminiert, sieht anders aus. Es würde Einkünfte jeglicher Art nur dann besteuern, wenn sie für den Konsum verwandt werden würden. Denn in unserem aktuellen Steuersystem führt selbst eine Kapitalertragsteuer von 25 Prozent bei langen Sparprozessen zu einer Kumulation der Besteuerung. Der Vereinfachung halber lassen wir den Solidaritätszuschlag einmal weg.

Ein Beispiel: Wer heute ein zu versteuerndes Einkommen von 40 000 Euro im Jahr hat und einmalig 1000 Euro zur Seite legen kann, hat diesen Betrag bereits mit seiner Lohnsteuer versteuert. Angenommen, dieser Sparer hat einen durchschnittlichen Einkommensteuersatz von insgesamt 25 Prozent. Bei einem Betrag von 1000 Euro hätte er also 333 Euro Steuern zahlen müssen. Hätte er es nicht versteuern müssen, weil er nicht heute, sondern erst zu Beginn seines Ruhestandes in 40 Jahren konsumieren will, hätte er 1333 Euro anlegen können. Wir unterstellen, er legt diese 1333 Euro in Dividendenpapiere an und erzielt eine Dividendenrendite von 3 Prozent pro Jahr, die er gleich wieder reinvestiert.

In einer Welt ohne Steuern könnte er zu Beginn seines Lebensabends 4349 Euro erwarten. Investiert er aus versteuertem Einkommen 1000 Euro (1333 – 25 Prozent) und seine jährlichen Zinserträge von 3 Prozent werden mit der Kapitalertragsteuer von 25 Prozent pro Jahr (3 – 25 Prozent = 2,25 Prozent) besteuert, dann hat er in 40 Jahren lediglich 2435 Euro angespart. Die Differenz von 1914 Euro sind seine gezahlten Steuern. Das entspricht, obwohl es eine Kapitalertragsteuer von »nur« 25 Prozent gibt, einer steuerlichen Belastung von 44 Prozent. Hätte er heute konsumiert und nicht in 40 Jahren, wäre er steuerlich besser gefahren.

Die Antwort auf diese Diskriminierung muss sein, Sparvorgänge nachgelagert und nicht fortlaufend zu besteuern. Das gibt es zwar in Ansätzen bei der betrieblichen Altersvorsorge und beim Riester- und Rürup-Sparen schon, nur drängt dort die Regierung die Sparer in die Kapitalvernichtung, da diese Anlageformen überwiegend in Staatsanleihen investieren müssen, deren Verzinsung durch die EZB vernichtet wird.

Der Liberale John Stuart Mill hat dies bereits im 19. Jahrhundert kritisiert, als er sagte:

> »Denn was gespart und fest angelegt wird, zahlt künftig Einkommensteuer von den Zinsen oder Gewinnen, die es bringt, trotzdem dass es bereits als Kapital besteuert worden ist. Wenn daher Ersparnisse von der Einkommensteuer nicht ausgenommen werden, werden die Steuerzahler von dem, was sie sparen, doppelt, und dagegen nur einmal von dem, was sie ausgeben, besteuert. Der so zum Nachteile der Vorsorglichkeit und der Wirtschaftlichkeit geschaffene Unterschied ist nicht nur unpolitisch, sondern auch ungerecht.«[6]

Daher wäre ein Vorsorgekonto für jedermann sinnvoll, welches jeder aus seinem Brutto besparen kann und erst in der Entnahmephase besteuert wird. Später sollte dies dann der persönlichen Einkommensteuer unterliegen. Das würde Anreize setzen, zu sparen. Vorgaben wie Beitragsgarantie, Mindestverzinsung oder Vererbbarkeit sollten entfallen. Jeder Anleger ist anders, hat eine andere Lebenssituation oder andere Präferenzen. Der Staat sollte sich in die individuellen Lebensentwürfe daher nicht einmischen. Das würde Anreize setzen, zu sparen.

DER SOZIALSTAAT VERHINDERT DEN AUFSTIEG

Der moderne Sozialstaat, der als Wohlfahrtsstaat daherkommt, ist eine preußische Erfindung. Der preußische Staat war ein Flickenteppich. Die Identität der Bürger mit diesem unzusammenhängenden Staatsgebilde versuchten die preußischen Herrscher mit einem zur damaligen Zeit hohen Grad der Fürsorge zu erreichen. Von der Erziehung bis zur Feuerversicherung wurde alles vom Vater Staat organisiert und geregelt. Es war der »geistige Hegemonieanspruch des Staates«, wie es Gerd Habermann in seinem Standardwerk *Der Wohlfahrtsstaat – Ende einer Illusion* ausdrückt, der so weit ging, dass in Preußen der Kaffeegenuss durch ein Monopol beschränkt wurde und Friedrich der Große seinen Untertanen empfahl, statt Kaffee Warmbier zu trinken. Daraus ist die Kultur des »Vater Staat« in Deutschland gewachsen. Der Alte Fritz kümmerte sich um seine Schäfchen, in dem Glauben, dass sie des eigenständigen Denkens nur in Grenzen mächtig seien. Dies alles folgte dem großen Ziel, die Macht des Königs militärisch und räumlich zu erweitern.

Wenn jeder Untertan, der arbeitslos ist, an einer Krankheit leidet oder nicht ausreichend für das Alter vorgesorgt hat, vom Vater Staat von seinen Sorgen befreit wird, erfordert dies zwangsläufig eine Planung des Staates. Doch zentrale Pläne lassen die Vielfalt der Möglichkeiten nicht zu, die einer dezentralen Problemlösung offenstehen würden. Die Regierung ist der zentralistische Monopolist der Problembeseitigung. Doch genau darin liegt des Pudels Kern. Wenn sich herausstellt, dass die Maßnahme falsch, unzureichend oder ineffizient war, interveniert die Regierung erneut, schafft mehr Bürokratie und greift in die Vertragsfreiheit Einzelner noch stärker ein. Es findet kein Wettbewerb und kein Entdeckungsverfahren um die beste Problemlösung statt, die in einem auf der individuellen Freiheit beruhenden Konzept möglich wäre.

Die Regierung ist der zentralistische Monopolist der Problembeseitigung.

Doch Deutschland hat in seiner Geschichte auch beeindruckende Freiheitsmomente erfahren. Die zarten Pflänzchen des Freiheitsdrangs auf dem Hambacher Schloss (1832) zum Beispiel oder die Verfassungsversammlung in der Frankfurter Paulskirche (1849) wurden jedoch mit Bismarck jäh wieder ausgerissen. Bismarck führte den preußischen Vater Staat konsequent weiter und schuf die Grundlage für den heutigen Wohlfahrtsstaat. Dieser Wohlfahrtsstaat wurde nur durch die beiden Weltkriege unterbrochen, um danach umso heftiger zu wüten. Betrug die Sozialleistungsquote – alle Sozialleistungen eines Staates im Verhältnis zum Bruttoinlandsprodukt – 1950 in Deutschland noch 14,8 Prozent, hat sich dieser Anteil mit 30,3 Prozent im Jahr 2019 inzwischen mehr als verdoppelt.[7] Und auch der jüngste Freiheitsmoment in der deutschen Geschichte, die Deutsche Einheit, konnte den Trend des Wohlfahrtsstaates nicht aufhalten, sondern – wenn man ehrlich ist – hat ihn noch verstärkt. Das Credo der Befürworter einer kapitalistischen Wirtschaftsordnung lautet daher allenthalben: Es muss erst erarbeitet werden, was später verteilt werden kann. Dieser in Anlehnung an Ludwig Erhard formulierte Anspruch soll zum Maßhalten auffordern.

Es muss erst erarbeitet werden, was später verteilt werden kann.

Doch dieser Prozess des Erarbeitens kann länger oder weniger lang dauern. Und auch der Vermögensaufbau kann länger oder kürzer dauern. Letztlich hängt es vom Geldangebot ab, ob dies schneller möglich ist oder nicht. Und dieses Geldangebot war in der Vergangenheit reichlich vorhanden. Eine Erhöhung der Geldmenge M3 um fast 200 Prozent seit Euroeinführung ist das Ergebnis der Geldpolitik der EZB.

Damit erreichte die EZB ein kumuliertes reales Wachstum im Euro-Klub von fast 30 Prozent in 22 Jahren. Kurz: Mit immer mehr Geld aus dem Nichts wurde versucht, Wirtschaftswachstum zu generieren. Doch immer mehr Giralgeld muss eingesetzt werden, um am Ende Konjunktur zu erzeugen. Das hat Folgen.

Insgesamt gilt in diesem Kontext: Wenn derjenige, der investieren will, leichter oder günstiger an einen Kredit kommt, kann er Investitionen zeitlich vorziehen, größer angehen oder mit einer geringeren monatlichen Belastung stemmen. Dann werden Investitionen getätigt, die gar nicht oder in dieser Form nie getätigt worden wären. Und Unternehmen, die längst vom Markt verschwunden wären, gibt es immer noch, da ihre laufenden Belastungen durch den billigen Zins niedrig sind. Das ist die Situation in vielen Ländern Europas. Alle Krisen sind letztlich Investitionen in Immobilien und Unternehmen, die sich, erst einmal aufgeschoben, als falsch erweisen. Sie kumulieren zu einem Klumpenrisiko einer ganzen Branche oder Volkswirtschaft.

Mit immer mehr Geld aus dem Nichts wurde versucht, Wirtschaftswachstum zu generieren.

Das, was für die Wirtschaft gilt, gilt für den Staat im Besonderen. Knappheiten, die es beim Staat selten gibt, werden erst recht außer Kraft gesetzt. Die Steuereinnahmen sprudeln durch die geldmengengetriebene Scheinkonjunktur, die Ausgaben für Arbeitslose sinken durch den höheren Beschäftigungsstand und die Begehrlichkeiten der Fiskalisten sind dennoch leicht zu befriedigen, da sie mit geringeren Kreditzinsen einhergehen. Alle sind zufrieden. Und wenn die Blase platzt, Insolvenzen drohen, Wirtschaftszahlen einbrechen, dann erlaubt dies der Regierung, erneut zu intervenieren. Denn nicht sie, sondern die Perversionen des Kapitalismus haben zur Krise geführt – eine sich selbst erfüllende Prophezeiung.

Fatal ist deshalb, dass Investitionen von Politik, Medien und Wissenschaft per se als gut empfunden werden, als hätte es nie eine Immobilienblase in Südeuropa oder Irland gegeben. Das waren lange Zeit die Investitionen, die das Wachstum dieser Länder antrieben. Dort wurden Kapazitäten im Bausektor aufgebaut, Arbeitsplätze geschaffen und Scheinwohlstand produziert, der jedoch keine Substanz hatte. Doch gerade dieses Rezept wird uns heute wieder als Problemlösung eingeredet. Das allerdings wird jetzt mit dem Wiederaufbaufonds der EU wieder einmal versprochen.

In Deutschland wird uns sogar eingeredet, dass vermehrter Konsum wichtig für Wirtschaft und Arbeitsplätze sei. Es herrsche Verunsicherung bei den Konsumenten und deshalb würden sie nicht ausreichend kaufen. Daher fordern Gewerkschaften Lohnerhöhungen oberhalb der Produktivitätssteigerung, um die Lücke zum größeren Angebot endlich zu schließen. Doch diese Lücke ist kein natürlicher Zustand, sondern Ergebnis der Kapazitätsausweitungen, die mithilfe des billigen Geldes erzeugt wurden und die nicht durch einen Nachfrageschub geschlossen werden kann. Sie müssen sich zum Normalen korrigieren. Die Überkapazitäten sind Ausdruck der Preisentwicklung der Güter höherer Ordnung, wie es Carl Menger bezeichnete.[8] Die Inflation des Geldes macht sich eben nicht zuerst in den Konsumgütern, sondern in den Preisen für Produktionsgüter bemerkbar.

Aber man muss nicht die Österreichische Schule der Nationalökonomie bemühen, sondern nur in die goldenen 1920er-Jahre zurückblicken. Wenn die These der mangelnden Nachfrage für die schleppende Konjunktur ursächlich wäre, dann hätten die Bürger in Deutschland in den 1920er-Jahren das Geld nicht mit vollen Händen deshalb ausgegeben, weil sie Angst hatten, dass es stündlich an Wert verliert, sondern weil sie Arbeitsplätze schaffen und dem Allgemeinwohl dienen wollten.

Die Dimension der Intervention verschiebt sich aktuell jedoch erheblich. War die Umverteilung innerhalb einer Gesellschaft auf das Steuersystem durch dessen Progression in der Einkommensteuer oder Steuern auf Vermögen begrenzt und generationsübergreifend durch die Refinanzierungsfähigkeit des staatlichen Schuldenberges gedeckelt, wird durch die expansive Geldpolitik ein neues Scheunentor für weitere Umverteilung geöffnet.

Eigentlich müssten jetzt alle Freiheitsfreunde resignieren. Seit über 130 Jahren wütet der Wohlfahrtstaat unentwegt. Und er zeigt längst Wirkung in den Köpfen der Menschen. Das Forschungsinstitut Allensbach fragte die Bürger bereits vor einigen Jahren: »Geht es Ihnen in einem stärker vom Staat kontrollierten Wirtschaftssystem besser?« Darauf antworteten 42 Prozent in Ostdeutschland und 36 Prozent in Westdeutschland mit »genauso« oder »besser«. Lediglich 34 Prozent in Westdeutschland und 18 Prozent in Ostdeutschland meinten, es ginge ihnen schlechter. Und der Aussage: »Ich fände es gut, wenn der Staat Obergrenzen für die Preise für Miete festlegen würde«, stimmten 71 Prozent (!) zu.[9] Die Frucht des »Kathedersozialismus«, wie dies Ludwig von Mises nannte, zeigt bis zum heutigen Tag Wirkung.[10]

Kein Land und keine Gesellschaft ist jemals dauerhaft mit hohen Steuern, möglichst billigem Geld und möglichst hohem Konsum zu Wohlstand gekommen.

Kein Land und keine Gesellschaft ist jemals dauerhaft mit hohen Steuern, möglichst billigem Geld und möglichst hohem Konsum zu Wohlstand gekommen. Nein, das Gegenteil ist richtig. Fangen wir endlich damit an: Echte Steuergerechtigkeit ist die Voraussetzung für eine Sparkultur in Deutschland. Sparen ist die Grundlage für Investitionen, Arbeitsplätze und Wohlstand einer Gesellschaft. Und gutes Geld ist die Basis dafür.

NEOFEUDALISMUS ÜBERWINDEN

Wo ist das Versprechen, dass jeder in unserem Land werden kann, was er will, wenn er sich anstrengt? Ist es heute noch möglich, buchstäblich vom Tellerwäscher zum Millionär zu werden? Der heutige Wohlfahrtsstaat ist leistungsfeindlich und ungerecht. Er behindert den gesellschaftlichen Aufstieg derer, die es wollen, aber nicht dürfen. Dabei ist gerade dies das Lebenselixier einer offenen Gesellschaft. Das Aufstiegsversprechen, jener Kern-Ethos des Liberalismus, will eine Gesellschaft ermöglichen, in der jeder, unabhängig von seiner Herkunft, seinem Geschlecht, seinem Aussehen oder seiner Religion die Möglichkeit hat, die eigenen Lebensziele zu erreichen. Das derzeitige System in unserem Land hemmt allenthalben den unternehmerischen Geist und schränkt durch ein Umverteilungssystem aus der linken in die rechte Tasche selbstbestimmtes Leben zunehmend ein. Es zementiert den Status quo der Bürger und lähmt ihre Selbsthilfekräfte. Diesen Neofeudalismus müssen wir endlich überwinden!

KAPITEL 2

MEIN DEUTSCHLAND IM JAHR 2030 – AUFSTIEGSCHANCEN ERMÖGLICHEN

Sarna Röser

Sarna Röser ist designierte Nachfolgerin ihres Vaters Jürgen Röser, der im 1923 gegründeten Familienunternehmen Zementrohr- und Betonwerke Karl Röser & Sohn GmbH in Mundelsheim Geschäftsführender Gesellschafter ist. Sie ist u.a. Mitglied der Geschäftsleitung der Röser FAM GmbH & Co. KG, einem zum Familienverbund gehörenden Unternehmen. Seit 2018 ist sie zudem Bundesvorsitzende des Verbands DIE JUNGEN UNTERNEHMER von DIE FAMILIENUNTERNEHMER e.V. Seit Juli 2020 sitzt sie im Aufsichtsrat der Fielmann AG. Als Stimme des jungen Unternehmertums vertritt Sarna Röser die Interessen von über 1500 jungen Familien- und Eigentümerunternehmern in Deutschland.

Viel wurde in der Geschichte bereits über die Jugend geschrieben, über ihre angebliche Verdorbenheit, ihre schlechten Manieren und ihren mangelnden Respekt gegenüber den Alten. Bereits Sokrates wusste zu berichten, dass die jungen Leute ihren Eltern widersprechen und ihre Lehrer tyrannisieren. Abgesehen davon, ob das nun stimmen mag oder nicht, bildet die Jugend einen wichtigen Teil der Gesellschaft – und zwar den, der mit den von ihnen vorgefundenen Bedingungen noch lange auskommen muss. Wenn beispielsweise die Tilgung der Schulden des 750-Milliarden-Euro-EU-Coronafonds im Jahr 2058 abgeschlossen sein soll, dann werden die allermeisten der Verhandlungsführer dieses verhängnisvollen Paketes bereits längst ihre sichere Beamtenpension genießen, die jetzigen Berufsanfänger jedoch die Hauptlast getragen haben. Allein schon aus diesem Grund müssen die Jungen maßgeblich in die politischen Entscheidungen eingebunden werden, die sie gegenwärtig, aber eben auch noch viel später betreffen werden. Das gilt etwa für Themen wie die Langfristlasten aus heutigen Rentenentscheidungen, die Energiewende und den Infrastrukturbau.

Deswegen hilft der eingangs beschriebene kulturpessimistische Blick auf »die« Jungen nicht weiter, auch wenn die kompromisslose Ideologie und die Gewaltbereitschaft bestimmter Straßenbewegungen weite Teile der Deutschen vor den Kopf stößt. Um die Zukunft gemeinsam zu gestalten, sollten alle Generationen zusammenwirken und vor allem Politik nicht zulasten eines gewissen Klientels gemacht werden. Dazu gehört, dass sich die jungen Menschen in diesem Land nicht nur in die Politik einbringen, sondern ihnen auch zugehört wird. Junge Menschen werden sich jedoch nur dann politisch und gesellschaftlich engagieren, wenn sie sich in Deutschland wiedererkennen, wenn sie sich persönliche Lebensziele, Wünsche und Träume erfüllen können. Ohne eine solche Aufstiegsperspektive droht Frustration und Politikverdrossenheit. Dabei ist es besonders in den gegenwärtigen Zeiten wichtig, gemeinsam an der Zukunft Deutschlands zu arbeiten.

… die Jugend bildet einen wichtigen Teil der Gesellschaft – und zwar den, der mit den von ihnen vorgefundenen Bedingungen noch lange auskommen muss.

DIE CORONA-KRISE MEISTERN

Die Welt scheint aus den Fugen geraten zu sein. Dem unglaublichen Gesundheitsnotstand folgte der wirtschaftliche Schock. Der Lockdown verursachte ein abruptes Bremsen vieler ökonomischer Aktivitäten, ganze Branchen mussten schließen und blicken einer unsicheren Zukunft entgegen. In Unternehmen kann nicht geplant werden, es wird vom Eigenkapital gezehrt. Und dem nicht genug, sind die bisherigen Herausforderungen nicht verschwunden, sondern wurden nur überdeckt. Deshalb sind die Menschen in diesem Land gegenwärtig doppelt gefordert. Nicht nur die Auswirkungen der Corona-Pandemie hinterlassen tiefe Spuren, sondern auch der Strukturwandel der Digitalisierung und die Gefahr, im neuen kalten Technologie-Krieg zwischen den USA und China zerrieben zu werden, verunsichert die Gesellschaft – zumal wir hier gerade erst am Anfang stehen. Nicht wenige Menschen fragen sich, ob es ihre Kinder tatsächlich einst noch besser haben werden als sie, und stellen damit die zentrale Aufstiegsformel der Sozialen Marktwirtschaft zur Disposition.

Jedoch liegt in jeder Krise auch eine Chance. Der Handlungsdruck ermöglicht frische Perspektiven und eröffnet neue Wege. So ist die Akzeptanz von Homeoffice und mobilem Arbeiten gestiegen, der Wert eines gesunden Mittelstandes wird wieder anerkannt und die Bereitschaft für notwendige Reformen ist da. Kurz: Wir haben ein historisches Fenster, um eingefahrene Strukturen zu hinterfragen und neue Lösungen auszuprobieren. Besonders wir hier in Deutschland haben mit der Sozialen Marktwirtschaft dafür eigentlich gute Voraussetzungen: Die Wirtschaftsordnung ist sozial, weil sie Menschen Lebenswege eröffnet und gesellschaftlichen Aufstieg ermöglicht, und sie ist leistungsfähig, weil sie Innovation und Dynamik entfesselt. Daran sollten wir uns halten.

Jedoch liegt in jeder Krise auch eine Chance.

So können wir gestärkt aus der gegenwärtigen Krise hervorgehen. Ich bin optimistisch, dass wir in zehn Jahren viele Probleme gelöst und vielfältige Wege für den sozialen Aufstieg gesichert haben. Wie sieht es also aus, mein Deutschland im Jahr 2030? Lassen Sie uns gemeinsam träumen.

MEIN DEUTSCHLAND 2030 IST ... DIGITAL

Im Jahr 2030 wird die Digitalisierung so selbstverständlich sein wie heutzutage die Versorgung mit Strom. Bürger und Unternehmer kennen den Gang zum Amt zur Erledigung von Verwaltungsakten nur noch aus Filmen. Mit ihrer digitalen Identität und ihrem Personalausweis können sie sich zweifelsfrei online ausweisen und sämtliche Anliegen unkompliziert erledigen, sei es die Ausstellung von Urkunden, die Ummeldung oder die Beantragung von Kindergeld. Unternehmensgründer müssen nicht länger einen Marathon zu den unterschiedlichen Ämtern laufen, sondern ein zentraler Ansprechpartner erlaubt die schnelle und digitale Gründung – Starts-ups sind dann im wahrsten Wortsinne »In-Gang-Setzer«, nämlich neuer Geschäftsideen, von Wertschöpfung und Arbeitsplätzen. Damit bekommen Menschen die Chance, sich selbstständig zu machen und ihre Aufstiegsträume zu realisieren. Und wer weiß, womöglich stehen sie am Beginn eines neuen Familienunternehmens? Womöglich sind sie die Gründer der ersten Generation.

Auch das Mindset wird sich verändert haben. Selbst die konservativsten Geister haben sich von alten Arbeitszeit-Modellen und der Präsenzkultur verabschiedet. Mobiles Arbeiten und 3D-Videokonferenzen dominieren den Arbeitsalltag. Dadurch können junge Arbeitnehmer ihre Familienplanung besser mit dem Job vereinbaren und müssen nicht mehr automatisch in überfüllten Städten wohnen. Darüber hinaus hat die Corona-Krise ein Umdenken in der Bildungspolitik ausgelöst und sich als wirkungsvoller Nachhilfelehrer in Sachen Digitalisierung erwiesen. Schulen sind jetzt mit IT-Infrastruktur und digitalen Lehrmitteln viel besser ausgestattet. Lehrer können digital mit ihren Schülern interagieren, Hausaufgaben stellen und korrigieren. Dadurch ergibt sich eine sinnvolle Balance aus Präsenzunterricht und digitalen Angeboten. Ebenso ist der Bildungsföderalismus reformiert: Das Abitur ist nun deutschlandweit auf hohem Niveau vergleichbar geworden und erlaubt auf diese Weise Bildungsgerechtigkeit bei der Verteilung von Studienplätzen. Somit hängt der akademische Aufstieg nicht mehr vom Geburtsglück ab.

Obwohl die Diktatur der DDR weit zurückliegt, wissen wir, was Freiheit bedeutet – und, dass sie immer aufs Neue verteidigt werden muss, weltweit und um jeden Preis.

Der Anspruch auf schnelles Internet hat tatsächlich einen flächendeckenden Ausbau digitaler Infrastruktur bewirkt, sodass nun jeder Deutsche, unabhängig von seinem Wohnort, die Chancen der digitalen Welt wahrnehmen kann. Es spielt keine Rolle mehr, von wo aus er sich einloggt und arbeitet. Die damalige Entscheidung, beim Aufbau des wichtigen 5G-Mobilfunknetzes auf sichere, europäische Hersteller zu vertrauen und staatlich beeinflusste Unternehmen aus Diktaturen auszuschließen, hat sich als richtige Entscheidung erwiesen. Deutschland und Europa haben noch rechtzeitig den Weg für die digitale Souveränität eingeschlagen. Wir haben gelernt, dass wir in Zukunftstechnologien investieren müssen, um nicht zu einem Industriemuseum zu verkommen. Während China seinen Überwachungsapparat weiter perfektioniert hat, hat sich Deutschland nicht abgeschottet und konsequent auf das freie Unternehmertum und die Kreativität der Menschen gesetzt. Europa hat sich auf seine Grundwerte besonnen: Menschenrechte sind nicht verhandelbar und dürfen in keiner Weise wirtschaftlichen Erwägungen geopfert werden. Die Sanktionen der Kommunistischen Partei Chinas als Vergeltung für unseren Kampf um Menschenrechte haben unsere deutschen Unternehmen zwar Umsatz und Gewinn gekostet, allerdings war und ist es unsere Pflicht, für eine offene, liberale Gesellschaft einzutreten. Obwohl die Diktatur der DDR weit zurückliegt, wissen wir, was Freiheit bedeutet – und, dass sie immer aufs Neue verteidigt werden muss, weltweit und um jeden Preis.

Begleitet wird die digitale Transformation auch von einem institutionellen Wandel. Eine zentralere Koordinierung der Digitalpolitik mit weitreichenden Durchgriffsrechten und eigenen Haushaltsmitteln sorgt für den notwendigen Schub und dafür, dass sämtliche Facetten der Digitalisierung als Ganzes bedacht werden. So muss beispielsweise die Einführung neuer

Technologien immer auch von Weiterbildungsmaßnahmen, der Einsatz neuer Plattformen für den Verbraucherschutz und die Dominanz großer Hightech-Unternehmen von einem modernen Wettbewerbsrecht begleitet werden – Silodenken und medienwirksame Social-Media-Vermarktung allein helfen nicht weiter.

MEIN DEUTSCHLAND 2030 IST ... GENERATIONENGERECHT

Die Jugendlichen von heute sind die Steuerzahler von morgen. Deshalb müssen wir uns vor Schuldenmacherei, teuren Wahlkampfgeschenken und nicht nachhaltigen Ausgaben hüten. Die Tilgung von Schulden darf nicht einen großen Teil des Staatshaushaltes einnehmen, denn dann fehlen Mittel für notwendige Investitionen. Schulden schränken politische Gestaltungsfreiräume ein und bürden nachfolgenden Generationen hohe Lasten auf. Damit starten kommende Generationen belastet in die Zukunft und Aufstiegswege werden automatisch holprig, etwa dann, wenn das Geld für sinnvolle Fortbildungsmaßnahmen fehlt. Leider war die Lage durch die Corona-Krise besorgniserregend. Die Verschuldung stieg rasant: Mit den Konjunkturpaketen von 2020 wuchs die Verschuldungsquote von 60 Prozent des Bundesinlandsprodukts (BIP) im Jahr 2019 auf rund 76 Prozent des BIP an. Das war eine Neuverschuldung von geschätzt deutlich über 200 Milliarden Euro. Auch die finanzielle Situation der Sozialversicherungen stellte sich alles andere als einfach dar. Deshalb war es richtig, dass Deutschland zügig zur Schuldenbremse und zur »schwarzen Null« zurückgekehrt ist.

Die Jugendlichen von heute sind die Steuerzahler von morgen.

Zweifellos sollen diejenigen, die nach dem Zweiten Weltkrieg das Land wiederaufgebaut und den Grundstein für den heutigen Wohlstand gelegt haben, für ihren Ruhestand ausreichend versorgt sein, ebenso wie diejenigen, die später ihr Leben lang hart gearbeitet haben.

Aber auch die derzeitig Werktätigen wollen einmal finanziell gesichert in den Ruhestand gehen – die Schieflage des Generationenvertrages macht dies aber mehr als problematisch. Deshalb mussten wir zusammen – alt und jung – offen und sachlich diskutieren und die Altersvorsorge reformieren.

Ein Meilenstein war dabei die Kopplung des Renteneintritts an die Lebenserwartung, wie es viele Länder vormachten. Dieser Schritt war die Konsequenz der demografischen Wirklichkeit: Wer länger lebt, sollte auch länger arbeiten. Bereits mit der schrittweisen Einführung der »Rente ab 67« waren wir auf dem richtigen Weg. Ebenso war die stärkere Kapitaldeckung bei der privaten Altersvorsorge die richtige Entscheidung. Um die gesetzliche Rente finanziell zu entlasten, ist es nicht nur wichtig, bestehende und künftige Instrumente auf ihre Zielgenauigkeit hin zu überprüfen. Es ist auch sinnvoll, die anderen Säulen bei der Rente stärker zu gewichten. Im Bereich der privaten Altersvorsorge kann das über eine stärkere Kapitaldeckung erreicht werden; einerseits dadurch, dass bestehende geförderte Altersvorsorgeprodukte auf ihre Anlagekriterien hin überprüft und derzeitigen Regeln etwa in Bezug auf Beitragsgarantien liberalisiert werden; andererseits, indem ein einfaches und verständliches Standardprodukt wie zum Beispiel Wertpapierfonds eingeführt wird, welches möglichst alle liquiden Anlageklassen umfasst.

MEIN DEUTSCHLAND 2030 IST ... KLIMASENSIBEL

Nach den letzten Jahren vielfältiger Bemühungen, die Umwelt und das Klima zu schützen, sind wir dem international vereinbarten und langfristigen Ziel, bis zum Jahr 2050 weitgehend treibhausgasneutral zu werden, deutlich näher gekommen. Und auch das Zwischenziel 2030 von mindestens 55 Prozent Minderung der Treibhausgasemissionen gegenüber dem Basisjahr 1990 haben wir erreicht. Wie haben wir das geschafft?

Den Durchbruch hierfür brachte der europaweite Zertifikatehandel: Dadurch, dass wir der Umwelt einen Preis gegeben haben, verursacht Umweltverschmutzung wie die CO_2-Emissionen für Unternehmer Kosten.

Anders als noch zu Zeiten der industriellen Revolution ist der Faktor Umwelt nun eine entscheidende Variable unternehmensinterner Kalkulationen. Dadurch haben Unternehmer einen Anreiz, nach dem effizientesten Weg des Klimaschutzes zu suchen – technologieoffen und wettbewerbsorientiert.

Das Umdenken der Menschen für ein neues Bewusstsein zum Klimaschutz wurde durch kluge politische Rahmenbedingungen wie etwa die Stärkung des Schienenverkehrs und die Liberalisierung des Taxigewerbes flankiert. Für die Jugendlichen ist es selbstverständlich, mittels digitaler Plattformen verschiedene Mobilitätskonzepte zu kombinieren und je nach Bedürfnissen und Zwecken auf öffentliche Verkehrsmittel, Car Sharing, Mietfahrräder oder Roller zurückzugreifen. Ein Schlüssel war dazu auch das Konzept »Ein Ticket für alles«: Bei jedem Verkehrsverbund und privatem oder öffentlichem Anbieter kann der Nutzer mit einer einzigen Handy-App in Sekunden seinen Mobilitätswunsch buchen. Die Abrechnung erfolgt gesammelt am Monatsende. Dadurch nutzen die Menschen deutlich effizienter umweltfreundliche Verkehrsmittel und sind – insbesondere auch auf dem Land –sogar noch viel mobiler.

Dort, wo Elektro- und Wasserstoffantriebe (noch) nicht möglich sind, etwa im Flugverkehr, sorgt der Einsatz von E-Fuels und die Fortentwicklung von Verbrennungsmotoren für eine geringere Umweltbelastung.

Für die Menschen im Jahr 2030 ist Klimaschutz kein Selbstzweck, sondern entspringt der Erkenntnis, für die kommenden Generationen Verantwortung zu tragen. Wir wollen unseren Kindern eine Welt hinterlassen, in der es sich zu leben lohnt. Dieser Nachhaltigkeitsgedanke ist bei uns Familienunternehmern genetisch codiert, unsere Entscheidungen heute binden auch immer unsere Nachfolger. Gesellschaftspolitisch übersetzt bedeutet dies, dass wir eine Politik verfolgen müssen, die folgende Generationen nicht einengt, sondern im Gegenteil Perspektiven eröffnet. Da der Klimawandel vielfältige Auswirkungen auf unser Leben haben könnte, erfordert die Realisierung sozialer Aufstiegsversprechen auch eine gute Umweltpolitik.

Für die Menschen im Jahr 2030 ist Klimaschutz kein Selbstzweck, sondern entspringt der Erkenntnis, für die kommenden Generationen Verantwortung zu tragen.

MEIN DEUTSCHLAND 2030 IST ... MÜNDIG

Die noch zu Anfang der 2020er-Jahre vorherrschende Stimmung, nach dem Staat zu rufen, war nur von kurzer Dauer. Zum Glück wurde vielen Menschen schnell klar, dass zu starke staatliche Eingriffe und ein Dickicht an Verboten die Eigeninitiative lähmt und das Wirtschaften nur erschwert. Besonders nach der ersten Phase der Corona-Krise 2020 setzte Deutschland stark auf teure Konjunkturprogramme und staatliche Beteiligungen wie etwa bei der Lufthansa AG. So richtig die kurzfristigen Liquiditätshilfen auch waren, so wichtig war es dann aber auch, der Wirtschaft mehr Freiheiten einzuräumen. Die Chance wurde gut genutzt, um ein Belastungsmoratorium umzusetzen, Bürokratie abzubauen und Regulierungen auf den Prüfstand zu stellen. Dies war der Auslöser für eine neue wirtschaftliche Dynamik. Es wurden viele neue Unternehmen gegründet, die wiederum zum Kern neuer ökonomischer Wertschöpfungen wurden. Das wiederum änderte auch das Unternehmerbild in der Öffentlichkeit: Früher waren in der Bevölkerung Wertschätzung und Vertrauen den Unternehmern gegenüber teilweise sehr gering. Die Realität sieht aber so aus: Familienunternehmer stellen rund 90 Prozent aller aktiver Unternehmen, sie beschäftigen rund 58 Prozent aller Werktätigen und haben einen Anteil von 52 Prozent am Gesamtumsatz. Sie übernehmen oftmals seit Generationen gesellschaftliche Verantwortung, sichern und erhalten Arbeitsplätze – oft im ländlichen Raum–, zahlen Steuern, bilden Arbeitskräfte aus und unterstützen Vereine und kulturelle Einrichtungen.

Aber auch die Individuen erkannten, dass sie selbst ihres Glückes Schmied sind und mündig und selbstbestimmt Aufstiegswege suchen und realisieren können. Wir müssen auf die Kraft des Einzelnen, auf sein Selbstvertrauen und dessen Mut setzen. Dabei kommt dem Staat eine wichtige Rolle zu; jedoch nicht die einer umsorgenden »Nanny«, sondern die eines »Ermöglichers«. Der Staat zieht sich nicht zurück, sondern gewährleistet gute Rahmenbedingungen, in denen sich Menschen entfalten können. Ebenso sorgt er über Bildungs- und Infrastrukturpolitik für Teilhabechancen sowohl in der Großstadt als auch auf dem Land. Der Staat ist also stark, weil er sich auf seine Kernaufgaben konzentriert.

MEHR MUT WAGEN

So also könnte mein Deutschland im Jahr 2030 aussehen, wenn wir jetzt dafür die Weichen stellen. Genauso wie Unternehmer Tag für Tag mutige Entscheidungen treffen und stets die Zukunft ihres Unternehmens vor Augen haben, sollte die Gesellschaft und die Politik mit Zuversicht die Herausforderungen angehen. Ja, die Welt wandelt sich rapide und ja, die Probleme scheinen übermächtig. Aber mit Optimismus können wir auch diese Hürden meistern. Dazu hilft es, sich zu vergegenwärtigen, was wir in der Vergangenheit bereits geleistet haben. Als Deutschland nach dem Zweiten Weltkrieg in Trümmern lag, haben die Deutschen die Wende zu einem Wirtschaftswunder geschafft. Und von Beginn an waren die JUNGEN UNTERNEHMER, die dieses Jahr ihr 70-jähriges Jubiläum feiern, mit dabei.

Genauso wie Unternehmer Tag für Tag mutige Entscheidungen treffen und stets die Zukunft ihres Unternehmens vor Augen haben, sollte die Gesellschaft und die Politik mit Zuversicht die Herausforderungen angehen.

Verglichen mit der damaligen Situation ist die Ausgangslage heutzutage geradezu günstig: Noch nie ging es so vielen Menschen so gut wie heute, noch nie war es so einfach, sich selbst zu verwirklichen, und noch nie war es für junge Unternehmer so leicht, global erfolgreiche Geschäftsmodelle aufzubauen. Die Zukunft steckt also voller Chancen – nutzen wir sie!

KAPITEL 3

HILFE DURCH WIRTSCHAFTSWUNDER 2.0 UND AUFSTIEG DURCH DIGITALE FREIHEITSZONEN

Thomas Sattelberger

Dr. h.c. Thomas Sattelberger ist Mitglied des Deutschen Bundestags und Sprecher der FDP-Fraktion für Innovation, Bildung und Forschung. Im Bundestag ist er Mitglied im Ausschuss für Bildung, Forschung und Technikfolgenabschätzung, Mitglied der Enquete-Kommission »Berufliche Bildungen in der digitalen Arbeitswelt« sowie stellvertretendes Mitglied im Ausschuss für Arbeit und Soziales. Zuvor war er viele Jahre als Vorstandsmitglied in deutschen DAX-Unternehmen, u.a. als Personalvorstand bei der Deutschen Telekom, tätig. Er ist Co-Gründer und Vorsitzender der nationalen Initiative MINT Zukunft e.V.

Ich kam 1949 in Munderkingen zur Welt, einer Kleinstadt am Rande der Schwäbischen Alb. Das Wirtschaftswunder der jungen Bundesrepublik und das damit verbundene Aufstiegsversprechen habe ich selbst erlebt. Meine Eltern waren beide keine Akademiker. Der Weltkrieg hatte neben vielem anderen den Traum meines Vaters vom angestrebten Jurastudium zerstört. Meine Mutter, die ebenfalls gern studiert hätte, erlernte an einer Berufsbildungseinrichtung den Beruf der Lehrerin für Hauswirtschaft, Handarbeit und Turnen. Beide waren von dem Gedanken beseelt, dass ihre Söhne einmal Karriere machen, und zwar auf einem bildungsbürgerlichen Fundament.

So wurde ich zunächst nicht nur eifriger Pfadfinder, sondern besuchte auch internationale Zeltlager und übte zu Hause emsig das Violinspiel. Meine Mutter brachte mir Linkshänder bei, die rechte Hand zu benutzen, was mir bis heute ohne erkennbare Qualen gelingt. Ich besuchte selbstverständlich das humanistische Gymnasium, um später mit lateinischen und griechischen Zitaten glänzen zu können. Und meine Eltern ermöglichten mir anno 1966 ein Schuljahr in den USA. Als 17-Jähriger reiste ich in den bis heute recht liberalen Staat Oregon an der Westküste.

In der Begriffswelt der Personalchefs klänge die Zusammenfassung so: interkultureller Kompetenzerwerb, humboldtsches Bildungsideal, bildungsbürgerlicher Habitus.

Aber die Flower-Power-Zeit in den USA hatte mich verändert. »Du bist nicht mehr der Thomas, den ich weggeschickt habe«, sagte meine Mutter beim Wiedersehen. Mein Aus- und Aufbruch in die autoritäre Schülerbewegung der damaligen APO war jetzt meine Antwort auf alle Normierungsversuche.

Mein Soziologie- und Pädagogikstudium brach ich im Zuge meines politischen Aktivismus ab. Langsam wuchs meine politische Urteilsfähigkeit, die mich schließlich in ein duales Studium mit dem betrieblichen Partner Daimler-Benz AG führte.

Dort wurde ich bald Ausbildungsreferent im Bildungswesen. Ein Traumjob! Ich innovierte die Berufsausbildung, wo ich konnte, und führte zum Beispiel Fallstudien ein wie die damals noch unbekannten Business Case Studies. Ich demokratisierte die Ausbildungsstrukturen, experimentierte mit Gruppendynamik und Persönlichkeitsentwicklung, schrieb mein erstes Buch und erhielt erste Anfragen für öffentliche Vorträge.

Der Ressortchef wurde auf mich aufmerksam und gab mir ein paar Jahre später die Chance, das Bildungswesen der Daimler-Tochter MTU München-Friedrichshafen zu leiten.

Mit ihm als meinem ersten Mentor gelang mir ein Durchbruch, der mir Verantwortung und Gestaltungsfreiheit gab und für meine Eltern den für mich erwünschten sozialen Aufstieg bedeutete.

Meine spätere Karriere führte mich in die Top-Etagen der deutschen Wirtschaft. Ausschlaggebend dazu waren wohl vier Faktoren: der Aufstiegswille meiner Eltern, die soziale Durchlässigkeit auf meinem eigenen Bildungsweg, ich selbst als Unternehmer meiner Talente sowie einige Mentoren.

Alles das geschah auf Basis einer zunehmend prosperierenden Wirtschaft und einer Gesellschaft, die sich Stück für Stück für Modernität und Fortschritt öffnete, nicht zuletzt als Konsequenz aus dem völligen Absturz Deutschlands, der in der Kriegsniederlage 1945 geendet hatte.

Es ist damals gelungen, den Schutt abzuräumen und ein neues Land aufzubauen. Wie Phoenix aus der Asche ist Deutschland in die Gemeinschaft der Nationen zurückgekehrt und zählte über viele Jahrzehnte zu den wohlhabendsten Staaten dieser Erde.

Es ist damals gelungen, den Schutt abzuräumen und ein neues Land aufzubauen.

Jetzt stehen wir erneut vor einer fundamentalen Herausforderung. Diesmal sind die Trümmer nicht so sichtbar wie im Sommer 1945. Das Corona-Virus reißt derzeit als Naturkatastrophe Wirtschaft und Gesellschaft in Zeitlupe in eine Jahrhundertkrise. Wir werden viele Jahre alle Hände voll zu tun haben, diese Pandemie medizinisch, sozial und wirtschaftlich in den Griff zu bekommen.

Aus ökonomischer Sicht ist Corona ein Brandbeschleuniger für geplatzte Träume und Karrieren, Insolvenzen, vernichtete Jobs, soziale Verwerfungen sowie die globale Neuverteilung der Wirtschaftsmacht.

Bereits ohne dieses Virus hatten in Deutschland einzelne Feuerherde gelodert – mit dem hohen Risiko eines zerstörerischen Waldbrands. Doch eingestehen wollte das kaum jemand nach Art der Vogel-Strauß-Politik.

Schon vor Corona stand die industrielle Rezession vor der Tür, hatte Deutschland die geringste Innovatorenquote seit Beginn der KfW-Analysen 2002. Schon vor Corona haben tausende Zombie-Unternehmen eine Scheinblüte erlebt und vor allem wegen der extremen Niedrigzinspolitik zu Tausenden überlebt. Schon vor Corona mangelte es unserer Automobilbranche an Transformation und unserer Gründerszene an Skalierung.

Bereits ohne dieses Virus hatten in Deutschland einzelne Feuerherde gelodert – mit dem hohen Risiko eines zerstörerischen Waldbrands.

Corona-Gewinner sind die Digital Companies, die Amazons, Zooms und Alibabas sowie die Volkswirtschaften mit digitalem Spielbein. Deutschland hängen die Sünden und Versäumnisse der Vergangenheit als doppeltes Blei an den Füßen.

Um ein Vielfaches verschärft Corona all die Probleme, die bisher schon unsere Zukunftsfähigkeit gebremst hatten. Wir haben jetzt nicht nur Krise. Wir haben Krise im Quadrat. Unsere Zukunft zurückzuerobern wird uns frei nach Winston Churchill Blut, Schweiß und Tränen kosten. Wir müssen radikal neu denken. Ein Zurück gibt es nicht.

Daher wäre es zum Beispiel fatal, die Transformationsresistenz der Autobranche mit Förderung von Verbrennermobilen zu stützen.

Subventionen für ohnehin siechende Unternehmen und Industrien sind Gift für eine vorwärtsgerichtete Volkswirtschaft. Wir müssen stattdessen mit Transformation, mit Digitalisierung und künstlicher Intelligenz, mit Luft- und Raumfahrt, mit BioTech, mit CleanTech und innovativer Klimaschutztechnologie sowie mit Gründungen unsere Zukunftsfähigkeit incentivieren, fördern und damit ermöglichen.

Unsere Wirtschaft steht jetzt vor einem doppelten Wendepunkt: Wir müssen die Gesundung meistern und parallel den Übergang vom reinen Industrie-Paradigma hin zur digitalisierten Netzökonomie erreichen. Ein solcher Sprung nach vorne muss Menschen emotional mitnehmen, ja, mitreißen. Ein gewinnendes Narrativ à la Wirtschaftswunder 2.0 ist essenziell.

Klar, Marshallplan und Koreakrieg fehlen die Analogie ins Heute. Zudem werden die Post-Corona-Trümmer eher unsichtbar sein. 1945 waren Millionen Menschenleben und viele Städte zerstört. Aber die Schlüsselindustrien, Maschinen- und Anlagenbau sowie Korporatismus bestanden fort. Heute ist es umgekehrt. Industrien sind in Disruption, die urbane Vitalität nicht.

Ludwig Erhards Wirtschaftswunder fußte in nicht geringem Maße auf dem hohen Pflichtbewusstsein sogenannter Trümmerfrauen. Robuste Hands-on-Mentalität – und eben nicht filigrane managerielle Arabesken – sind auch jetzt gefragt.

Die Zukunft gehört den Unternehmern, Machern, Gründern, denen, die neue Potenziale in innovativen Ökosystemen entwickeln und mit grundlegend neuen Wegen Wachstum und Wohlstand im Post-Industriezeitalter schaffen.

Die Zukunft gehört den Unternehmern, Machern, Gründern, denen, die neue Potenziale in innovativen Ökosystemen entwickeln und mit grundlegend neuen Wegen Wachstum und Wohlstand im Post-Industriezeitalter schaffen. Ökologische Romantik und Deutschland-AG-Nostalgie sind da fehl am Platz. Der Weg zurück führt in den Abstieg.

Wer darüber Tränen vergießt, muss sich nicht schämen. Doch danach müssen wir aufstehen und folgende Themen anpacken:

1. **DeepTech-Republik Deutschland.** Internet der Dinge, künstliche Intelligenz, BioTech und Raumfahrt sind unsere Zukunftsbranchen. Innovation und ihre Kommerzialisierung sind nicht die Domäne von Fraunhofer & Co, sondern die der Science Entrepreneurs, Start-up-Unternehmen und wagemutigen Hidden Champions. Unternehmertum hierzulande braucht Vitalisierung, freundliche Rahmenbedingungen und vor allem große Visionen. Nur so und nicht in Robert Habecks Homeoffice finden wir Lösungen für die großen Menschheitsherausforderungen, for people and planet.

2. **Digitale Freiheitszonen.** Wir brauchen nicht bis nach Shenzhen zu blicken. Unsere Nachbarn Frankreich, Polen und Großbritannien nutzen seit Jahrzehnten die Hebeleffekte von Valleys, Hotspots und Clustern:

Free Enterprise Zones. In Deutschland hingegen dominieren traditionelle Forschungsanstalten oder schnell erlöschende Leuchttürme. Digitale Freiheitszonen können die Wende bringen durch Vernetzung von Start-ups, Spin-offs und innovativen Mittelständlern mit Hochschulen, Forschungseinrichtungen, Transferzentren, Kommunen und Regionalentwicklern: Agil, unbürokratisch, steuerbegünstigt, innovativ. Start-ups wachsen so zu Scale-ups. Mittelständler transformieren so Geschäftsmodelle. Kommunen wandeln sich zu E-Services für Bürger.

3. **Systemrelevante Industrie wieder made in Germany.** Corona zeigt: puffer- und nahtlose globale Wertschöpfungsketten erweisen sich in der Krise als Mythos. Die gediegenen Werkzeuge der elitären Handelsschulen gehören in den Sondermüll. Systemrelevant in der Krise sind Medizintechnik, Schutzausrüstung, BioTech-Forschung, Nahrungsmittelversorgung, digitale Infrastruktur. Daraus ergibt sich diese Schlussfolgerung: Einen Teil unserer Wertschöpfung müssen wir re-nationalisieren und re-europäisieren. Vorratshaltung wird existenzkritisch. Statt reiner Effizienz brauchen wir Redundanz, um resilient zu werden. Wie gelingt das Redesign der Wertschöpfungsketten? Die Antwort lautet: Mit attraktiver Ansiedlungspolitik, Start-up-Förderung und zielgerichteter Forschung.

4. **Antitrust and small is beautiful.** Nach der Krise wollen die Großen die Kleinen fressen. Übernahme- und Konzentrationswellen drohen über die bestehenden digitalen Mono- und Oligopole hinaus. Bedroht sind ausgerechnet unsere ohnehin nicht reichlich gesäten Tech-Start-ups und -Mittelständler. Da hilft jetzt nur – zumindest temporär – kartellrechtliche Flexibilität, an erster Stelle bei Kooperationen zwischen nationalen und europäischen Wettbewerbern etwa in der Pharma-Forschung und bei Entwicklung oder Sicherstellung der Daseinsvorsorge, aber auch zum Beispiel bei der Abwehr feindlicher Übernahmen mithilfe Weißer Ritter.

5. **New Deal für Deutschlands digitalen Hoover-Staudamm.** Corona zeigt uns Deutschlands schwer entzündete Achillesfersen: Homeschooling, E-Health, E-Government, Homeoffice, öffentliche Verwaltung. Als Prime Customer eines New Deal für Mega-Digitalisierungsprojekte auf all diesen Feldern muss der Staat jetzt über die Rolle des stillen Geldgebers bei Marktversagen hinauswachsen. Er muss Auftraggeber und Prime Customer werden. Allemal gilt es, die nötigen Infrastrukturprojekte anzugehen, beginnend bei Brücken- und Schulrenovierungen. Hoover und Roosevelt haben uns das in der Great Depression vor 100 Jahren vorgemacht. Was damals analog mit Zement und Mörtel gelang, muss heute digital passieren.

6. **In der Bildung: Maker Spirit statt Zuckerguss.** Der Ruf nach digitalisierter Bildung erschallt zu Recht. Den alten Bildungsmuff mit digitalem Zuckerguss zu überziehen, griffe indes zu kurz. Nötig sind kluge, hybride Lösungen, die Analog und Digital, Distanz und Präsenz verknüpfen und soziale Durchlässigkeit fördern. Wir müssen Bildung grundlegend neu denken. Sie ist leider heutzutage immer mehr Paukschule, Reproduktionsmaschine und Dressuranstalt. Ausgetrocknet sind vielerorts die Visionen einer Bildung, die sowohl Emanzipation als auch lebenslange Berufsbefähigung fördert. Das Gegenmittel zum Nürnberger Trichter ist Summerhill 2.0 – also zum Beispiel der Einsatz unternehmerischer Maker Spaces an jeder Schule.

7. **Mit New Work zur Entrepreneurial Society.** Das ist weit mehr als Homeoffice und die damit verbundene individuelle Souveränität für abhängig Beschäftigte. Es bedeutet ebenso balancierte Freiheits- und Schutzrechte für digitale Freelancer und die wachsende Crowd Work. Und es hat mit der Agilität und Moderne von Sozialpartnerschaft zu tun, also mit materieller und immaterieller Mitarbeiterbeteiligung. Corona kann uns Schritte zu einer Entrepreneurial Society ermöglichen.

Don't shoot the Messenger! Zerstörte Blütenträume tun weh, aber ihnen lange nachzutrauern, dürfen wir uns nicht erlauben. Viel besser als der Blick auf Trümmer ist es, in die Hände zu spucken. Die Arbeit kann – und muss – sofort beginnen.

Die Arbeit kann – und muss – sofort beginnen.

DIGITALE FREIHEITSZONEN

Am Beispiel der digitalen Freiheitszonen möchte ich verdeutlichen, welche gesellschaftlichen, sozialen und ökonomischen Pfade zu gehen sind, um Wiederaufbau und Wiederaufstieg zu meistern.

In technologisch fortschrittlichen Volkswirtschaften ist die digitale Ökonomie das »Spielbein« der Wirtschaft neben dem etablierten »Standbein« ihrer (industriellen) Realwirtschaft. Deutschland dagegen ist in seiner wirtschaftlichen Stärke überwiegend industriell geprägt – die digitale Ökonomie ist immer noch nicht ausreichend entwickelt und positioniert. Außerdem ist unsere Hightech-Gründerszene unterentwickelt. Dabei verortet das International Institute for Management Development (IMD) 2020 in seinem jährlichen Ranking der leistungsfähigsten Digitalökonomien der Welt Deutschland auf dem besorgniserregenden Platz 17.

Deutschland stand somit schon vor Corona vor großen Herausforderungen: Dazu gehört die digitale Transformation der öffentlichen Verwaltung sowie der etablierten Unternehmen und Industrien, die häufig in regionalen industriellen Clustern operieren. Viele Regionen weisen dabei zudem ein hohes Klumpenrisiko auf, also ein massives Übergewicht einzelner Industriezweige und dadurch große Abhängigkeiten von diesen Wirtschaftszweigen. Dies gilt etwa für Regionen, die von dominierenden traditionellen Branchen wie dem Automobilbau und den sie umgebenden Zulieferern leben – letztere meist kleine und mittlere Unternehmen – oder auch für durch Stein- und Braunkohle geprägte Regionen. Verstärkend zur Dominanz oder gar Monokultur einzelner Branchen kommen der demografische Wandel hinzu, die Bindungsschwäche etlicher Regionen für kreative junge Menschen, eine überdies bestehende Talent- und Fachkräftelücke im

MINT-Sektor, Innovationsarmut sowie eine mangelnde Kultur von Vernetzung und Kollaboration. Hier kündigt sich durch die Digitalisierung ein deutlicher Strukturwandel an, der aktiv und konstruktiv vollzogen werden muss.

Neben dem Fokus auf neue Geschäftslösungen für einzelne Betriebe steht Deutschland vor der Aufgabe, nicht nur seine Gründerszene zu entwickeln und auszubauen, sondern auch die Hebelwirkung von innovativen Clustern mit passenden politischen Rahmenbedingungen für eine erfolgreiche Innovationsnation zu ermöglichen.

Andere Länder erzielen mit unterschiedlich aufgebauten Sonderwirtschaftszonen und Wissenschaftsparks bereits seit vielen Jahren beachtliche Ergebnisse. In räumlich abgegrenzten Regionen gelten etwa erleichterte rechtliche und administrative Bedingungen für Investoren, Gründer und Unternehmer. Und es gibt Unterstützung beim Aufbau von Infrastruktur. Deutschland hat auf diesem Gebiet bislang noch keine eigenen Erfahrungen.

Eine Debatte über Sonderwirtschaftszonen in Deutschland weckt Erinnerungen an die Debatte Anfang der 2000er-Jahre, in der die Einrichtung von Sonderwirtschaftszonen in den neuen Bundesländern debattiert wurde. Damals ging es um weitreichende Deregulierungsvorstellungen, insbesondere nach unten abweichende tarif- und arbeitsrechtliche Regelungen. Der Widerstand dagegen führte zusammen mit den komplizierten rechtlichen Fragestellungen schließlich dazu, dass die Pläne fallen gelassen wurden.

WELTWEITE SONDERWIRTSCHAFTSZONEN

Während in Deutschland das Instrument der Sonderwirtschaftszone also nicht genutzt wird, machen andere Länder es vor: Weltweit gibt es diverse Formen von Sonderwirtschaftszonen, die sowohl die Wissenschaft als auch die Wirtschaft voranbringen. Dabei handelt es sich um meist räumlich abgegrenzte Gebiete innerhalb eines Staates, die sich durch rechtliche, steuerrechtliche und administrative Erleichterungen für Investoren sowie Unterstützung beim Aufbau von Infrastruktur auszeichnen. Je nach Land und Zielsetzung sind diese Zonen unterschiedlich aufgestellt. Ihre Zahl steigt. Im World Investment Report 2019 der United Nations Conference on Trade and Development[11] werden weltweit inzwischen über 5000 »Free Economic Zones« beschrieben, wobei weitere in Planung sind. Dabei gibt es keine einheitliche Definition einer Sonderwirtschaftszone. Nach einer Einteilung des Foreign Investment Advisory Service (FIAS) von 2008 werden hierzu unter anderem Industrieparks, Freihandelszonen, Exportförderzonen, hybride Zonen, freie Wirtschaftszonen/Freihäfen und Enterprise Zones gezählt, wobei Letztere besonders in strukturschwachen Gebieten greifen. Darüber hinaus gibt es Technologie- und Wissenschaftsparks, die ebenfalls mit finanziellen und administrativen Erleichterungen arbeiten.

Je nach Land und Zielsetzung sind diese Zonen unterschiedlich aufgestellt.

Solche Zonen finden sich auch bei unseren europäischen Nachbarn. So ist der französische Wissenschaftspark Sophia Antipolis[12] einer der ältesten Wissenschaftsparks weltweit. 1969 gegründet und über eine Fläche von insgesamt 2400 Hektar verteilt, befinden sich hier heute 1350 Unternehmen mit 34 400 Beschäftigten. Der Park gilt als französisches Silicon Valley. Sein Bruttoinlandsprodukt liegt bei rund 6 Milliarden Euro jährlich. Es gibt staatlich geförderte Exzellenzprogramme, Universitäten, Grandes écoles und Forschungseinrichtungen in unmittelbarer Nähe zueinander, was auch ausländische Investoren anzieht. Ein ganz wesentlicher Standortvorteil ist eine Steuergutschrift, derzufolge Unternehmen 30 Prozent ihrer Ausgaben für Forschung und Entwicklung erstattet bekommen, in den ersten beiden Jahren sogar 40 oder 50 Prozent – vorausgesetzt, ihre Ausgaben liegen unter 100 Millionen Euro im Jahr. Zusätzlich erhält jedes Unternehmen, das mindestens 20 Arbeitsplätze im Bereich Forschung und Entwicklung schafft, 300 000 Euro an Fördermitteln. Gleichzeitig sind Büroräume vergleichsweise preisgünstig zu haben. Darüber hinaus wurde in den letzten Jahrzehnten in die Wohn- und Lebensqualität des Gebietes investiert.

In Polen wurden 1994 Sonderwirtschaftszonen gegründet – vor allem mit dem Ziel, ausländische Investoren anzulocken.[13] Derzeit gibt es 14 Industrieparks mit Sonderkonditionen, dazu Hunderte angegliederte

Subzonen. Die staatlichen Förderungen wurden bis zum Jahr 2026 beschlossen. Dazu gehören der Erlass von Körperschaftssteuern, unter bestimmten Bedingungen der Erlass der Immobiliensteuern, Investitionsbeihilfen beispielsweise für die Schaffung von Arbeitsplätzen, staatlich bereitgestellte Infrastruktur sowie administrative Unterstützung durch die Verwaltungsgesellschaften. In den Sonderwirtschaftszonen arbeiten rund 300 000 Menschen. Mittlerweile wurden die Vorschriften geändert, auch um heimische kleine und mittlere Unternehmen (KMU) stärker zu fördern. So darf inzwischen jede Gemeinde Vergünstigungen anbieten, was allerdings an bestimmte Kriterien geknüpft ist. Dabei handelt es sich um die Qualität der Investitionen, das heißt die Qualität der Arbeitsplätze und nicht wie bislang nur um deren Zahl. Auch geht es um die Frage, inwieweit ein Unternehmen bereit ist, mit den polnischen Universitäten und Hochschulen zusammenzuarbeiten.

In Großbritannien gibt es seit 2012 Enterprise Zones, zunächst 24 und seit 2016/17 insgesamt 48 zu verschiedenen Themenschwerpunkten.[14] Ziel ist, langfristiges und nachhaltiges Wachstum auf Grundlage modernster Technologien und Unternehmen zu erzielen. Dazu konzentrieren sich die Unternehmen in den Enterprise Zones auf Schlüsselsektoren wie Finanzdienstleistungen, Biowissenschaften, digitale und kreative Industrie, Hochtechnologie, Automobilindustrie und erneuerbare Energien. Unternehmen, die sich in einer dieser Zonen niederlassen, können Steuervorteile, vereinfachte Planungsabläufe sowie Unterstützung von Regierungsseite in Anspruch nehmen. Im April 2018 wurde bekanntgegeben, dass von April 2012 bis Dezember 2016 38 000 Arbeitsplätze in 877 Unternehmen geschaffen wurden mit einem Anteil von 3,5 Milliarden Pfund (gut 3,8 Milliarden Euro) an Privatinvestitionen.

Die weltweit vielleicht bekannteste Sonderwirtschaftszone ist Shenzhen in China. Der wirtschaftliche Aufschwung Chinas ist eng mit ihrem Erfolg verbunden. 1980 als Sonderwirtschaftszone eingerichtet, gilt Shenzhen als eine der schnellstwachsenden Städte der Welt mit heute etwa 12 Millionen Einwohnern.[15] Zwischen 1978 und 2014 ist das Bruttoregionalprodukt pro Kopf innerhalb der Region um mehr als 24 500 Prozent gestiegen; 2017 lag es bei umgerechnet 27 199 US-Dollar pro Einwohner.

Besonders gefördert werden Investitionen aus dem Ausland. Dazu gehören Erleichterungen beim Marktzugang, Bezuschussung von Großprojekten und bei der Ansiedlung von Konzern-Hauptsitzen sowie weitere Fördermöglichkeiten für besonders zukunftsträchtige Unternehmen. Auch werden internationale Spitzentalente mit besonderen Initiativen angeworben. Dabei hat Shenzhen als »Werkbank« begonnen und ist nun in den Bereichen Hochtechnologie, Logistik, Finanzdienstleistungen sowie in der Kreativ- und Kulturwirtschaft aktiv.

Darüber hinaus gibt es noch weitere sehr erfolgreiche Sonderwirtschaftszonen, beispielsweise Silicon Wadi in Israel, ein Bereich mit einer hohen Konzentration von Hochtechnologieunternehmen an der Küste Israels rund um Tel Aviv.

Der wirtschaftliche Aufschwung Chinas ist eng mit Shenzhens Erfolg verbunden.

Allen Sonderwirtschaftszonen ist gemeinsam, dass ihr überregionaler Erfolg auf der Hebelwirkung von Clustern beruht. Auch vor dem Hintergrund der zentralen Bedeutung der Fachkräfte wird zunehmend in die Lebensqualität vor Ort investiert. Ausgangspunkt ist nicht der primäre Wunsch, eine abgehängte Region durch Subventionen überlebensfähig zu halten, sondern durch Schaffung geeigneter Rahmenbedingungen Nuklei neuer Technologie und Wirtschaftsstrukturen zu ermöglichen, deren Erfolge auf die Region und letztlich auf das gesamte Land ausstrahlen.

Für die Einrichtung digitaler Sonderwirtschaftszonen hierzulande sprechen im Wesentlichen drei Gründe: Sie können im Rahmen des Strukturwandels dazu beitragen, wertvolle Entwicklungskerne für neue und technologisch veränderte Wirtschaftsstrukturen zu bilden, sie können bereits vorhandene Wirtschaftscluster durch Entwicklung neuer Geschäftsmodelle stärken und ausbauen, und nicht zuletzt dienen sie der Förderung von Innovation. Die Freiheitszonen können Start-ups und etablierte Unternehmen gleichermaßen voranbringen. Start-ups könnten die schon länger bestehenden Unternehmen bei ihrer digitalen Transformation unterstützen und selbst von deren langjährigen Erfahrungen profitieren. Daher sollten in diesen Freiheitszonen Start-ups und innovationsorientierte Mittelständler zusammenarbeiten, um gemeinsam die Transformation in digitale Prozesse, Produkte, Services oder Geschäftsmodelle zu meistern.

Deregulierungen soll es in den digitalen Freiheitszonen beispielsweise in den Bereichen Einwanderung, Verwaltung, Baurecht, Steuerrecht und Arbeitsrecht geben. Die Finanzierung der einzelnen Maßnahmen soll durch eine Neubewertung und Priorisierung vorhandener Mittel im Haushalt sichergestellt werden. Vorschriften sollen gemildert, optional geöffnet oder zeitweise ausgesetzt werden. Wichtig ist die richtige Balance zwischen Aufgeschlossenheit für Innovationen und dem im Bereich der Digitalisierung notwendigen Tempo einerseits und den Schutzzwecken von Regulierungen andererseits. Digitale Freiheitszonen gehen insofern über andere Industrie- und Gewerbegebiete hinaus, als dass diese zwar die räumlichen Voraussetzungen für die Ansiedlung von Industrie und Gewerbe bieten, jedoch keine gesonderten legalen und administrativen Strukturen.

Im Zeitalter der Digitalisierung braucht erfolgreiche Innovationspolitik mehr und anderes als nur die klassische Subventionierung oder öffentliche Anreize für Industrieansiedlungen. Die Vorteile der digitalen Freiheitszonen liegen für die beteiligten Unternehmen und Institutionen nicht nur in hier gewährten zusätzlichen Mitteln und steuerlichen Anreizen, sondern auch umgekehrt mehr in den geringeren Forderungen und Anforderungen durch den Staat im laufenden Betrieb. Digitale Freiheitszonen sollen möglichst breit aufgestellt, technologieoffen und sektorübergreifend sein. Sie umfassen Gründerzentren, Co-Working-Spaces sowie Innovations-, Forschungs- und Transferzentren, etablierte Innovations-Investments, Firmen, Universitäten und Fachhochschulen. Ansätze dazu gibt es mit Hinterland OWL und Cybervalley Stuttgart.

Im Zeitalter der Digitalisierung braucht erfolgreiche Innovationspolitik mehr und anderes als nur die klassische Subventionierung oder öffentliche Anreize für Industrieansiedlungen.

Gleichzeitig braucht man attraktive Wohnumgebungen, um die gesuchten Fachkräfte anzuziehen und zu halten. Daher wird es von entscheidender Bedeutung sein, die digitalen Freiheitszonen nicht nur als Arbeits-, sondern als Lebensräume zu gestalten. Hier sind Investitionen in die Qualität auf beiden Ebenen erforderlich. Die Themen Gesundheit, Bildung und Freizeit müssen in eine zukunftsfähige Regionenentwicklung eingebunden werden. Dazu gehören beispielsweise Sport- und Kulturangebote für Jung und Alt, Naherholungsflächen und ebenso regionale Begegnungsstätten. Zusätzlich bieten Deutschlands MINT-Regionen hervorragende Anknüpfungspunkte, damit auch künftige Talente bestmöglich ausgebildet werden.

Das Konzept der digitalen Freiheitszonen zielt explizit darauf ab, auch kleine und mittlere Städte zu erreichen. Einer Bertelsmann-Studie zufolge erfreuen sich diese kleineren und mittleren Städte gerade bei jungen Familien wachsender Beliebtheit. Derzeit leben in Deutschland etwa 70 Prozent der Menschen in Städten und Gemeinden unter 100 000 Einwohnern.[16] So wird der Wohnraum durch anspruchsvolle Arbeitsplätze attraktiv und die Arbeitsplätze in der Hightech- und Digitalwirtschaft ziehen hochqualifizierte Fachleute an. Derzeit wird noch halb scherzhaft über das »Hinterland of things« gesprochen – höchste Zeit, es ernsthaft zu fördern. Bei der Hinterland-of-Things-Konferenz, die 2019 zum zweiten Mal in Bielefeld stattfand, kamen Start-ups und Mittelständler zusammen, da insbesondere die alteingesessenen Familienunternehmen über diese Plattform versuchen, ihre digitale Zukunft zu sichern.

DIE ANFÄNGE SIND GEMACHT

Die Bundesregierung ist mit ihrem Spitzencluster-Wettbewerb in den Jahren 2008 bis 2017 bereits einige Schritte in die richtige Richtung gegangen. Jüngst ist die Folgeinitiative »Cluster4Future – Innovationsnetzwerke für unsere Zukunft« gestartet, für die in zehn Jahren bis zu 450 Millionen Euro geplant sind, wobei die ersten sieben Cluster im Jahr 2021 beginnen sollen. Das ist zwar gut gemeint, aber es reicht nicht. Zwar sollen auch hier Vernetzung und Erkenntnistransfer ebenso gefördert werden wie Gründungen im Bereich neuer Technologien, aber das Konzept bleibt ohne einen adäquaten ordnungspolitischen Rahmen halbherzig und daher weit hinter den Erfordernissen zurück.

Zwar gibt es in Deutschland bereits eine Reihe einzelner erfolgreicher Hightech-Cluster sowie industrielle Cluster, darunter das Cyber Valley

Tübingen oder das Technologie-Netzwerk »It's OWL« in Ostwestfalen-Lippe. Was fehlt, ist ein deutschlandweit übergreifendes Konzept zur Förderung innovativer Regionen und ihrer Akteure im Zuge der Digitalisierung.

Notwendig sind nicht nur eine Handvoll prämierter und geförderter Cluster, sondern deutschlandweit Dutzende digitaler Freiheitszonen, in denen schnelles und agiles Arbeiten und Wachsen möglich ist.

Notwendig sind nicht nur eine Handvoll prämierter und geförderter Cluster, sondern deutschlandweit Dutzende digitaler Freiheitszonen, in denen schnelles und agiles Arbeiten und Wachsen möglich ist.

KAPITEL 4

AUFSTIEG AUF PUMP?

Karsten Klein

Karsten Klein wurde 1977 in Aschaffenburg geboren. Der Diplomkaufmann arbeitete als Marketing- und Vertriebsleiter, bevor er von 2008 bis 2013 die FDP im bayerischen Landtag vertrat. Anschließend war Klein als Geschäftsführer an einer außeruniversitären Forschungseinrichtung und als Forschungsreferent tätig. Seit 2017 ist er Mitglied des Deutschen Bundestags. Klein ist verheiratet und hat drei Kinder.

Warum spielt für uns Liberale das Aufstiegsversprechen eine zentrale Rolle? Weil der Liberalismus nicht fragt, wer du bist, sondern wo du hinwillst. Weil der Liberalismus die Freiheit, das eigene Leben so zu leben, wie man es will, in den Mittelpunkt stellt. Weil der Liberalismus den Menschen mit all seinen Fähigkeiten und seiner Willenskraft vor die Wünsche und Vorgaben des Kollektivs stellt. Weil der Liberalismus Freiheit und Verantwortung als zwei Seiten einer Medaille sieht. Diese Freiheiten werden aber erst durch das Recht auf Veränderung, durch das Recht auf Aufstieg, möglich.

Im Liberalismus bestimmt nicht der Staat, wo jemand steht oder wie Veränderungen vonstattengehen. Das unterscheidet ihn vom realen Sozialismus und Konservatismus. Im Liberalismus eröffnet der Staat die Möglichkeiten und schafft die Voraussetzungen für Aufstieg. Raum für Veränderungen bedarf einer offenen Gesellschaft, die individuelle Lebensentwürfe möglich macht und nicht verhindert oder stigmatisiert. Die Voraussetzung für Veränderung schafft der Staat, indem er den Menschen lebenslang Förderung anbietet. Voraussetzung ist aber auch, dass der Staat im Veränderungsprozess als Helfer und nicht als Verhinderer auftritt. Ein unkomplizierter Staat zementiert seine gesellschaftlichen Strukturen nicht durch Komplexität. Wer sich bei jeder Veränderung und bei jedem Aufstieg erst überlegen muss, ob er eine Vielzahl von Gesetzen und Verordnungen erfüllt, verliert schnell die Lust, das eigene Leben in die Hand zu nehmen. Deshalb muss das Leitmotiv unseres Staates die helfende und unterstützende und nicht die fürsorgliche Hand sein.

DER SOLIDE HAUSHÄLTER SCHAFFT DIE BASIS FÜR DAS AUFSTIEGSVERSPRECHEN

Um das Aufstiegsversprechen wahr zu machen und um seine Kernaufgaben erfüllen zu können, braucht der Staat finanzielle Ressourcen – Geld. Gleichzeitig werden die Möglichkeiten des Staates, sich Geld zu beschaffen, durch das Aufstiegsversprechen selbst begrenzt. Hier gilt es, die richtige Balance zu finden. Um Aufstieg möglich zu machen und dafür Anreize zu setzen, darf die Belastungsgrenze der aktuellen Generation daher nicht überschritten werden. Der Staat von heute muss aber auch die Aufstiegschancen zukünftiger Generationen fest im Blick haben. Überbordende Staatsverschuldung führt dazu, dass zukünftige Generationen – dass der Staat in der Zukunft – eine große Hürde für das Einlösen des Aufstiegsversprechens aufgeladen bekommen. Wer das Aufstiegsversprechen für zukünftige Generationen aufrechterhalten will, muss übermäßige Staatsverschuldung vermeiden. In Zeiten niedriger Zinsen, vermeintlich billigem Geld, gibt es heute wieder eine lebhafte Debatte darüber, was überbordende Staatsverschuldung ist. Eigentlich wurde diese Debatte schon bei Einführung der Schuldenbremse politisch und wissenschaftlich intensiv geführt. Auch die aktuellen Diskussionen wiederholen nur die Argumente von damals.

Der Staat von heute muss auch die Aufstiegschancen zukünftiger Generationen fest im Blick haben.

Meist wird eine Wirkungsweise von Staatsverschuldung herausgegriffen und darauf eine allumfassende Argumentation aufgebaut. Dass es in der Gesamtsicht überzeugende Gründe für die Einführung der Schuldenbremse und damit der Begrenzung von Staatsverschuldung gab und weiterhin gibt, möchten alle Befürworter einer ausufernden Staatsverschuldung geflissentlich übersehen. Letztlich muss es das Ziel sein, dass der Schuldendienst zukünftige Generationen nicht in ihrer Handlungsfähigkeit einschränkt. Da niemand die Entwicklung in der Zukunft vorhersehen kann, gilt es deshalb im Hinblick auf Staatsverschuldung, mit Augenmaß und Zurückhaltung zu agieren. Wir tragen heute Verantwortung für kommende Generationen.

OHNE SCHULDEN HAT DER AUFSTIEG ZUKUNFT

Um die Auswirkungen von Staatsverschuldung bewerten zu können, ist der Blick auf niedrige Zinsen eine Betrachtungsgröße, aber sicher nicht die entscheidende. Von zentraler Bedeutung ist vielmehr die Frage, ob sowohl der Staat als auch die Gesellschaft in der Lage sind, die Lasten der Staatsverschuldung auf Dauer tragen zu können. Entsprechend muss die Entwicklung des Staatshaushaltes im Verhältnis zum Schuldendienst und die Entwicklung der Wirtschaftsleistung im Vergleich mit der Entwicklung der Staatsverschuldung betrachtet werden. Darüber hinaus spielt es eine Rolle, was mit Schulden finanziert wird. Die reine Betrachtung von Geldflüssen springt zu kurz. Vielmehr muss die Frage nach dem Nutzen durch Staatsverschuldung finanzierter Ausgaben gestellt werden. Der Vorteil muss nicht nur für die Gesellschaft von heute, sondern auch für die von morgen bestehen. Dieser Mehrwert muss zudem ins Verhältnis zu dem Nutzen, der aus privaten Investitionen entstehen würde, gesetzt werden. Denn wenn staatliche Investitionen private verdrängen, dann sollten diese zumindest das gleiche Nutzenniveau erreichen.

Darüber hinaus müssen auch die Umverteilungswirkungen betrachtet werden. Die Umverteilung von Vermögen sowohl innerhalb der heutigen Generation als auch innerhalb zukünftiger Generationen darf aus verteilungspolitischer Sicht nicht vernachlässigt werden. Geldgeber, Nutznießer der Ausgaben, die zukünftigen Steuerzahler, die den Schuldendienst tragen müssen, und diejenigen, die vom Schuldendienst profitieren, sind nicht deckungsgleich. Belastet werden die Einkommensstarken. Vermögende und Einkommensstarke sind aber nicht deckungsgleich. Das führt dazu, dass diejenigen, die jetzt schon über ihre Einkommen die Hauptlast des Staats schultern, in der Zukunft durch Verschuldung zusätzlich belastet werden. Am Ende steht wieder die Erkenntnis: Die Schulden von heute sind die Steuern von morgen.

In all diese Betrachtungen fließt die Höhe des Zinses ein. Das macht aber auch deutlich, dass eine Argumentation, die ausschließlich auf niedrige Zinsen aufbaut, der Komplexität der Fragestellung von überbordender Staatsverschuldung nicht gerecht wird. Hinzu kommt, dass der Zins immer eine Stichtagsbetrachtung ist. Ergänzt wird sie durch die Erwartungen in die zukünftige Zinsentwicklung. Hier gilt sicher der alte Satz: Prognosen gehen mit Unsicherheit einher, vor allem, wenn sie in die Zukunft gerichtet sind. Vor 15 Jahren hätte sicher niemand damit gerechnet, dass wir uns aktuell in einer solchen Nied-

Die Schulden von heute sind die Steuern von morgen.

rigzinsphase befinden. Vor zehn Jahren hat kaum jemand darauf gewettet, dass die Niedrigzinsphase von solch langer Dauer sein würde. Noch vor fünf Jahren rechneten viele mit einer baldigen Zinswende. Der Anteil der Bundesschuld mit einer Bindung von bis zu zehn Jahren beträgt circa 50 Prozent. Wer heute also einer scheinbar ungefährlichen Verschuldung aufgrund der Niedrigzinsphase das Wort redet, nimmt ein erhebliches Risiko zulasten zukünftiger Generationen billigend in Kauf.

Sowohl die Maastrichtkriterien und der Fiskalpakt auf europäischer Ebene als auch die Schuldenbremse in Deutschland versuchen, die verschiedenen Aspekte von Staatsverschuldung abzubilden. Unsere Schuldenbremse ist schlau, denn sie ermöglicht das Atmen mit der wirtschaftlichen Entwicklung. So ist nicht nur ein Ein- und Ausatmen Teil des Mechanismus, um Konjunkturzyklen entgegenzuwirken, sondern auch ein schnelleres und langsameres Atmen, je nachdem, in welchem Tempo und in welcher Intensität wirtschaftliche Verwerfungen vonstattengehen. Aktuell durchläuft unsere Schuldenbremse ihre erste Bewährungsprobe. Es kann schon jetzt gesagt werden, dass ihre disziplinierende Wirkung in den letzten Jahren dazu geführt hat, dass der deutsche Staat in der aktuellen Krise auf soliderer Basis agieren kann als andere Staaten. Zudem ermöglicht die Schuldenbremse es dem Staat, innerhalb des Regelwerkes auf erhebliche zusätzliche Mittel zurückzugreifen, um der aktuellen Krise entgegenzuwirken. Auch die Tilgungsphase bildet das Verhältnis von Verschuldung und Wirtschaftsleistung ab: Es werden nicht zwingend Schulden absolut abgebaut, sondern der Verschuldungsspielraum verringert sich innerhalb der Schuldenbremse aufgrund der Tilgungsbeträge. Wir tun also gut daran, uns zu unserer Schuldenbremse zu bekennen und sie nicht infrage zu stellen. Vielmehr muss an der einen und anderen Stelle noch nachjustiert werden, um Umgehungsversuche zu verhindern.

Für alle Regeln, die für Haushaltsdisziplin und solide Staatsfinanzen sorgen sollen, ist die größte Gefahr nicht, dass sie nicht funktionieren, sondern dass sie nicht eingehalten, umgangen oder geschliffen werden. Dies hat sich in der Vergangenheit an den politischen Taschenspielertricks von Hans Eichel, Norbert Walter-Borjans und Olaf Scholz (alle SPD) gezeigt. Wer in einer Krisensituation zukünftige Generationen mit Schulden belastet, statt

Reserven einzusetzen, die Schuldenbremse über Sondervermögen zu umgehen versucht oder gar schlicht verfassungswidrige Haushalte zu verantworten hat, stellt selbst unter Beweis, dass sein Handeln nicht vom Geist einer soliden Finanzpolitik und von Generationengerechtigkeit getragen wird.

Schon vor der Finanz- und Staatsschuldenkrise 2009/10 verstießen die Euro-Staaten 52-mal gegen die Drei-Prozent-Defizitgrenze und 99-mal gegen die 60-Prozent-Schuldengrenze. Auch auf Betreiben der deutschen Bundesregierung unter Gerhard Schröder (SPD) und Joschka Fischer (Bündnis 90/Die Grünen) wurde der Stabilitäts- und Wachstumspakt im März 2005 geändert. Die Deutsche Bundesbank schrieb in ihrem Monatsbericht vom April 2005 dazu: »Der Europäische Rat hat auf seiner Frühjahrstagung am 22. und 23. März 2005 grundlegenden Änderungen des Stabilitäts- und Wachstumspakts zugestimmt, die die in dem Pakt enthaltenen Regeln für eine solide Finanzpolitik entscheidend schwächen. Als Konsequenz dieser Beschlüsse wird das Ziel gefährdet, in allen EU-Mitgliedstaaten der Währungsunion tragfähige öffentliche Finanzen zu erreichen.«[17]

Das Ergebnis konnte man 2009/10 begutachten: Die Staaten der europäischen Union rutschten in die schlimmste Staatsfinanzenkrise seit dem Zweiten Weltkrieg. Die hohe Abhängigkeit vieler Staaten von den Finanzmärkten machte sich besonders negativ bemerkbar. Die Änderungen am Stabilitäts- und Wachstumspakt aus dem Jahr 2005 sorgten dafür, dass die Staatsverschuldung im Verhältnis zur Wirtschaftsleistung der 28 EU-Staaten wieder anwuchs. Der vorher für die europäischen Schulden zu beobachtende Trend wurde umgekehrt. Die Reformen im Zuge der Staatsschuldenkrise – hier ist unter anderem der Europäische Fiskalpakt aus 2013 zu nennen und vor allem die expansive Geldpolitik der Europäischen Zentralbank – konnte nichts daran ändern, dass die europäischen Staaten nach wie vor hoch verschuldet sind. 2019 betrug die Schuldenquote der 28 EU-Staaten fast 80 Prozent und lag damit 20 Prozent über dem Grenzwert des Stabilitäts- und Wachstumspakts.[18] Es steht außer Frage, dass die Corona-Krise die Verschuldung weiter in die Höhe treiben wird. Für Deutschland wird aufgrund der bisher beschlossenen Maßnahmen ein Anstieg der Schuldenquote von 60 Prozent auf 80 Prozent prognostiziert.

Viele europäischen Staaten haben schon vor der Corona-Krise die Regeln des Stabilitäts- und Wachstumspakts nicht eingehalten. Verschärft wurde die Entwicklung, nachdem der Pakt 2005 geschliffen wurde. Die Niedrigzinspolitik der EZB führt nicht zu einer solideren Haushaltspolitik der europäischen Mitgliedsstaaten. Auch wenn die EZB durch ihre Niedrigzinspolitik in den letzten Jahren keine Anreize, sondern gegenteilige Impulse gesetzt hat, liegt es doch in der Verantwortung der Politik auf europäischer Ebene und der Mitgliedsstaaten, dass die Schuldenkrise der europäischen Staaten nicht überwunden ist. Mit den Schuldenbergen von heute wälzen wir ein erhebliches Risiko auf künftige Generationen ab und engen deren Handlungsfähigkeiten ein. Dies wirkt sich negativ auf die Aufstiegschancen der zukünftigen Generation aus.

BESTE AUFSTIEGSCHANCEN DURCH SOLIDE FINANZEN UND WIRTSCHAFTSPOLITISCHE WEITSICHT

Ein Vergleich ausgewählter Länder (siehe Tabelle 1) zeigt, dass Staaten mit hohen Schuldenquoten, wie Italien und Spanien, auch über hohe Einkommensunterschiede, ein hohes Armutsrisiko und eine hohe Jugendarbeitslosigkeit verfügen. Gleichzeitig sind die Bildungsausgaben unterdurchschnittlich. Gerade im Fall von Italien verfügt jedoch die Gesamtgesellschaft über ein relativ hohes Vermögen.

Gegensätzliche Zahlen weisen etwa Dänemark und die Niederlande auf: geringe Schuldenquoten, niedrige Einkommensunterschiede, ein geringeres Armutsrisiko und eine mäßige Jugendarbeitslosigkeit. Zumindest die Niederlande investieren überdurchschnittlich in Bildung. Das gesamtgesellschaftliche Vermögen ist im europäischen Vergleich auf höchstem Niveau.

Polen als relativ junger EU-Mitgliedsstaat weist eine niedrige Verschuldung, mittlere Einkommensunterschiede und ein niedriges Armutsrisiko auf. Die Jugendarbeitslosigkeit ist mäßig und die Bildungsausgaben sind

Tabelle 1: Parameter für Aufstiegschancen:

	Spanien	Italien	Polen	EU 28	Deutschland	Dänemark	Niederlande
Schuldenquote 2007[96]	35,8%	103,9%	44,5%	58,1%	64%	27,3%	43%
Schuldenquote 2019[97]	95,5%	134,8%	46 %	79,4%	59,8 %	33,2%	48,6%
Einkommensunterschied[98] 2017	6,6	5,9	4,6	5,1	4,5	4,1	4,0
Armutsgefährdung[99] nach Sozialleistungen 2017	21,6 %	20,3 %	15 %	16,9%	16,1 %	12,4 %	13,2 %
Jugendarbeitslosigkeit 2007[100]	18,1%	20,4%	21,7 %	15,5%	11,9%	7,5%	5,9%
Jugendarbeitslosigkeit 2020[101]	32,9 %	23,5%	9,1 %	15,7%	5,4%	10,5%	9,5%
Staatliche Bildungsausgaben 2016[102]	4 %	3,3 %	4,1 %	4,1 %	3,6 %	-	4,6 %
Vermögen pro Kopf US-Dollar 2020[103]	207 531	234 139	57 873		216 654	284 022	279 077

durchschnittlich. Aufgrund seiner Geschichte verfügt Polen über ein relativ geringes gesamtgesellschaftliches Vermögen.

Die Schuldenquote Deutschlands lag 2019 um das Maastrichtkriterium von 60 Prozent. Einkommensunterschiede und Armutsrisiko sind unterdurchschnittlich. Die Jugendarbeitslosigkeit in Deutschland ist die niedrigste in der EU. Dagegen sind die Bildungsausgaben seit Jahren unterdurchschnittlich und das gesamtgesellschaftliche Vermögen ist niedriger als in Italien.

Schuldenquote und Jugendarbeitslosigkeit im Jahr 2007 sowie 2019 zeigen, dass die Probleme in den hoch verschuldeten Staaten nicht durch die Finanz- und Wirtschaftskrise 2009/10 verursacht, jedoch verschärft wurden. Die Entwicklungen in Polen und Deutschland zeigen, dass es zu dieser Verschärfung nicht zwingend hätte kommen müssen. Polens Schuldenquote hat sich kaum verändert, während Deutschland aufgrund der eigenen Schuldenbremse und der positiven Auswirkungen der Agenda 2010 seine

Schuldenquote sogar abbauen konnte. Dies zeigt, dass solide Haushaltspolitik und wettbewerbsfähige Rahmenbedingungen zwar eines politischen Kraftakts bedürfen, sich aber für die gesamte Gesellschaft und die Entwicklung des Staates auszahlen.

Mit Blick auf die Aufstiegschancen zeigt sich, dass Italien und Spanien zukünftigen Generationen nicht nur hohe Schuldenberge und damit hohe Risiken und Belastungen überlassen. Ein hohes Armutsrisiko, eine hohe Jugendarbeitslosigkeit und unterdurchschnittliche Bildungsausgaben sorgen auch für geringere Aufstiegschancen, und das, obwohl das gesamtgesellschaftliche Vermögen hoch ist.

Gegenteilig verhält es sich bei Dänemark und den Niederlanden. Zukünftige Generationen werden nicht nur mit geringen Schulden belastet, sondern die Jugendarbeitslosigkeit und Bildungsausgaben sprechen für gute Aufstiegsbedingungen. Polen zeigt, dass auch ein Land mit kommunistischer Vergangenheit durch eine solide Finanzpolitik die Aufstiegschancen seiner Bürgerinnen und Bürger verbessern kann.

Deutschland hat in den letzten 10 bis 15 Jahren die Aufstiegschancen seiner Bürgerinnen und Bürger verbessert. Dies gelang unter dem Einfluss der Schuldenbremsen, wirtschafts- und sozialpolitischer Reformen wie der Agenda 2010 und mit erhöhten Bildungs- und Forschungsausgaben. Trotz dieser Verbesserungen ist Deutschland aber immer noch weit von Ländern wie Dänemark und den Niederlanden entfernt, die ihren Bürgerinnen und Bürgern sowie ihren zukünftigen Generationen deutlich bessere Aufstiegschancen ermöglichen. Grundsätzlich falsch ist deshalb eine Politik, die von den Verbesserungen der letzten Jahre abrücken will. Viele Entscheidungen der Großen Koalition in dieser und der letzten Legislaturperiode haben aber leider genau dies zur Folge. Geboten wäre vielmehr, den ursprünglich eingeschlagenen Weg weiterzugehen und weitere nötige Reformen durchzuführen. Wir sind es den Menschen in diesem Land schuldig, ihnen beste Aufstiegschancen zu eröffnen. Solide Staatsfinanzen sind die Voraussetzungen für einen handlungsfähigen Staat von heute und morgen. Nur ein handlungsfähiger Staat ist auch in der Lage, sein Aufstiegsversprechen wahr zu machen. Dafür bedarf es nicht unerheblicher finanzieller Mittel. Wenn aber die finanziellen Belastungen im Haushalt aufgrund von steigendem Schuldendienst zunehmen, wird die Finanzierung von staatlichen Leistungen, wie zum Beispiel Bildung, erschwert und zurückgefahren. Das trifft genau die Menschen, die nicht über die familiären Voraussetzungen verfügen, ihren Aufstieg ohne Unterstützung des Staates wahr zu machen. Es ist geradezu paradox, dass die gleichen Verantwortlichen und Parteien, die der Verschuldung das Wort reden und damit zukünftige Generationen belasten und Aufstiegschancen von sozial Schwachen massiv erschweren, gleichzeitig die Verantwortung für die Folgen ihrer Politik bei den Leistungsträgern in unserem Land abladen. Die Sozialausgaben Deutschlands haben 2020 die 1000-Milliarden-Euro-Grenze überschritten. Die Ausgaben für Bildung, Forschung und Wissenschaft hingegen lagen 2018 bei 310 Milliarden Euro.[19] Sozial ist, was Aufstieg möglich macht. Verschuldung und Zementierung der Gesellschaften sind das Gegenteil.

AUFSTIEG DURCH BILDUNG

Der Staat muss Aufstiegschancen eröffnen. Dabei stehen Förderung und Anreize im Mittelpunkt. Nach wie vor ist aber in Deutschland der Zusammenhang zwischen sozialer Herkunft und dem Bildungsabschluss überdurchschnittlich ausgeprägt. Dieser Umstand wird durch die mangelnde Digitalisierung, die auch im Bildungsbereich vorherrscht, noch verschärft. Die finanziellen Voraussetzungen des familiären Umfelds dürfen nicht zum Nachteil werden. Vielmehr liegt es im gesamtgesellschaftlichen Interesse, dass jeder seines Glückes Schmied sein kann. Die Corona-Krise hat die Defizite im Bereich der Digitalisierung unseres Bildungssystems schonungslos offengelegt. Die Versäumnisse in Deutschland sind gravierend und treffen vor allem Schülerinnen und Schüler aus sozial schwachen Familien, hier scheitert es oftmals schon an der benötigten Hardware. Die Warnungen von Experten, unter anderem des Ifo Instituts, dass ausfallender Schulunterricht zu einem geringerem Erwerbseinkommen führt, werden von den aktuellen Regierungen in Bund und Land in den Wind geschlagen. Das Bildungsland Bayern war über Wochen nicht in der Lage, den Schulen ein Konzept zur Beschulung, geschweige denn eine funktionierende Internetplattform zur Verfügung zu stellen. Digitalisierung im Bildungsbereich bedeutete in dieser Zeit das Zusenden von Aufgaben per E-Mail. Ein Regelbetrieb im Herbst 2020 wurde noch zum Schuljahresende im Sommer 2020 nicht zugesichert. Dies alles verdeutlicht, dass Chancengerechtigkeit in Deutschland in erster Hinsicht ein Programmsatz, aber keine bildungspolitische Realität ist. Wenn ausfallender Unterricht zu geringeren Erwerbseinkommen führt, sollte jedem klar sein, dass das unter anderem geringere Aufstiegschancen und Altersarmut zur Folge hat. Genau das Gegenteil sollte aber das Ziel von Bildungspolitik sein.

Mit der Förderung muss individuell und altersgerecht schon in den Kindertageseinrichtungen begonnen werden. Frühkindlicher Bildung kommt eine zentrale Rolle zu, wenn es darum geht, Defizite frühzeitig zu erkennen und Kinder gezielt zu fördern. Ziel ist die Chancengleichheit beim Schulstart. Lebenslange Bildungsangebote sollten nicht nur Teil des Auftrags unseres Bildungssystems sein, sondern auch aktiv an die Menschen herangetragen werden. Die Hierarchien zwischen den einzelnen Bildungsträgern müssen weiter abgebaut werden, sodass durch einen modularen Aufbau ein Wechsel zum Beispiel zwischen beruflicher und hochschulischer Bildung möglich ist. Zudem sollen Ergebnisse der Forschung auch an beruflich Gebildete weitergegeben werden. Die Schülerinnen und Schüler brauchen ungeachtet ihrer sozialen Herkunft Zugang zu digitaler Infrastruktur. Der Unterricht in allen Fächern muss nicht nur durch digitale Inhalte ergänzt sein, sondern auch digital durchgeführt werden können.

Ziel ist die Chancengleichheit beim Schulstart.

Bei der Vermittlung von Werten in unserem Bildungssystem müssen Veränderung und Aufstieg als positive Werte unserer pluralistischen und weltoffenen Gesellschaft weitergegeben werden. Das deutsche Bildungssystem muss zu einem Grundpfeiler einer toleranten Anerkennungskultur werden. Hierbei tragen alle Ausbildungs- und Lehrkräfte eine besondere Verantwortung, denn Bildung dient nicht dem Erhalt des Status quo.

AUFSTIEG DURCH GRÜNDUNG

Ein Aufstiegsweg führt über die Gründung von Unternehmen. Neben beruflicher Qualifizierung ist es deshalb genauso wichtig, die Rahmenbedingungen für Start-ups im Auge zu behalten. Dabei ist zu beobachten, dass es in Deutschland eine breite Unterstützung von Start-ups in der Gründungs- und Aufbauphase gibt. Förderprogramme, Gründerzentren und Beratungen funktionieren in Deutschland relativ gut. Größere Defizite bestehen aber in der Wachstumsphase der Start-ups, in der vor allem Kapital benötigt wird. Laut dem Deutschen Startup Monitor 2019 des Bundesverbands Deutsche Startups e.V. rangiert bei den Erwartungen an die Politik der Start-ups auf Platz zwei das Thema »Unterstützung bei der Kapitalbeschaffung«. Mehr als 20 Prozent der Befragten wünschen sich als Maßnahme die Schaffung von Investitionsangeboten für Privatanleger in Startups. Den Zugang zu Kapital und Investitionen bewerten mehr als ein Drittel als schlecht oder sogar sehr schlecht.[20] Es verwundert deshalb auch wenig, dass laut einer Studie im Auftrag von EY[21] bei den 6,2 Milliarden Euro frischem Kapital für Start-ups im Jahr 2019 vor allem ausländische Investoren eine zentrale Rolle spielten.

Für den Aufstieg von Start-ups hat das zweierlei Folgen. Zum einen wird es deutschen Gründerinnen und Gründern erschwert, ihr Unternehmen in der Wachstumsphase selbst in Deutschland weiterzuentwickeln. Zum anderen investiert der deutsche Staat und damit die Gesellschaft zwar viel, um Gründungen zu ermöglichen. In der Phase, in der diese Gründungen aber große Gewinnaussichten haben, drohen nicht nur das Know-how, sondern auch die Gewinne ins Ausland abzufließen. Es muss deshalb Ziel deutscher Politik sein, die Investitionsbedingungen in Start-ups zu verbessern und das Entstehen größerer inländischer Finanzierungstöpfe zu befördern.

Ein Aufstiegsweg führt über die Gründung von Unternehmen.

AUFSTIEG MUSS SICH LOHNEN – DÜRFEN

Ein zentraler Anreiz für Veränderung und Aufstieg ist ohne Frage, dass dieser auch belohnt werden muss. Ja, Aufstieg darf und muss sich lohnen. Denn wer mehr Engagement zeigt, wer Veränderungswillen hat und unserer Gesellschaft damit Perspektiven gibt, der darf davon auch einen persönlichen Vorteil haben. In gleicher Weise steht selbstverständlich völlig außer Frage, dass die Gesellschaft, die diesen Aufstieg fördert und begleitet, von diesem profitieren darf.

In unserer offenen Gesellschaft sollte Erfolg mit Respekt und Anerkennung begegnet werden. Aber natürlich muss sich Erfolg auch finanziell lohnen. Deutschland belastet seine Bürgerinnen und Bürger auf dem weltweit zweithöchsten Niveau. Wer seinen Leistungsträgerinnen und Leistungsträgern permanent mehr abnimmt als andere Gesellschaften, muss sich nicht wundern, wenn deren Motivation leidet. Ohne Umverteilung und deren positive Effekte grundsätzlich infrage stellen zu wollen, muss doch festgehalten werden, dass ein so hohes Maß an Umverteilung, wie es in Deutschland politische Realität ist, auch dazu führt, gesellschaftliche Strukturen zu verfestigen. Aufsteigern wird es durch die hohe Steuer- und Abgabenlast erschwert, selbst Vermögen zu bilden. Es muss deshalb vordringlichste Aufgabe sein, die Belastungsgrenze von Abgaben und Steuern bei unter 40 Prozent zu halten.

Ja, Aufstieg darf und muss sich lohnen. Denn wer mehr Engagement zeigt, wer Veränderungswillen hat und unserer Gesellschaft damit Perspektiven gibt, der darf davon auch einen persönlichen Vorteil haben.

Gerade in der Gründungsphase von Familien und Unternehmen nimmt sich der Staat einen zu hohen Anteil von den Bürgerinnen und Bürgern. Deutschland belastet seine Familien mit Steuern und Abgaben weit über dem OECD-Durchschnitt und belegt damit einen »Top«-Ten-Platz.[22]

Seit 2006 haben die Bundesländer die Hoheit über die Grunderwerbsteuer. Ganze 27-mal wurde die Steuer seitdem erhöht. Das Aufkommen stieg um über 150 Prozent. In fast der Hälfte der Bundesländer ist sie von ursprünglich 3,5 Prozent auf heute 6 bzw. 6,5 Prozent gestiegen. Die Hebesätze der Grundsteuer sind im Bundesdurchschnitt seit 2004 um fast 25 Prozent, das Aufkommen gar um fast 50 Prozent gestiegen. Hinzu kommt eine immer wieder aufflammende Diskussion um die Wiedereinführung der Vermögenssteuer.

Das alles zeigt, wie die Vermögensbildung von Aufsteigerinnen und Aufsteigern in Deutschland in den vergangenen Jahren erschwert statt verbessert worden ist. Geboten wäre jedoch, in den Start- und Wachstumsphasen den Vermögensaufbau durch Reduzierung von Abgaben und Steuerlast sowie durch Entbürokratisierung zu fördern. Dies würde im Übrigen gleichzeitig auch der Vermögensungleichheit entgegenwirken.

AUFSTIEG GLOBAL DENKEN

In einer globalisierten Welt muss Aufstieg international gedacht werden. Das erfordert, dass unsere Gesellschaft und jeder Einzelne über international wettbewerbsfähige Bildung und Know-how verfügen muss. Im OECD-Vergleich finanziert Deutschland aber nach wie vor sein Bildungssystem unterdurchschnittlich, und das, obwohl unser Wohlstand davon abhängt.[23] Damit erschweren wir unseren Aufsteigerinnen und Aufsteigern den Anschluss an die Weltspitze.

Im Bildungsbereich muss die Vermittlung von digitalen Fähigkeiten und das Vorhandensein von digitalen Fähigkeiten bei Lehrkräften aller Fachbereiche zur Selbstverständlichkeit gehören. Die Hoheit über die eigenen Daten ist die Voraussetzung dafür, über sein Leben selbst und damit auch über Aufstieg entscheiden zu können. Diese Kompetenz muss über die gesamte Schulzeit mit verschiedenen Schwerpunkten vermittelt werden.

Es ist eine staatliche Aufgabe, dafür Sorge zu tragen, dass die Bürgerinnen und Bürger in Deutschland auf eine international wettbewerbsfähige digitale Infrastruktur zugreifen können. Die Realität sieht aktuell leider genau anders aus. Gerade einmal 4,1 Prozent betrug Deutschlands Anteil an Glasfaseranschlüssen der OECD-Staaten im Dezember 2019.[24] Auch beim G5-Netzausbau hinkt Deutschland weiter hinterher. Wem die Zukunft gehören will, der braucht heute schnelles Internet. Es ist fahrlässig, dass unser Staat seinen potenziellen Aufsteigerinnen und Aufsteigern den

Zugang zu dieser kritischen Infrastruktur auf internationalem Niveau vorenthält.

Während beim Ranking der leistungsfähigsten Digitalökonomien der Welt der Schweizer Hochschule IMD unsere Nachbarländer Top-Ten-Plätze belegen und China eine rasante Aufholjagd gestartet hat, verharrt Deutschland seit mehreren Jahren im Mittelfeld. 2019 belegte Europas größte Volkswirtschaft einen mageren 17. Platz.[25] Laut der EU-Kommission nutzen Deutsche zwar grundsätzlich überdurchschnittlich viele Internetangebote, das Angebot der öffentlichen Verwaltung ist aber im EU-Vergleich deutlich unterentwickelt.[26] Das zeigt, dass die Versäumnisse im Bereich Digitalisierung weit über die digitale Infrastruktur hinausgehen und dass Aufsteigerinnen und Aufsteiger bei einem zentralen Zukunftsfeld nicht den entsprechenden Rückenwind erhalten. Vielmehr müssen sie die Defizite in Deutschland erst ausgleichen, um international wettbewerbsfähig zu sein. Lippenbekenntnisse reichen nicht. Deutschland muss sich auch bei den Taten an die Weltspitze setzen.

Die Aufsteigerinnen und Aufsteiger müssen nicht erst heute in internationalen Maßstäben denken. Vernetzung innerhalb Europas und darüber hinaus muss zu unserer gesellschaftlichen DNA gehören. Wir leben das erfolgreich im Forschungsrahmenprogramm der Europäischen Union. Solche Formate müssen wir in allen gesellschaftlichen Bereichen intensivieren. Gleichzeitig gilt es, die Fähigkeit, eigene Interessen zu definieren und diese dann in die eigenen Netzwerke einzubinden, zu fördern.

Vernetzung innerhalb Europas und darüber hinaus muss zu unserer gesellschaftlichen DNA gehören.

Eine Gefahr für den Wohlstand unserer Gesellschaft sind die zunehmenden Nationalisierungstendenzen rechter Parteien, aber auch die Regionalisierungstendenzen in der Umwelt- und Klimabewegung. Freihandel, Austausch von Wissen und Kulturtechniken sowie Kooperation haben in der gesamten Menschheitsgeschichte immer zu einer Steigerung des Wohlstands geführt. Dieser Wohlstandsanstieg wird durch das Einhalten des Aufstiegsversprechen zum Wohlstand für alle. So können alle Gesellschaftsmitglieder am Erfolg teilnehmen und haben Interesse daran, dass die Rahmenbedingungen Aufstieg möglich machen. Darüber hinaus muss die Gesellschaft Gescheiterten beim Aufstehen die Hand reichen und Hilfe für Bedürftige und Schwache garantieren.

Die Einhaltung des Aufstiegsversprechens ist zentrale Aufgabe eines liberalen Staats. Im Gegenzug tragen die Aufgestiegenen einen überproportionalen Anteil an der Finanzierung des Staats. Es macht aber auch deutlich, dass es eines aktiven Staates bedarf, der seine Kernaufgaben erfüllt. Damit dies gelingen kann, muss aber auch klar sein, dass der Staat nicht jeden kleinsten Missstand regeln, die Regeln vollziehen, kontrollieren und sanktionieren kann. Das gesellschaftliche Zusammenleben muss auch von einem gemeinsamen Wertefundament getragen werden. Für staatliches Handeln wiederum gibt es nicht nur null und eins oder schwarz und weiß, sondern auch Zwischentöne. Letztlich sollte der Staat Ziele vorgeben und zum Erreichen dieser Ziele Rahmenbedingungen festlegen. Den Weg zum Erreichen der Ziele hingegen sollte er offenhalten. Dies eröffnet nicht nur Aufstiegschancen, weil Kreativität und Wettbewerb um die besten Lösungen Raum gegeben werden, sondern es gibt dem Staat auch den Freiraum, sein Wirken auf die Kernaufgaben zu fokussieren und damit sein Aufstiegsversprechen einzuhalten.

Gute Bildung ein Leben lang, geringe Steuer- und Abgabenbelastung, Staatsstrukturen auf international höchstem Niveau und die Unterstützung von Vermögensaufbau sind elementare Säulen, um das Aufstiegsversprechen in unserer Gesellschaft wieder wahr zu machen. Dazu braucht es einen handlungsfähigen Staat – heute und morgen – und dieser steht auf dem Fundament solider Finanzpolitik. Vor allem aber braucht es Menschen, die aufsteigen wollen und können.

> …[es] braucht einen handlungsfähigen Staat – heute und morgen – und dieser steht auf dem Fundament solider Finanzpolitik.

KAPITEL 5

AUFSTIEG UND WETTBEWERB IN DER DIGITALEN WIRTSCHAFT: WAS SICH IN DEUTSCHLAND ÄNDERN MUSS

Justus Haucap

Professor Dr. Justus Haucap ist Direktor des Düsseldorfer Instituts für Wettbewerbsökonomie (DICE) an der Heinrich-Heine-Universität Düsseldorf. Von 2006 bis 2014 war er zudem Mitglied der Monopolkommission der deutschen Bundesregierung, davon vier Jahre als Vorsitzender. Er ist Mitglied der Deutschen Akademie der Technikwissenschaften (acatech) sowie der Nordrhein-Westfälischen Akademie der Wissenschaften und der Künste. Die FAZ listet ihn seit 2013 jährlich unter den 30 einflussreichsten Ökonomen Deutschlands.

HERAUSFORDERUNGEN FÜR DEUTSCHLAND

Aufstieg ist ein Thema, mit dem man sich als Fan des FC St. Pauli eigentlich nur etwa einmal im Jahrzehnt ernsthaft befassen muss. Als Wettbewerbsökonom hingegen ist der Auf- und Abstieg von Unternehmen mein Leib- und Magenthema, quasi tägliches Brot. Im Fußball ist im letzten Jahrzehnt der Aufstieg von RB Leipzig besonders rasant gewesen. Noch kometenhafter jedoch ist in den letzten zehn Jahren der Aufstieg der Internet-Giganten in der digitalen Ökonomie verlaufen. Der sogenannte Plattform-Index schlägt in seiner Performance alle anderen gängigen Indizes. Und auch wenn das inzwischen berühmte Bonmot, Daten seien das neue Öl, aus vielen Gründen irreführend ist, so ist doch eines richtig: Die fünf wertvollsten Unternehmen – gemessen an ihrer Börsenkapitalisierung – waren vor etwa zehn Jahren im Wesentlichen Mineralölkonzerne, während es heute die sogenannten GAFAM-Unternehmen sind, also Google, Amazon, Facebook, Apple und Microsoft. In Asien sind es Tencent und Alibaba.

Diesen Internet-Plattformen ist gemein, dass sie bestehende Wertschöpfungsstrukturen radikal aufbrechen und Wertschöpfung verlagern. War die Musikindustrie mit der Erfindung des mp3-Formats und dem Entstehen von (illegalen) Tauschplattformen wie Napster im Jahr 1999 schon vor mehr als 20 Jahren als eine der ersten Branchen von den dramatischen Veränderungen betroffen, gibt es heute so gut wie keine Branche mehr, deren Produktionsabläufe und Geschäftsmodelle nicht durch die Digitalisierung verändert werden. Dabei hat sich in den meisten Branchen der Wettbewerb zunächst durch digitale Geschäftsmodelle und oftmals disruptive Innovationen deutlich intensiviert, ganz gleich ob es um Onlinehandel, neue Mobilitätsangebote, Electronic Banking und Brokerage, Online-Reisebüros oder neue Medienformate geht. Mit dem Aufstieg dieser Plattformen ist zugleich der Abstieg

Aufstieg ist ein Thema, mit dem man sich als Fan des FC St. Pauli eigentlich nur etwa einmal im Jahrzehnt ernsthaft befassen muss. Als Wettbewerbsökonom hingegen ist der Auf- und Abstieg von Unternehmen mein Leib- und Magenthema, quasi tägliches Brot.

alter Geschäftsmodelle verbunden, auch wenn etwa im Jahr 2009 der damalige Ministerpräsident des Freistaats Bayern, Horst Seehofer, mit einem staatlichen Massekredit in Höhe von 50 Millionen Euro noch das letztmalige Drucken des Quelle-Katalogs ermöglichte. Aufzuhalten war der Strukturwandel trotz staatlicher Förderung des traditionellen Versandhandels nicht.

Dem Wachstum vieler digitaler Geschäftsmodelle sind aufgrund der guten *Skalierbarkeit*, also der Fähigkeit, ohne allzu große Investitionen den Umsatz zu steigern, andere Grenzen gesetzt als in der traditionellen Wirtschaft, wo Expansion fast immer auch mit deutlichen zusätzlichen Investitionen verbunden war. Insbesondere trifft Ersteres auf digitale Plattformen zu, die nicht selbst Waren und Dienstleistungen herstellen oder kaufen und verkaufen, sondern »nur noch« zwischen Kauf- und Verkaufsinteressenten, zwischen Anbietern und Nutzern vermitteln.

Charakteristisch für digitale Plattformen sind sogenannte Netzwerkeffekte. Vereinfacht ausgedrückt ist das Prinzip nicht anders als früher die Dorfdisco in meiner niedersächsischen Heimat: Alle gehen dorthin, wo alle hingehen, weil alle dort hingehen. In der digitalen Welt haben wir nun die globale Dorfdisco: Viele nutzen genau deshalb Facebook, Whatsapp, Google etc., weil eben viele andere dieses tun, weil viele andere dieses tun. Daher können diese Plattformen auch die besten Dienste anbieten. Die Corona-Pandemie und die damit verbundenen staatlich verordneten sowie freiwillig ergriffenen Maßnahmen haben die Bedeutung der digitalen Plattformen noch einmal erhöht. Wie sich an den Börsenkursen leicht ablesen lässt, gehören die Digitalkonzerne zu den großen Gewinnern der Corona-Krise.

Alle gehen dorthin, wo alle hingehen, weil alle dort hingehen. In der digitalen Welt haben wir nun die globale Dorfdisco …

Digitale Plattformen sorgen jedoch nicht nur für Wettbewerb und neuen Markteintritt – das Eröffnen eines Angebots im Internet ist prinzipiell einfach und nicht mit hohen Kosten verbunden, sodass das Internet zu einer radikalen Ausweitung der Angebote an Produkten, Dienstleistungen und vor allem auch an Informationen geführt hat. Die Digitalisierung führt auch zu neuen Machtkonstellationen, bei der einige Digitalkonzerne als Gatekeeper einen erheblichen

Einfluss auf die Präsentation der Angebote und somit den wirtschaftlichen Auf- und Abstieg von Unternehmen haben. Nicht nur, aber vor allem in Europa wird diese neue Machtkonstellation mit erheblicher Sorge gesehen, vermutlich auch, weil Europa selbst bisher keine ähnlich erfolgreichen Internetgiganten hervorgebracht hat. Die von der Bundesregierung jüngst auf den Weg gebrachte Kartellrechtsreform ist prinzipiell der richtige Weg, um diese neuen Machtgefüge einzuhegen. In einem Buch voller Beiträge von FDP-Politikerinnen und -Politikern mag Lob am Bundeswirtschaftsminister deplatziert wirken. Doch mit der geplanten Novelle des Kartellrechts ist Peter Altmaier in der Tat ein großer Wurf gelungen.

Die Novelle des Kartellrechts reicht jedoch nicht aus, damit Deutschland bei der Digitalisierung vorankommt und innovative Geschäftsmodelle hier nicht nur erdacht, sondern auch umgesetzt werden und wachsen können. Das Kartellrecht dient dazu, den Wettbewerb vor einer Monopolisierung zu schützen und Wahlmöglichkeiten zu erhalten, wo diese bestehen. Wenn aber die Umsetzung neuer Ideen bereits durch andere Gesetze und Regulierungen verhindert wird, kann das Kartellrecht auch keinen Schutz bieten. Damit Pflanzen wachsen, hilft es nichts, Unkraut zu jäten, wenn man nicht etwas ausgesät hat.

Gerade in Deutschland sind viele Bürgerinnen und Bürger heute jedoch äußerst skeptisch gegenüber neuen Technologien und Innovationen, ganz gleich, ob es um die Digitalisierung geht oder um Gentechnik, Biotechnologie, Fracking oder andere Neuerungen. Als ob das nicht ausreicht, kommt noch eine große Abneigung vieler Bürgerinnen und Bürger gegenüber zahlreichen Infrastrukturvorhaben hinzu sowie ganz allgemein eine zunehmend skeptische Haltung zur Marktwirtschaft und zum Wirtschaftswachstum.

Diese Stimmung wird von Politikern aufgenommen, sodass in den letzten Jahren Markt und Wettbewerb als ordnungsstiftende Prinzipien in der Wirtschaft von der Politik immer weiter zurückgedrängt wurden. Sei es die Energiepolitik mit dem Versuch einer staatlichen Detailsteuerung der gesamten Energielandschaft, seien es Preisregulierungen wie der Mindestlohn, Mietpreisbremse und -deckel, die Buchpreisbindung für E-Books und nun sogar Vorschläge für Mindestpreise bei verschiedenen Lebensmitteln. Dazu kommen andere Markteingriffe wie das Tarifeinheitsgesetz, die Frauenquote für die Aufsichtsräte der wichtigsten börsennotierten Unternehmen in Deutschland oder auch verteilungspolitische Maßnahmen wie die Abschaffung von Studiengebühren oder die diversen Rentenpakete: Die Politik setzt seit geraumer Zeit primär auf die Umverteilung des vorhandenen Wohlstandes und weniger auf Maßnahmen und Rahmenbedingungen, welche es erst ermöglichen, Wohlstand überhaupt zu schaffen.

Großen Teilen der Bevölkerung geht es heute faktisch so gut, dass Verteilungsthemen die Debatte dominieren. Veränderungen des Status quo werden als Gefährdungen eingestuft. Und es ist auch richtig: Jede Innovation führt zu Veränderungen und zu einer neuen Verteilung von Gewinnen und von wirtschaftlicher Macht. Airbnb bedroht Hotels und Mieter, Uber die Taxis, das E-Book den stationären Buchhandel, Amazon die Kaufhäuser, Google die Tageszeitungen und so weiter. Aus der Natur der Sache heraus bringen Innovationen Unbekanntes und Neues, eingeübte Routinen und Gepflogenheiten müssen sich ändern, und Wandel und Anpassung ist oft mühsam. Die Abwehr besteht daher oft in Verboten und Unterdrücken – eine menschlich verständliche Reaktion, obgleich sie langfristig zur Stagnation führt.

Der demografische Wandel verstärkt diese Tendenz noch einmal. Es ist klar, dass der demografische Wandel in rund 20 Jahren das Rentensystem in seiner aktuellen Form zum Kollabieren bringen wird und wir große Teile der Rente dann vermutlich aus Steuern finanzieren werden müssen, weil sich das Verhältnis von aktiven Rentenbeitragszahlern – also der arbeitenden Bevölkerung – zu Rentenempfängern massiv verschlechtern wird. Aber der demografische Wandel hat weitere Konsequenzen, die bisher wenig beleuchtet wurden: Zum einen fehlt eine nachwachsende Generation von Gründern und Unternehmern. Da Innovationen oft auch von neu gegründeten Unternehmen ausgehen, ist die reduzierte Gründungsdynamik aufgrund fehlender Gründer korreliert mit der erlahmenden Innovationsdynamik. Zum anderen führt der demografische Wandel auch dazu, dass der Medianwähler immer älter wird. Rentnerinnen und Rentner machen zwar noch nicht die Mehrheit der wahlberechtigen Bürgerinnen und Bürger aus. Doch die Interessen der älteren Bürgerinnen und Bürger werden – besonders unter Berücksichtigung der Tatsache, dass die Älteren brav zur Wahl gehen, während die Wahlbeteiligung bei den Jüngeren sehr viel niedriger ist – politisch betrachtet zunehmend wichtiger. Mit zunehmendem Alter scheint nun aber tendenziell die Bereitschaft, Veränderungen in Kauf zu nehmen, eher abzunehmen als zu steigen. Eine konservative Politik, die möglichst den Status quo bewahren und Änderungen verhindern will und damit nicht besonders innovationsfreundlich ist, wird tendenziell für Politiker attraktiv, weil genau dies faktisch von immer mehr Wählerinnen und Wählern gewünscht wird.

Hinzu kommt die bekannte Problematik, dass bei neuen Geschäftsmodellen und innovativen Produkten und Produktionstechnologien die Gewinner oftmals verstreut und auch ex ante nicht bekannt, die Verlierer jedoch oft konzentriert und leicht identifizierbar sind. Das politische Gleichgewicht ist daher regelmäßig eines, bei dem die etablierten Kräfte sich durchsetzen und Neuerungen verhindern, die den Aufstieg neuer Anbieter ermöglichen würden.

Die Politik neigt somit aus wahltaktischen Gründen vor allem dazu, den Status quo zu verteidigen, während Innovationen – solange sie nicht staatlich subventioniert werden wie etwa das Elektroauto – tendenziell unterdrückt und verhindert zu werden drohen. Ronald Reagan hat diese Politik einmal wie folgt sehr plastisch beschrieben: »Government's view of the economy could be summed up in a few short phrases: If it moves, tax it. If it keeps moving, regulate it. And if it stops moving, subsidize it.« Eine solche Politik kann langfristig selbstredend verheerende Folgen haben.

> **Die Politik neigt aus wahltaktischen Gründen dazu, den Status quo zu verteidigen, während Innovationen tendenziell unterdrückt und verhindert zu werden drohen.**

Für Deutschland gilt Letzteres in besonderem Maße, denn: Dass Deutschland kaum über natürliche Rohstoffe verfügt, ist altbekannt. Nichtsdestoweniger haben wir im internationalen Vergleich heute einen sehr hohen Lebensstandard. Dieser basiert im Wesentlichen auf dem hohen Humankapital, also der guten Ausbildung, dem Fleiß und Erfindergeist, einem hohen Sozialkapital sowie relativ effizienten –formellen und informellen – institutionellen Rahmenbedingungen.

Klar ist auch, dass der Wettbewerbsvorteil von Unternehmen in Deutschland aufgrund der fehlenden natürlichen Rohstoffe, anders etwa als Norwegen, und den relativ hohen Löhnen, anders als etwa China, Taiwan, etc., nicht allein im Preis der Produkte liegen kann. Um mit der internationalen Konkurrenz aus Niedriglohnländern mithalten zu können, müssen deutsche Unternehmen daher nicht Produkte anbieten, die preisgünstiger sind, sondern vor allem bessere und innovativere Produkte und Dienstleistungen, die effizient produziert und vertrieben werden. Der Kern des Wettbewerbsvorteils liegt also in Bildung und Erfindergeist, in Produktqualität und Innovationen.

Der Kern des Wettbewerbsvorteils liegt also in Bildung und Erfindergeist, in Produktqualität und Innovationen.

Dass Deutschland im Innovationswettlauf angesichts der US-Dominanz bei technischer Software und Internetplattformen zurückfällt und irgendwann in der Kreisliga spielt, ist eine Befürchtung, die viele Unternehmer schon vor geraumer Zeit geäußert haben. Und in der Tat: Viele wichtige Innovationen kommen heute nicht aus Deutschland, sondern – insbesondere im Bereich der digitalen Wirtschaft, aber keineswegs nur dort – aus den USA und China.

Deutschland fällt im internationalen Innovationswettlauf seit einiger Zeit zurück. Zwar sind die Forschungsausgaben in Deutschland mit rund 3,1 Prozent des Bruttoinlandsprodukts (BIP) noch immer hoch, und nur in Südkorea, Israel, Skandinavien und Japan sind diese prozentual höher, jedoch stagniert die Anzahl der beim Europäischen Patentamt von Deutschen angemeldeten Patente im Gegensatz zum globalen Trend. Während global heute pro Jahr rund 30 Prozent mehr Patente angemeldet werden als vor zehn Jahren, gilt dies nicht für Deutschland. Insbesondere in China, aber auch in den USA und Südkorea werden heute deutlich mehr Patente angemeldet als vor zehn Jahren, während die Zahlen für Deutschland stagnieren. Der Marktanteil Deutschlands an den weltweiten Patentanmeldungen fällt daher seit Jahren.

URSACHEN FÜR DIE SCHWINDENDE INNOVATIONSKRAFT

Worin liegen die Gründe für die schwindende Innovationskraft Deutschlands? Die Ursachen dafür sind wie so oft vielfältig. Sicher spielt etwa die im internationalen Vergleich bestenfalls zweitklassige Ausstattung und die staatlich verordnete Inflexibilität deutscher Hochschulen eine Rolle. Es wird kein deutsches Stanford oder Harvard geben, nicht einmal ein Berkeley oder Michigan, um die wohl besten staatlichen US-Universitäten zu nennen. Aber dies ist sicher nicht der einzige Grund, vermutlich nicht einmal der wichtigste. Ein bedeutender Grund für die zurückgehende Innovationsleistung ist sowohl bei der Bevölkerung als auch bei Unternehmen die Selbstzufriedenheit: Uns geht es zu gut, um innovativ zu sein. Auf dem Cover des Albums »You've come a long way, baby« des von mir sehr geschätzten britischen DJs Fatboy Slim ist ein dicker Junge zu sehen, auf dessen T-Shirt steht: »I'm number one, so why try harder«. Dieser Spruch könnte auch gut die Stimmungslage in Deutschland in vielen Bereichen in den letzten zehn Jahren charakterisieren.

Dabei ist es nicht nur die Selbstzufriedenheit in der Bevölkerung, die zur Abwehr der meisten Veränderungen führt. Auch in Unternehmen kann sich schnell eine Zufriedenheit breitmachen, wenn es dem Unternehmen zu gut geht. Für wirkliche Reformen und Veränderungen braucht es in der Regel eine Krise. Warum?

Die Innovationsökonomik sagt uns schon lange: Eine starke Marktstellung kann dazu verleiten, sich auf Erfolgen auszuruhen, satt und zufrieden und damit auch weniger innovativ zu werden. Wer schon einen hohen Marktanteil hat, kann durch Innovationen keine großen Marktanteile mehr hinzugewinnen. Die Anreize, aber auch die Notwendigkeit, innovativ zu sein, schwinden. Ganz anders verhält es sich jedoch bei Unternehmen, die noch klein sind: Sie haben durch Innovationen noch viel zu gewinnen, dementsprechend hoch sind die Anreize, innovativ zu sein. Sie

Für wirkliche Reformen und Veränderungen braucht es in der Regel eine Krise.

haben kaum Erfolge, auf denen sie sich ausruhen können. Diese Logik hat schon der Ökonomie-Nobelpreisträger Kenneth Arrow im Jahr 1962 erklärt.

Die unterschiedlichen Anreize, innovativ zu sein, kommen in der digitalen Wirtschaft besonders stark zum Tragen, denn: Während in der Vergangenheit viele Innovationen einen hohen Kapitaleinsatz erforderten und so die etablierten Unternehmen vor Neulingen zu einem gewissem Grad geschützt sind – so wie es etwa auch heute noch in weiten Teilen der Pharma-, Chemie- und selbst der Automobilindustrie der Fall ist –, gilt dies in weitaus geringerem Umfang in der digitalen Wirtschaft. Viele Innovationen kommen tatsächlich aus den berühmten Garagen, Humankapital ist der wesentliche Treiber für Innovationen.

Gleichwohl sei angemerkt, dass das von Arrow angeführte Argument nicht immer zutreffen muss. Denn andererseits hat ein Monopolist am meisten zu verlieren. Daher können seine Innovationsanreize auch besonders stark sein. Theoretisch ist die Lage damit unklar. Die Feststellung, dass Deutschland besonders viele Weltmarktführer mit hohen Marktanteilen hat, dürfte deswegen keine hinreichende Erklärung für die zurückgehende Innovationsdynamik sein.

Es dürften außerdem gesellschaftliche Widerstände gegen viele Innovationen sein, welche die Innovationsbereitschaft negativ beeinflussen. Eine wesentliche Erklärung für diese gesellschaftlichen Widerstände dürfte sein, dass Innovationen – genauso wie etwa die Liberalisierung von Märkten oder Freihandel und Globalisierung – stets Gewinner und Verlierer hervorbringt und sich die potenziellen Verlierer wesentlich klarer artikulieren können als die – oftmals noch nicht konkret identifizierbaren – potenziellen Gewinner. Prozessinnovationen etwa führen in aller Regel zu einer weniger ressourcenintensiven Produktionsweise. Die Einsparung menschlicher Arbeitskraft stößt bei den betroffenen Arbeitnehmerinnen und Arbeitnehmern und ihren Gewerkschaften naturgemäß nicht auf Begeisterung. Dass etwa die Gewerkschaft der Lokführer nicht von selbstfahrenden Zügen begeistert sein dürfte, ist ebenso offensichtlich, wie die bekannte historische Tatsache, dass die Weber einst mit Gewalt versuchten, die Einführung mechanischer Webstühle zu verhindern. In ähnlicher Weise führen Produktinnovationen dazu, dass bessere Produkte alte Angebote verdrängen. Oftmals lösen diese

Innovationen einen Strukturwandel aus, bei dem die regionale Betroffenheit sehr unterschiedlich ist. Während einige Regionen gewinnen, in denen die innovativen Unternehmen beheimatet sind, verlieren andere. Regionen, die potenziell zu den Verlierern gehören, werden daher versuchen, die Innovationen mit politischen Mitteln zu verhindern.

KÖNNEN WIR DIE DIGITALE REVOLUTION IN DEUTSCHLAND VERHINDERN?

Besonders plastisch werden diese Zusammenhänge im Kontext der Digitalisierung. Selbst Bundeskanzlerin Angela Merkel sagt, dass Daten »die Rohstoffe des 21. Jahrhunderts« sind und dass Big Data mitentscheidend für den Zugang von Firmen zu Kunden und die Zukunft einer modernen Wirtschaft sei. Gleichwohl sind die Rahmenbedingungen in Deutschland für die Nutzung des Rohstoffs des 21. Jahrhunderts denkbar schlecht. Aufgrund sehr strenger Datenschutzvorschriften, bei denen Unternehmen eine Einwilligung für jede neue Verwendung personenbezogener Daten benötigen mit einer sehr weitgehenden Interpretation des Begriffs »personenbezogen«, ist die Nutzung von Daten in Deutschland sehr kostspielig, wenn nicht sogar oft unmöglich. Es ist daher wenig verwunderlich, dass sich Geschäftsmodelle, die personenbezogene Daten nutzen, nicht in Deutschland entwickeln. Deutschland ist an sich bereits ein rohstoffarmes Land. Nun wird darüber hinaus die Nutzung des zentralen Rohstoffs für die digitale Wirtschaft, der eigentlich nicht knapp ist, da Daten dupliziert und mehrfach verwendet werden können, auch noch verteuert.

Die strengen Datenschutzregeln in Deutschland und auch der EU verordnen Unternehmen somit einen äußerst »ressourcenschonenden Umgang« mit dem Rohstoff Daten. Dies mag sich gut anhören, ist aber tendenziell weniger sinnvoll als bei klassischen Ressourcen, da Daten – anders als Öl und andere natürliche Ressourcen – nicht verbraucht werden. Selbst die durchaus löbliche (Teil-)Harmonisierung der Datenschutzregeln in den EU-Mitgliedstaaten durch die europäische Datenschutzgrundverordnung beseitigt nur begrenzt den Wettbewerbsnachteil Europas.

Abgesehen von den strengen Datenschutzvorschriften, die nur einen sehr restriktiven Umgang mit Daten ermöglichen, verhindern zahlreiche andere Vorschriften tendenziell die Entwicklung neuer Geschäftsmodelle. Als Beispiele seien das Verbot von Uber aufgrund eines völlig antiquierten Personenbeförderungsgesetzes genannt, das innovationsfeindliche Leistungsschutzrecht für Presseverlage, das gerade kleine und innovative Nachrichten-Plattformen behindert, oder die Buchpreisbindung für E-Books. Auch im Bereich E-Health verhindern zahlreiche institutionelle Barrieren, dass sich innovative Lösungen in Deutschland etablieren. In der EU nimmt Deutschland gerade im Bereich E-Health einen der letzten Plätze ein.

Der einfachste Weg zur Abwehr von Innovationen ist ihr staatliches Verbot, jedoch ist es zugleich auch die verbraucherfeindlichste Lösung. Natürlich ist aus Sicht der Taxiunternehmen und der Taxizentralen neue Konkurrenz unliebsam. Gleichwohl erinnert die heutige Regulierung des Taximarktes an die Red Flag Acts im Großbritannien des späten 19. Jahrhunderts. Diesem Gesetz zufolge durften Gefährte ohne Pferde wie ein Auto nur mit einer Höchstgeschwindigkeit von etwa 6 Kilometer pro Stunde (4 Meilen pro Stunde) fahren – innerorts betrug das Tempolimit 2 Meilen pro Stunde. Bei jedem Automobil musste zudem ein Fußgänger vorauslaufen und zur Warnung der Bevölkerung eine rote Flagge (red flag) tragen. Die Pferdekutscher werden glücklich über das Gesetz gewesen sein, gleichwohl hat es den Siegeszug des Autos nicht verhindern können.

Ähnlich verhält es sich mit der Buchpreisbindung für E-Books. Ursprünglich hat die Buchpreisbindung den Buchhandel vor Preiswettbewerb geschützt, es gab eine Vielzahl von Buchhandlungen, die so die »Literaturversorgung« der Bevölkerung sicherstellten. Inzwischen setzen sich E-Books immer stärker durch, die nachrückenden Generationen hängen weniger an alten Gewohnheiten und die Vorteile der E-Books sind offensichtlich. Auf handlichen Readern ist prinzipiell die gesamte Weltliteratur verfügbar. Die Reader sind leicht, umweltschonend und platzsparend, lange Bücherregale werden irgendwann ebenso der Vergangenheit angehören wie CD-Regale. Durch das elektronische Publizieren kann zugleich jeder Autor, auch ohne Verlag, seine Bücher verbreiten und bei Amazon oder auf anderen Plattformen als E-Book einstellen. Für Zugang zu Literatur benötigt man heute keinen Buchladen mehr, sondern einen Internetanschluss. Für den stationären Buchhandel sind die Aussichten daher mittelfristig so düster wie vor 100 Jahren die der Pferdekutscher. Die Produktions- und Distributionskosten für elektronische Bücher liegen deutlich unter denen für gedruckte Werke. Es ist klar, dass sich E-Books langfristig durchsetzen werden, von Kinderbüchern und Kunstdrucken vielleicht abgesehen.

Die künstliche Verteuerung der elektronischen Bücher durch die Preisbindung mag diesen Strukturwandel bremsen, aufhalten wird sie ihn nicht. Wenn die Politik wirklich will, dass Deutschland bei der Digitalisierung vorn mit dabei ist, darf sie nicht regelmäßig aus Angst vor neuen Entwicklungen und zum Schutz bisheriger Machtstrukturen Innovationen mit Verboten und Regulierungen begegnen.

WO STEHEN WIR NUN?

Deutschland hat gewisse natürliche Standortnachteile für Innovationen, welche Verbraucher direkt betreffen wie Amazon, Google, Facebook, Airbnb, Uber, Ebay etc. Im Gegensatz zu den USA und anderen Märkten ist Englisch nicht unsere Muttersprache, zudem ist der deutsche Markt ohnehin schon kleiner als der in den USA oder auch China. Innovationen für Verbraucher werden daher sicher nur selten zuerst in Deutschland entwickelt und getestet. Die Schaffung eines digitalen Binnenmarktes in der EU sollte daher mit Vehemenz vorangetrieben werden.

Gerade in Deutschland sind zudem für Gründer und Innovatoren die Rahmenbedingungen oftmals wenig gut. Die Regulierung vieler Bereiche ist sehr strikt wie etwa der tendenziell unternehmensfeindliche Datenschutz. In der Kombination können natürliche und institutionelle Standortnachteile eine toxische Mischung für den Standort ergeben. In der Tat ist heute unter den 20 größten Internetunternehmen der Welt kein einziges europäisches. Unter den 20 größten Tech-Unternehmen der Welt befindet sich immerhin SAP, allerdings auch seit Langem das einzige deutsche Unternehmen. Deutschland droht, den Anschluss in dieses wichtige Zukunftsfeld zu verlieren. Von den 488 Start-up-Unternehmen mit einer

Marktbewertung von mehr als einer Milliarde Dollar, die es im August 2020 weltweit gab, kommen nur 13 aus Deutschland. Etwa die Hälfte dieser sogenannten »Einhörner« ist in den USA beheimatet, ein weiteres Viertel in China. Selbst Großbritannien hat mit 26 »Einhörnern« doppelt so viele wie wir. [27]

Deutschland droht den Anschluss in dieses wichtige Zukunftsfeld zu verlieren.

Es wird da nicht allein weiterhelfen, im ländlichen Raum mehr Breitband zu vergraben und 5G auszubauen, wenn zugleich die Rahmenbedingungen für die Entwicklung interessanter Angebote schlecht bleiben. Die Entwicklung interessanter Angebote und Plattformen scheitert nicht am mangelnden Breitband in Mecklenburg und der Oberpfalz, sondern an anderen Dingen, wie etwa der an Verboten orientierten Regulierung sowie der Rückständigkeit von Behörden, öffentlichen Institutionen und des Bildungswesens im Bereich der Digitalisierung.

Die Expertenkommission für Forschung und Innovation der Bundesregierung hat in ihrem 2016er-Bericht von einer »digitalen Service-Wüste in deutschen Amtsstuben« gesprochen.[28] Die Europäische Kommission rankt Deutschland in ihrem jährlichen European Digital Progress Report unter den 27 EU-Staaten bestenfalls im Mittelfeld. Und dabei ist Europa im Vergleich zu den USA und Asien ohnehin in der 2. Liga. Ein Mittelplatz in Liga 2 ist mir als St.-Pauli-Fan natürlich nur allzu vertraut, aber das unter St.-Pauli-Fans verbreitete Bonmot »Mal verliert man, mal gewinnen die anderen« sollte nicht Leitlinie der deutschen Digitalpolitik sein.

Auch bei der Verfügbarkeit öffentlicher Daten (Open Data) liegt Deutschland zurück. Da aber gerade in der digitalen Welt viele neue Dienste auf der Verarbeitung und intelligenten Nutzung von Daten basieren, ist ein Knausern mit öffentlichen Daten eher innovationshemmend. Der strikte Datenschutz sowie die regelmäßige Untersagung oder mindestens strikte Regulierung neuer Geschäftsmodelle tun ihr Übriges.

Hinzu kommt die mangelnde Attraktivität der Selbstständigkeit. Als Idealbild wird öffentlich oftmals das Bild des rundumversorgten und von jedem Risiko befreiten Arbeitnehmers transportiert, der – möglichst lebenslang – demselben Arbeitgeber treu bleibt. Auch Deutschlands Studentinnen und Studenten setzen bei der Berufswahl stark auf Sicherheit und vor allem einen Job beim Staat. Mehr als 40 Prozent halten einen Arbeitsplatz im öffentlichen Dienst für attraktiv, wie die Studentenstudie 2018 des Beratungsunternehmens Ernst & Young (EY) ergab. Im Jahr 2016 waren es noch 32 Prozent.[29] Nach einem Gründungsboom sieht das leider nicht aus.

BRAUCHEN WIR MEHR INDUSTRIEPOLITIK?

Die innovationsfeindliche Stimmung bei vielen Bürgerinnen und Bürgern wird sich weder durch Subventionen für Elektromobilität oder eine Aushöhlung des Kartellrechts noch durch eine Beschränkung des Wettbewerbs in Europa auflösen lassen. Eine Lektion aus den USA ist, dass viele Innovationen nicht von etablierten Anbietern vorangetrieben werden, die vor Wettbewerb geschützt werden, sondern von völlig neuen Unternehmen. Google, Apple, Facebook, Amazon und auch Tesla sind allesamt weder aus Gründungen etablierter Konzerne noch durch Mega-Merger entstanden, sondern völlig neue Unternehmen, deren Geschäftsmodelle man eben nicht untersagt hat.

Dass die Auswahl von nationalen Champions und Gewinnerunternehmen und -branchen oft schiefläuft, belegt im Übrigen eindrucksvoll die Energiewende. Die erhoffte Weltmarktführerschaft bei Solaranlagen hat sich nicht eingestellt, bei Windrädern droht ein ähnliches Schicksal. Die große Gefahr staatlicher Industriepolitik ist jedoch, dass etablierte Strukturen weitgehend vor Wettbewerb geschützt und insbesondere disruptive Innovationen unterdrückt werden.

EIN 10-PUNKTE-PLAN FÜR DIE ZUKUNFT DER DEUTSCHEN WIRTSCHAFT

Statt einer forcierten Industriepolitik wie etwa die Förderung der Elektromobilität wäre es sinnvoll, 1.) zahlreiche Verordnungen und Gesetze an die Anforderungen und Notwendigkeiten einer digitalen Welt anzupassen, 2.) die Unternehmensbesteuerung so zu reformieren, dass Deutschland im internationalen Steuerwettbewerb nicht immer weiter zurückfällt, 3.) die Energiewende konsequent am Ziel des Klimaschutzes auszurichten und zur Reduktion von Treibhausgasen auf Preismechanismen zu setzen, wie etwa einen einheitlichen CO_2-Preis anstelle einer überbordenden Planwirtschaft, 4.) einen innovationsfreundlicheren und weniger bürokratischen Datenschutz zu etablieren, 5.) natürlich auch für den Aufbau einer modernen digitalen Infrastruktur zu sorgen, 6.) in E-Government zu investieren und Open Data zu fördern, 7.) digitale Kompetenzen an Schulen und Hochschulen viel stärker zu fördern, etwa durch einen Ausbau von Informatik-Angeboten, 8.) einen liberalen Ordnungsrahmen mit Schwellenwerten und Regulierungsferien für junge Unternehmen zu schaffen, etwa im Bereich der Sharing Economy anstelle von Verboten und drastischer Regulierung, 9.) moderne, wettbewerbsfähige Universitäten durch weitgehendes Entlassen in eine Autonomie zu fördern, idealerweise gepaart mit einem System von (Hochschul-)Bildungsgutscheinen und 10.) – wer mich kennt, weiß, dass das kommen muss – die Liberalisierung und Re-Regulierung des Marktes für Cannabis umzusetzen.

Eine systematische Aufarbeitung der Hindernisse für die Digitalisierung könnte jetzt wichtige Impulse für eine innovationsfreundliche Politik geben und so den Aufstieg neuer Unternehmen ermöglichen, auch wenn dann alte absteigen – das ist eben Wettbewerb.

Die aktuelle Tendenz zu einer strikten Regulierung und industriepolitischen Interventionen droht jedoch viele digitale Geschäftsmodelle abzuwürgen und damit ihre Entstehung im Ausland zu fördern. Wenn dies verhindert werden soll, müssen nun die Weichen gestellt werden. Die kommende Bundesregierung sollte nach der nächsten Bundestagswahl eine neue Deregulierungskommission einsetzen. Die regulatorischen Blockaden für die Digitalisierung sind so vielfältig und in so unterschiedlichen Rechtsgebieten, vom Personenbeförderungsgesetz über diverse Regelungen des Gesundheitsmarktes bis hin zum Telemediengesetz, verankert, dass Einzelmaßnahmen nur begrenzt wirken. Die Arbeit der Deregulierungskommission Anfang der 1990er-Jahre hat wichtige Impulse für die Liberalisierung der Telekommunikation und anderer Branchen gegeben. Eine systematische Aufarbeitung der Hindernisse für die Digitalisierung könnte jetzt wichtige Impulse für eine innovationsfreundliche Politik geben und so den Aufstieg neuer Unternehmen ermöglichen, auch wenn dann alte absteigen – das ist eben Wettbewerb.

KAPITEL 6

KINDERN MUT MACHEN, LEISTUNGSFREUDE FÖRDERN, BILDUNGSAUFSTIEG ERMÖGLICHEN!

Dr. Gero Hocker

Nach Mittlerer Reife, Abitur und Grundwehrdienst absolvierte Gero Hocker die Berufsausbildung zum Bankkaufmann, danach das Studium der Wirtschaftswissenschaft mit Promotion 2007. Es folgten Forschungsaufenthalte und Praktika in den USA, China und Australien. Als Vorstandsassistent und Bereichsleiter arbeitete er im Vertrieb in verschiedenen deutschen Versicherungskonzernen. Als Nachrücker wurde er 2009 Mitglied im Niedersächsischen Landtag, später Generalsekretär der FDP Niedersachsen. Seit 2017 ist Gero Hocker Mitglied des Deutschen Bundestags und in der FDP Sprecher für Landwirtschaft und Ernährung.

Dass in unserer Gesellschaft eine Abhängigkeit zwischen Bildungs- beziehungsweise Berufserfolg der Kinder sowie dem Bildungsabschluss und dem Berufsweg ihrer Eltern existiert und damit Herkunft, Prägung und Sozialisation eine bedeutsame Rolle spielen, ist nicht nur unter Bildungsexperten wohl unumstritten. Viele Politiker tragen diese Abhängigkeit allerdings wie eine Monstranz als vermeintlichen Beleg dafür vor sich her, dass das Bildungssystem ungerecht oder gar gescheitert sei, wenn zu wenige Kinder Universitäten besuchen, deren Eltern selber nicht über einen Hochschulabschluss verfügen.

Wohl nichts prägt die Berufswünsche und -ziele eines Kindes mehr als die eigene Sozialisation im Elternhaus und Freundeskreis und vielleicht auch die Berufe der Eltern. Und kein demokratischer Staat der Welt wird oder sollte es wohl je überwinden, dass Kinder aus etwa handwerklich geprägten Familien seltener eine akademische Ausbildung anstreben, und Kinder, deren Eltern eine Universität besucht haben, sich seltener für eine kaufmännische oder handwerkliche Ausbildung entscheiden. Der Staat kann für individuellen Bildungs- und Karriereerfolg maximal Neugierde wecken und den Weg dafür ebnen, dass es durchaus auch andere Berufsbilder gibt als die im eigenen Milieu. Formal steht jedem Schüler jede Tür unseres Bildungswesens offen!

Weltweit und auch beim Blick in die Geschichte unseres Landes ist dies alles andere als selbstverständlich. Im Alter von 16 Jahren wurde etwa mein Vater quasi über Nacht vom Hitlerjungen zum Flakhelfer, bis er sich wenige Wochen später auf einem deutschen Panzer an der Ostfront wiedergefunden hat. Wie Millionen andere junge Männer und Frauen in der ganzen Welt erlebte er seine in Kriegszeiten geraubte Kindheit und wurde im späten Sommer 1944 einige Wochen vor seinem 17. Geburtstag eingezogen. Durch einen glücklichen Zufall geriet er einige Monate später in Pilsen in Tschechien nicht in russische, sondern in amerikanische Kriegsgefangenschaft und entging damit einem Schicksal, das viele seiner jugendlichen Kameraden ereilte, die später nie aus Sibirien oder anderswo in der Sowjetunion zurückkehren sollten. Wenn Bildungspolitik heute dem Credo folgt, dass niemand aufgrund

Formal steht jedem Schüler jede Tür unseres Bildungswesens offen!

von Herkunft oder Schicksal in seinen Bildungs- und Aufstiegschancen begrenzt sein sollte, welche Chancen hatten dann junge Männer und Frauen der Kriegsgeneration überhaupt auf Aufstieg durch Bildung, Karriere zu machen oder sich zumindest beruflich zu verwirklichen?

Die zufällige Trennung meines Vaters von seiner ursprünglichen Heimat in Horka in der Oberlausitz durch Kriegswirren und später die Teilung Deutschlands sollte jahrzehntelang die eigene Familiengeschichte prägen. Jährliche Familienbesuche in der DDR, Erinnerungsfetzen und Bilder von unserem an der Grenze in seine Einzelteile zerlegten silbernen Ford Capri, Uniformierte mit Maschinengewehren und die holprigen Autobahnen der DDR bedeuten einen Teil meiner eigenen Sozialisierung. Heute frage ich mich:

Was bedeuten Formeln wie, »seinen Neigungen und Begabungen« im schulischen Alltag folgen zu können, eigentlich in einem Land, in dem die Parteizugehörigkeit der Eltern entscheidend für den künftigen Besuch von Schule und Hochschule sein kann, bedachte oder unbedachte nichtparteikonforme Aussagen von Verwandten kindliche Karriereträume von einer Sekunde auf die andere platzen lassen können und der freundschaftliche Kontakt zu einer als potenziell republikflüchtig eingestuften Familie unmittelbar einen Vermerk in der Akte über den künftigen Werdegang bedeutet?

Auch in der Bundesrepublik konnte und kann nicht davon gesprochen werden, dass der eigene schulische und berufliche Werdegang vollständig losgelöst von der eigenen Sozialisation erfolgen kann – wie auch?!

Auch in der Bundesrepublik konnte und kann nicht davon gesprochen werden, dass der eigene schulische und berufliche Werdegang vollständig losgelöst von der eigenen Sozialisation erfolgen kann – wie auch?!

Kinder, die in nicht akademischen Familien aufwachsen, haben aufgrund ihres familiären Alltags und elterlicher Vorbilder eine ebenso große Distanz zu universitären Laufbahnen wie Kinder aus akademischem Milieu zur Ausbildung und Beschäftigung im Handwerk. Mein Vater war ein begnadeter Vertriebler und hat neben Haushaltsartikeln, Bier und Matratzen schließlich Möbel verkauft und sein Leben lang Freude am Umgang mit Menschen gehabt. Auch, wenn meine eigene Ausbildung und von mir ergriffene Berufe andere gewesen sind, erkenne ich das Ausleben dieser Prägung deutlich in jeder einzelnen meiner bisherigen beruflichen Stationen. Kein Staat der Welt wird oder könnte – oder sollte? – dies jemals vollständig beheben. Seine Aufgabe kann und sollte nicht darin bestehen, möglichst jeden und jede zum Abitur und zum Universitätsabschluss zu drängen. Solange Kinder in unterschiedlichen Lebenswelten aufwachsen und ihre Eltern verschiedenen Berufen nachgehen, entstehen durch Beobachtung und Vorbild auch unterschiedliche Ideen über die eigene schulische und berufliche Zukunft, die alle gleichermaßen wertgeschätzt werden sollten.

Formal sind die Türen für Schüler aus jeder sozialen Schicht seit mehreren Jahrzehnten unabhängig vom Portemonnaie der Eltern geöffnet. Unser Schulsystem ist offiziell schon lange bis in letzte Schuljahre durchlässig. Trotzdem bestimmt die Sozialisation die Idee über den eigenen Berufswunsch und auch den Bildungsweg in besonderer Weise. Damit eine Gesellschaft ihre Potenziale heben kann, sollte jeder junge Mensch genügend Impulse und Informationen zu möglichen Ausbildungswegen und Berufsfeldern erhalten, muss der Staat die Wege dorthin öffnen und sie auch denen ermöglichen, die sie noch im späteren Alter gehen wollen, und vor allem sollte er Kinder ermutigen, das Wagnis einzugehen, einen höheren Bildungsabschluss anzustreben, wenn das Potenzial hierfür erkannt wird.

Ein akademischer Werdegang war auch für mich viele Jahre keine Perspektive. Es existierten schlichtweg keine Vorbilder hierfür in meinem eigenen familiären Umfeld, und außerdem erschienen mir die Berufsbilder, die einem Hochschulstudium gefolgt wären, seinerzeit zu abstrakt und zu wenig greifbar. Erst nach Realschule, Grundwehrdienst und mit der Berufsausbildung entstand die Idee, ein Studium an einer Universität und später eine Promotion zu beginnen. Und hierfür spielte der Alltag in einer durch die deutsch-deutsche Mauer geteilten Familie und die persönliche Geschichte meines Vaters eine große Rolle. Beides hat nicht nur einen Beitrag dafür geleistet, bereits im Kindesalter politisches Interesse entstehen zu lassen, sondern hat auch früh das Bewusstsein dafür geschaffen, welch umfängliche Bildungschancen in unserem Lande herrschen im Vergleich zu einer um ihre Jugend und ihre freie Bildungs- und Berufswahl beraubten Kriegs-, Vorkriegszeit- und Nachkriegsgeneration ebenso wie im Vergleich zu Millionen Menschen in der DDR, denen nicht nur ein Bruchteil der in der Bundesrepublik zur Auswahl stehenden Berufsbilder zur Verfügung stand, sondern denen auch Türen zur Bildungs- und Berufswelt von der SED-Diktatur versperrt wurden.

Während der ersten sechs Schuljahre war ich kein überdurchschnittlich guter Schüler. Die Schullaufbahnempfehlung nach der sechsten Klasse war entsprechend folgerichtig: Realschule, Mittlere Reife. Die Begründung hingegen ließ seinerzeit aufhorchen: nicht etwa »unzureichende Qualifikation« oder »mangelnde Leistung«, sondern »bildungsfernes Milieu«. Die Empfehlung ist seinerzeit korrekt gewesen, die Erklärung kann ich bis heute nicht verstehen. Wenn bei einem Kind weder hinreichende Leistungen noch das Potenzial für eine höhere Schullaufbahn erkannt werden, ist es konsequent und pädagogisch richtig, eine Empfehlung gegen einen gymnasialen Werdegang auszusprechen. Das Milieu allerdings hierfür heranzuziehen, selbst wenn dies aus der vermeintlichen Fürsorge erfolgt, den Schüler vor Misserfolgen und dem Scheitern bewahren zu wollen, ist aus vielerlei Hinsicht eine falsche, ja, keine Begründung für eine solche Empfehlung. Es konterkariert individuellen Ehrgeiz und Leistungswillen, zementiert die Zugehörigkeit zu einer sozialen Schicht und konserviert den gesellschaftlichen Status quo, wenn das Milieu und nicht die individuelle Befähigung und Leistung den Ausschlag für die Empfehlung über die künftige schulische Laufbahn gibt.

Etwa ab der achten Klasse in der Realschule entstand der Wunsch, später als Journalist arbeiten zu wollen. Auf meine Nachfrage, wie dies am besten anzustreben sei, deutete mein damaliger Deutschlehrer nur mit dem Daumen über seine rechte Schulter – da stand das Achimer Gymnasium und damit das potenzielle Sprungbrett zu einer journalistischen Ausbildung. Auch wenn aus mir kein Journalist geworden ist, war mein künftiger schulischer Werdegang der gelebte Gegenentwurf zu den schicksalhaften Jugendjahren meines Vaters im Zweiten Weltkrieg und Millionen Bürgern der DDR, denen die Chance, aus eigenem Antrieb und mit eigener Leistung ihren Berufswunsch zu verwirklichen, verwehrt geblieben war. Nach der zehnten Klasse erfolgte der Wechsel aufs Gymnasium und später die damals wie heute nach 13 Schuljahren zu absolvierende Abiturprüfung.

Es macht dankbar, zu realisieren, wie gering im Grunde die statistische Chance ist, in eine Gesellschaft hineingeboren zu werden, die die eigenen Begabungen und Fähigkeiten honoriert, statt jungen Menschen durch Krieg oder Planwirtschaft und Willkür die Hoffnung und die Chance auf sozialen Aufstieg und die Verwirklichung der eigenen Berufs- und Karriereziele zu verweigern. Dabei müsste es doch unstrittig sein, dass die Verwirklichung individuellen Vorankommens in vielerlei Hinsicht auch volkswirtschaftliches Wachstum, sozialen Wohlstand und gesellschaftliche Prosperität befördert. Auch diverse Auslandspraktika, Studien- und Forschungsaufenthalte in den USA, China, Australien und Reisen nach Indien und Südamerika erscheinen mir im Nachhinein als unbewusste Realisierung der Freiheit und Bildungschancen, die unsere Gesellschaft von so vielen Ländern und Gesellschaften dieser Erde unterscheiden. Heute blicke ich ein wenig stolz, aber vor allem demütig auf die vergangenen Jahrzehnte zurück; demütig, weil der mittelmäßige Realschüler auf fast dreißig Jahre Schul-, Studien- und Berufserfahrung zurückblicken darf, weil er in eine Gesellschaft hineingeboren wurde, die es formal erlaubt, den eigenen Bildungsweg auch an sich wandelnde Berufsziele anzupassen. Die Sozialisation durch Elternhaus, Freundschaften und das Milieu wird immer einen Einfluss auf den eigenen Lebensweg, den eigenen Berufswunsch, die eigenen Bildungschancen haben. Und positiv formuliert: Wer in seinem Leben Eltern, Freunde und Pädagogen trifft, die motivieren, unterstützen und Vorbild sind, darf sich glücklich schätzen. Kein Staat der Welt könnte diese Kräfte jemals nivellieren, so hoch er den Anteil seines Bruttoinlandsprodukts auch für Bildung aufwenden mag. Aber nicht alle haben das Glück eines fordernden und fördernden Elternhauses. Aufstieg durch Bildung und Ehrgeiz, die Korrektur von Ausbildungswegen und ihre Anpassung an neue Berufswünsche sind in einer immer globaler, komplexer und differenzierter werdenden Welt für jede Gesellschaft Chancen, die individuellen »sunk costs« von potenziellen »Sackgassen« so gering wie möglich zu halten. Dazu gehört, dass Studenten in Deutschland auch künftig anders als etwa in den USA nicht mit einem schier unüberschaubar erscheinenden Schuldenberg ihr Studium beenden, dass anders als etwa in Indien nicht gesellschaftliche Kasten eine nahezu vollständige Vorfestlegung von Ausbildung, Beruf und

Lebensweg des Individuums haben dürfen, aber auch, dass staatliche Pädagogen in Deutschland keine Schullaufbahnempfehlungen mit der angeblichen Bildungsferne des elterlichen Milieus begründen dürfen, sondern allein mit den Leistungen und Potenzialen, die sie in ihren Schülern sehen. Wird dies nicht beherzigt, werden Chancen verschenkt, Chancen des Individuums und der ganzen Gesellschaft.

Die Sozialisation durch Elternhaus, Freundschaften und das Milieu wird immer einen Einfluss auf den eigenen Lebensweg, den eigenen Berufswunsch, die eigenen Bildungschancen haben.

Klar ist, dass es sich ein rohstoffarmes Land wie Deutschland neben dem Verlust von Perspektiven seiner Bürger nicht leisten kann, darauf zu verzichten, die Begabungen und Fertigkeiten für volkswirtschaftliches Wachstum zu nutzen. Vor diesem Hintergrund muss die Frage gestellt werden, welche Veränderungen unser schulisches und akademisches Bildungssystem durchlaufen muss, um die individuellen Potenziale jedes Kindes zu heben – ungesehen seiner Herkunft, seines Elternhauses, der finanziellen Mittel, seines sozialen Milieus, seiner Religion oder der seiner Eltern, der Bildungsferne oder -nähe des Milieus, in dem es aufwächst, oder der Berufe seiner Eltern. Gleichzeitig wird von Politikern und Bildungsexperten wohl fast jeder politischer Couleur gern behauptet, dass Schule als »Spiegelbild unserer Gesellschaft« fungiere – und gleichermaßen wird dieser Sinnspruch gern ebenso politisch gekapert, um Zustände an unseren Schulen zu beschreiben oder Forderungen zu formulieren, die in das eigene politische Konzept passen. Wer bei dem Gedanken an Globalisierung und internationalen Wettbewerb zunächst an absinkende soziale Standards oder das Schleifen von Arbeitnehmerrechten denkt, wird auch bei bildungspolitischen Debatten eher für weniger Leistungsdruck, mehr Zeit bis zum Schulabschluss, geringere Leistungsvergleichbarkeit und spätere Notenvergabe argumentieren – spiegelbildlich zu denjenigen, die von Schule und Bildung vor allem die Vorbereitung auf das spätere Berufsleben erwarten. Wenn der Satz: »Schule ist das Spiegelbild unserer Gesellschaft« aber korrekt ist, muss ganz grundsätzlich diskutiert werden, ob diese zumeist staatlichen Einrichtungen überhaupt in der Lage sein können, den gesellschaftlichen, vor allem aber auch den individuellen

Status quo zu überwinden, oder mit anderen Worten: Wenn Schule Reflexionsfläche der jeweils aktuellen gesellschaftlichen Realität ist, welchen Beitrag kann sie überhaupt dafür leisten, dass der einzelne Schüler aufgrund seines Schulbesuches Lust oder den Drang verspürt, etwa einen höheren Bildungsabschluss als seine Eltern zu erreichen, einen anderen Beruf zu erlernen und mehr Geld zu verdienen als sie?

Gern wird die nach wie vor geringe Zahl späterer Universitätsabsolventen aus ursprünglich nicht akademischen Familien als Rechtfertigung für immer neue finanzielle Mittel herangezogen, die politisch verabschiedet, aber häufig genug noch nicht einmal abgerufen werden. Und zweifellos sind verschmutzte Schultoiletten und zu wenig Lehrkräfte ein Armutszeugnis für unser Land, dessen Zukunft von nichts anderem mehr abhängt, als von der Frage, ob und wie es gelingen kann, die Potenziale jedes einzelnen Mitglieds seiner Gesellschaft für ihn und für die Gemeinschaft zu heben. Wenn aber ein Kind während der Schulzeit tatsächlich Lernerfolge verspürt, Anerkennung für seine Leistung erhält, Interessen erkennt und seine Begabungen gefördert werden würden, wer glaubt ernsthaft, dass es sich von seinen auf einen Schultag verteilten vielleicht zwei bis drei Toilettenbesuchen tatsächlich davon abhalten ließe, Freude an dem neuen Wissen zu entwickeln?! Führen wir nicht vielleicht in Wahrheit Scheindebatten über den Zustand von Schultoiletten, weil man mit der Diskussion über die wirklich kritikwürdigen Zustände Gefahr läuft, sich vielleicht bei hunderttausenden Lehrern im ganzen Land oder noch viel schlimmer: bei Millionen Eltern unbeliebt zu machen? Wenn Schule Spiegelbild unserer Gesellschaft ist, dann müssen und dürfen nicht nur Zustände an Schulen hinterfragt werden, dann stellt sich ebenso die Frage, ob dieselben Missstände in etwas anderem Gewand nicht genau so innerhalb unserer Gesellschaft vorkommen. Denn gleichzeitig wirft dieser Satz auch ein negatives Schlaglicht auf unsere Gesellschaft. Denn wie könnte nach diesem Prinzip Schule individuellen Bildungsaufstieg ermöglichen, wenn die Gesellschaft selber sich lieber darauf konzentriert, Wohlstand zu verteidigen, als neuen zu erzeugen; wenn bei Vorstellungsgesprächen Diskussionen über Work-Life-Balance mehr Raum einnehmen als die Frage nach Gestaltungs- und Aufstiegsmöglichkeiten im neuen Job; wenn der Wunsch, sich selbstständig zu machen, bei Universitätsabsolventen in unserem Lande seit Jahren auf einem Rekordtief rangiert und berufliche Perspektiven in Großkonzernen oder im öffentlichen Dienst dagegen für immer mehr Studenten verheißungsvoll erscheinen; wenn Deutsche trotz eklatanter demografischer Entwicklung in unserem Lande dem umlagefinanzierten, staatlich organisierten Rentensystem mehr Vertrauen schenken als etwa Altersvorsorge durch Unternehmensbeteiligungen oder zumindest der eigengenutzten Wohnimmobilie – wenn all dies Symptome der bundesrepublikanischen Gegenwart sind und Schule tatsächlich gesellschaftliche Realität reflektiert, dann darf es eigentlich niemanden wundern, dass etwa der Wunsch, während Schulzeit oder Studium einige Zeit an ausländischen Schulen oder Universitäten zu verbringen, bei vielen deutschen Schülern und Studenten nur rudimentär ausgeprägt ist, dass Noten in der Grundschule zugunsten von »Lernstandsberichten«, die häufig alles und nichts aussagen, immer später vergeben werden oder dass das Niveau des deutschen Abiturs oder anderer Schulabschlüsse im internationalen Vergleich noch immer besorgniserregend ist.

Woher sollen die Impulse zu mehr Wagnis, technologischer oder gesellschaftlicher Innovation bzw. Veränderung, zu Modernisierung, Reformbereitschaft, Fortschritt und Durchlässigkeit in Schule und Universität überhaupt ausgehen, wenn nicht durch Mitglieder eben dieser Gesellschaft, die Teil des Alltags dieser Einrichtungen sind, durch Lehrer, Professoren, Studenten, Eltern und Schüler selbst, durch ihre Ideen, ihren Pragmatismus, ihre Offenheit und ihre Toleranz, durch die Befähigung von Pädagogen, Potenziale zu erkennen und zu fördern, durch individuelle Lernpläne, Anerkennung von Fortschritten und Leistungen und vor allem Ermutigung des Schülers, sich Herausforderungen zu stellen? Wer all dies bei Bildungseinrichtungen in unserem Lande sucht und für zu wenig ausgeprägt bewertet, sollte realisieren, dass all dies recht deutlich den Geist nicht nur unserer Bildungseinrichtungen sondern unserer Gesellschaft insgesamt widerspiegelt, und dass sich Veränderung, Wandlungsfähigkeit und

> **Wenn Schule Spiegelbild unserer Gesellschaft ist, dann müssen und dürfen nicht nur Zustände an Schulen hinterfragt werden, dann stellt sich ebenso die Frage, ob dieselben Missstände in etwas anderem Gewand nicht genau so innerhalb unserer Gesellschaft vorkommen.**

Reformfähigkeit nicht politisch verordnen lassen, sondern von den Mitgliedern einer Gesellschaft verinnerlicht und gelebt werden müssen. Wenn sie nicht bereit sind, diese Agenda in die Bildungseinrichtungen zu tragen, kann sie nicht erfolgreich sein.

Wer den inneren Kompass von Schulen und Universitäten erkennen will, kommt mit der Vorstellung vom »Spiegelbild« an dem Selbstverständnis unserer Gesellschaft, ihrer Reformfreude, Technologieaffinität, Wandlungsbereitschaft, Offenheit und Anerkennung von Leistung nicht vorbei. Wer erreichen will, dass Schulen Interessen wecken, die das Elternhaus vielleicht nicht hat wecken wollen oder können, und diese fördern, muss gleichzeitig beantworten, wie groß die Wagnisbereitschaft bei der überwiegenden Mehrheit der Menschen in unserem Lande ist, sich neuen Herausforderungen zu stellen. Denn eins ist klar: Der gesellschaftliche Aufstieg in ein anderes (Bildungs-)Milieu bedeutet für einen Schüler das vielleicht größte Wagnis seines bisherigen Lebens. Es bedeutet für einen Schüler, seine Komfortzone zu verlassen und vielleicht sogar gegenüber seinen Eltern und seiner Familie Rechenschaft ablegen zu müssen darüber, warum ihm ein anderer schulischer und/oder beruflicher Werdegang vorschwebt, als seine Geschwister oder Eltern ihn vorgelebt haben, warum er vielleicht nicht mit dem zufrieden ist, was seine Eltern und seine Familie erreicht haben, und er daran zweifelt, dass der Verbleib innerhalb desselben Bildungsmilieus vor allem »Sicherheit« gewährt: Die »Sicherheit« etwa, als ehemaliger Realschüler auf dem Gymnasium potenziell nicht zu scheitern, inklusive der Häme all derjenigen, die» ja schon immer gewusst haben«, dass es keine gute Idee sein kann, einen anderen Bildungsweg eingeschlagen zu haben als Eltern oder andere Familienmitglieder: die »Sicherheit«, potenziell nicht eines oder mehrere Schuljahre etwa nach der zehnten Klasse in das Abitur zu investieren, um etwa nach der zwölften Klasse festzustellen, dass die Zahl der »Unterkurse« doch zu groß geworden ist, während zu diesem Zeitpunkt ehemalige Mitschüler schon kurz vor dem Ende ihrer Berufsausbildung oder ihrer Gesellenprüfung stehen und man selber im schlimmsten Fall auf zwei oder gar drei zwar erfahrungsintensive, aber wenig erfolgreiche Jahre zurückblickt – nicht zuletzt in einem besonders prägenden Lebensalter zwischen dem vielleicht 16. und 18. Lebensjahr.

Solange Wagnisbereitschaft innerhalb unserer Gesellschaft häufig nur rudimentär existiert, ist es eine unrealistische Forderung an Schule und Universität, als Spiegelbilder der Gesellschaft eben genau dieses bei Schülern oder Studenten zu fördern.

Die Realität an vielen Schulen in Deutschland ist dem Geist der gesellschaftlichen Realität recht nahe. In vielen Einrichtungen wird zu wenig praktiziert, Kindern faire Signale über ihre Leistungen zu geben, sie spielerisch und mit pädagogisch ausgewogenen Maßnahmen anzuspornen und zu ermutigen, statt sich innerhalb der eigenen schulischen Komfortzone einzurichten. Wenn Schüler in einigen Bundesländern ihre ersten Schulnoten erst erhalten, wenn sie kurz vor dem Stimmbruch stehen, dürfte in den allermeisten Fällen aufgrund ausgebliebener Erfahrung von Misserfolgen die Frustrationsschwelle bei der ersten Notenvergabe niedrig sein. Wenn die Zahl der Abiturienten seit Jahren immer neue Rekorde bricht, ist dies nicht das Ergebnis einer seit derselben Zeit unter Schülern grassierenden neuen Intelligenz, sondern dann haben schlichtweg die Abiturprüfungen an Anspruch verloren. In Bremen wurden übrigens jedem Schüler als Reaktion auf die coronabedingten Schulschließungen in einigen Fächern bei den Abiturprüfungen 2020 schlichtweg mehr Punkte gegeben, als er eigentlich erreicht hat. Inwiefern hierdurch eine faire oder motivierende oder irgendwie anderweitig pädagogisch wertvolle Maßnahme initiiert wurde, konnte noch nicht beantwortet werden.

Ebenso wie für vielleicht gescheiterte eigene Karriereziele ist es bei Eltern unmodern geworden, die Ursache für den ausbleibenden Bildungserfolg oder unbefriedigende Noten bei dem eigenen Kind zu suchen, sondern im Bildungssystem, bei den Lehrern, der Schule insgesamt, der Politik sowieso. Ebenso wie Vorgesetzte zu häufig angeblich nicht in der Lage sind, die wahren Potenziale ihrer Mitarbeiter zu erkennen, erklären heute Eltern gern den Lehrern, welche (Hoch-)Begabung der oder die Kleine besitzt, die der hierfür ausgebildete Pädagoge angeblich einfach nicht erkennen mag. Noten werden häufig nicht mehr »erlernt« oder erarbeitet, sondern eingeklagt, wenn sie nicht den Vorstellungen entsprechen, die Eltern über die Leistungsfähigkeit ihres Kindes besitzen. Um doch noch das Abitur zu erreichen, müssen vereinzelt ganze Familien umziehen, um in einen Wohnsitz in demjenigen Schuleinzugsbezirk zu wechseln, der auch bei unterdurchschnittlicher Befähigung eines Schülers den Erwerb des Abiturs realistisch in Aussicht stellt. Nicht Leistung, zu der ermutigt und die transparent durch Noten honoriert wird und die zu Wertschätzung führt, ist entscheidend für Versetzung und Schulabschluss, sondern die Renitenz von Eltern den Lehrern und der Schule gegenüber, die überzeugt davon sind, die Hochbegabung des Kindes einfach besser erkennen zu können als der studierte Pädagoge. Mitunter entscheidet der beste juristische Kniff, Anwalt oder Trick darüber, welche Schule besucht wird und welche Noten verteilt werden. Leistung als Maßstab einer erfolgreichen Bildungskarriere ist (bildungs-)politisch in weiten Kreisen der Gesellschaft geradezu verpönt und rangiert auf der inoffiziellen Wertschätzungsskala unserer Gesellschaft noch hinter Wettbewerb, Konkurrenz und einem Loch im Kopf. Der Satz, dass das Versprechen zu »anstrengungslosem Wohlstand« einer Einladung zu »spätrömischer Dekadenz« gleichkommt, hat die Gemüter der Republik vor über zehn Jahren erhitzt. Zumindest der »anstrengungslose Wohlstand« respektive »gute Noten für wenig Leistung« scheint sich aktuell jedenfalls in Gesellschaft und Bildung gleichermaßen zu bewahrheiten und besitzt vielerlei Facetten: Wenn viele Schulen dem Geist folgen, faire Rückmeldung über die Leistung von Schülern in Form von Noten grenze quasi an Körperverletzung und dürfe erst so spät wie irgend möglich erfolgen, ist dies von der gesellschaftlich gern weit verbreiteten und von weiten Teilen der Politik gepflegten Vorstellung von »anstrengungslosem Wohlstand«, bedingungsloser staatlicher Alimentierung oder einem wie auch immer gestalteten leistungsunabhängigen Grundeinkommen nicht weit entfernt.

Noten werden häufig nicht mehr »erlernt« oder erarbeitet, sondern eingeklagt, wenn sie nicht den Vorstellungen entsprechen, die Eltern über die Leistungsfähigkeit ihres Kindes besitzen.

Die Vergabe von Noten ist nur ein Indikator für die Honorierung schulischer Leistung. Die Schulzeit zwischen der ersten Schulnote und dem Schulabschluss ist kürzer geworden. Und auch die Lerninhalte spiegeln einen gesellschaftlichen Trend wider: Weil es gesellschaftlicher Konsens zu sein scheint, dass verschiedene Kern- und Schlüsseltechnologien – angefangen vom Transrapid über die Wasserstoff-

bis hin zu Energietechnologien – in Deutschland keine oder nur begrenzte oder verspätete politische Akzeptanz finden, Automobilindustrie oder auch die Landwirtschaft durch politisch teilweise fragwürdige Entscheidungen, die gesellschaftliche Stimmungen und Strömungen zu dem jeweiligen Zeitpunkt allerdings recht präzise widergespiegelt haben, abgewickelt zu werden scheinen, wundert es nicht, dass diese mangelnde gesellschaftliche Wagnisbereitschaft auch die Wagnisbereitschaft jedes einzelnen Schülers beeinflusst, wenn es etwa um die Frage geht, sich den Wechsel auf eine Schule zuzutrauen, die einen höheren Schulabschluss verspricht. Wenn die Gleichung korrekt ist, dass Schule »Spiegelbild« der Gesellschaft ist, sollte sich niemand darüber wundern, dass sich vielleicht zu wenige Schüler auf das Wagnis einlassen, Misserfolg, Rechtfertigungsdruck, vielleicht sogar Häme von anderen hinzunehmen. Schüler sind in den für ihren Bildungserfolg besonders relevanten und prägenden Jahren empfänglich für Vorbilder. Gleichzeitig ist unsere Gesellschaft arm an Vorbildern, deren Erfolg als Unternehmer, Vorstandsvorsitzender, vielleicht sogar auch Politiker, begleitet wird von einer fast postwendenden Diskreditierung der Person durch Medien und die Öffentlichkeit, die genüsslich jeden Fehltritt zum Politikum macht und unerträglich moralisch auflädt und nicht zuletzt mit einer gehörigen Portion Häme versüßt, wenn der Mensch, aus welchen Gründen auch immer, scheitert. All diejenigen, die sich häufig nie aus ihrer Komfortzone herausgewagt haben, nie etwas riskiert und daher auch nie gescheitert sind mit ihrer Geschäftsidee, mit ihrer Gesellschaftsidee, mit der Idee, von ihrem persönlichen Glück nicht nur zu träumen, sondern es zu leben, wissen es gern besser: »dass das doch nicht klappen konnte«, dass »es von vornherein eine Schnapsidee gewesen ist«, und die voller Genugtuung feststellen, dass der Gescheiterte sich wieder einzugliedern habe in seine eigene vermeintliche Komfortzone. Wie in aller Welt sollen sich Kinder aus bildungsfernen gesellschaftlichen Schichten den Wechsel auf Realschule oder Gymnasium zutrauen, solange unsere Gesellschaft nicht ihre besserwisserische Häme dem Gescheiterten gegenüber ablegt, nicht die Kultur entwickelt, dass von zehn Versuchen vielleicht nur einer erfolgreich ist, der aber die neun Misserfolge überkompensiert, und vor allem das

Scheitern nicht als persönliche Niederlage missinterpretiert, sondern als Lernprozess, um beim nächsten Versuch zu obsiegen?

Wer erreichen will, dass Schüler einen anderen Bildungsweg einschlagen als ihre Eltern, der mag politisch gern fordern, dass Bund und Länder größere finanzielle Anstrengungen unternehmen müssen, um Schulen digital und analog fit zu machen oder Schultoiletten endlich zu sanieren. All dies reflektiert nicht nur eine Verbesserung von Lernbedingungen, sondern auch eine höhere gesellschaftliche Wertschätzung von Bildung. Gleichwohl bezweifle ich, dass aufgrund dieser Maßnahmen tatsächlich ehemalige Hauptschüler in Scharen plötzlich die Mittlere Reife ablegen oder Realschüler das Gymnasium besuchen würden.

> **Wenn die Gleichung korrekt ist, dass Schule »Spiegelbild« der Gesellschaft ist, sollte sich niemand darüber wundern, dass sich vielleicht zu wenige Schüler auf das Wagnis einlassen, Misserfolg, Rechtfertigungsdruck, vielleicht sogar Häme von anderen hinzunehmen.**

Wenn Schule sich ändern soll, wenn sie insbesondere den Bildungsaufstieg ermöglichen und damit durchlässiger werden soll, dann müssen vielleicht Lehrer ertüchtigt werden, Potenziale bei Kindern noch treffsicherer und frühzeitiger zu erkennen. Dann müssen wieder ausgebildete Pädagogen die »Bildungsmanager« von Kindern sein statt gutmeinende und liebende Eltern, die nie einen objektiven Blick auf ihre Kinder besitzen können. Dann muss aber zuallererst ein gesellschaftliches Umdenken bezüglich Begriffen wie »Leistungsbereitschaft«, »Ehrgeiz« und »Spaß an Erfolg« einsetzen, das Schülern eine faire Rückmeldung über ihre Leistungen in Form von Noten gibt, sodass sie Freude daran entwickeln, mehr zu tun als nötig, das ihre Neugierde weckt für Problemstellungen, Herausforderungen und Berufsbilder, die ihnen aus ihrem familiären Umfeld vielleicht gar nicht bekannt sind. Vor allem aber müssen Kinder, die den Antrieb nach Leistung und den Wunsch nach besseren Noten besitzen oder einen höheren Bildungsabschluss anstreben, individuell gefördert, vor allem aber muss ihnen Mut gemacht werden! Elternhaus, soziales Umfeld und Freundeskreis können für solche Kinder wie klebrige Tentakel wirken, die bei jedem Versuch, das eigene Umfeld zu verlassen, relativieren, ausreden, Rechtfertigungsdruck entstehen lassen. Anstatt ihnen solche Ambitionen und Ziele auszureden, muss ein gesellschaftlicher Geist entstehen, dass Scheitern keine Katastrophe, sondern Teil des Alltags ist, dass individuelle Begabung keine Scham hervorrufen darf, sondern individuell gefördert werden muss, und dass jedes Kind jeden Beruf erlernen, erfolgreich sein und jeden Lebensweg beschreiten kann, wenn er oder sie bereit ist, hart dafür zu arbeiten, zu investieren und zu verzichten – und zwar völlig unabhängig von seiner Ethnie oder seinem Geschlecht, seiner Religion, dem Geldbeutel oder den Tricks seiner Eltern oder der Zugehörigkeit zu einer sozialen Schicht.

Es ist eine Schule, die wirklich vorbereitet, und zwar auf die statistisch gesehenen etwa 65 Lebensjahre nach der Schulzeit!

Es ist keine unmenschliche Schule, die allein Leistung als Voraussetzung einfordert. Es ist eine Schule, die Lehrer Potenziale erkennen und sie fördern lässt. Es ist eine Schule, die Kindern Mut macht, die eigenen Bildungswünsche anzustreben und zu realisieren, anstatt falschen sozialen Dogmen entsprechen zu müssen. Es ist eine Schule, die ein klares Wertegerüst besitzt und nicht willkürlich ist. Es ist eine Schule, an der sich falsche Einschätzungen durch Fleiß und Disziplin korrigieren lassen. Es ist eine Schule, die wirklich vorbereitet, und zwar auf die statistisch gesehenen etwa 65 Lebensjahre nach der Schulzeit!

KAPITEL 7

BEGINNEN WIR EIN MONDFAHRT-PROJEKT

Alexander Müller

Alexander Müller, Jahrgang 1969, ist Diplom-Informatiker und lebt in Niedernhausen im Taunus. Er ist Vater von vier Kindern, öffentlich bestellter und vereidigter IT-Sachverständiger und besitzt eine Berufspilotenlizenz. Seit 2017 ist er als Mitglied des Bundestags Obmann der FDP im Verteidigungsausschuss. In seiner Freizeit schraubt er an seinen Opel-Oldtimern, forscht in den Tiefen der Blockchain und bewirtschaftet seine Obstwiesen.

Rückblickend würde ich meine Eltern durchweg als konservativ bezeichnen. Der sonntägliche Kirchgang war Pflicht, der Vater kaufmännischer Angestellter und Mitglied im CDU-Ortsverein Koblenz-Rübenach, die Mutter aus einer klassisch sozialdemokratischen Familie. Als Eltern lebten beide das Motto: »Euch soll es einmal besser gehen als uns«, und dieses Motto hat sich in allen fünf Fällen erfüllt. Wenn man mich im ersten Schuljahr nach Berufswünschen gefragt hatte, dann war ich noch unsicher, ob Bundeskanzler oder Papst die bessere Entscheidung wäre, aber es sorgte zumindest innerhalb der Verwandtschaft stets für Erheiterung aller Anwesenden, wenn ich meinen Wunschberuf nennen sollte.

»Euch soll es einmal besser gehen als uns.«

Als Anhänger der Österreichischen Schule der Nationalökonomie betrachte ich mich als klassischen Liberalen. Der Staat ist zum Ordnen der Gesellschaft notwendig, er muss stark und handlungsfähig sein, aber streng begrenzt in seinen Aufgaben. Der Staat soll das Gewaltmonopol ausüben, er soll dafür sorgen, dass niemand um sein Leben fürchten muss, dass niemand zu hungern und zu frieren braucht, und er soll eine grundlegende medizinische Versorgung für alle sicherstellen. Er muss das Eigentum schützen und grundlegende Regeln des Zusammenlebens aufstellen. Das war es dann aber auch schon. Wir haben heute einen Staat, der versucht, durch hochkomplexe Transfersysteme eine Art Pseudo-Gerechtigkeit herzustellen. Wir leben heute in einer Gesellschaft, die den Menschen immer mehr Verbote und Freiheitseinschränkungen auferlegt, begründet durch übergeordnete Ideologien wie Klimaschutz und vollendete Gerechtigkeit, penetriert und angefeuert vom öffentlich-rechtlichen Rundfunk.

Mein Vater wurde im Mai 1944 in Saarbrücken geboren, er war ein Kind der Nachkriegszeit. Die Entbehrungen der damaligen Zeit sind für die heutige Generation unvorstellbar: Meine Tante Ursula, ein Jahr jünger als er, wurde nur ein Jahr alt und starb schlicht an Hunger. Papa war ein guter Schüler, wollte nach der Volksschule das Gymnasium besuchen und Abitur machen, doch sein Vater verhinderte dies: »Der Junge soll gefälligst arbeiten gehen«. Dieses Erlebnis hat in meinem Vater tiefe Spuren hinterlassen, weil er natürlich wusste, wie sehr diese Entscheidung seinen weiteren

Lebensweg prägen würde. Sicher war sie der Schlüssel zum genannten Motto, dass wir Kinder alle schulischen Möglichkeiten bekommen sollen.

Ich bin der Überzeugung, dass die Politik in Deutschland mit all ihren Sozialprogrammen viel zu sehr auf die Gleichheit der Einkommens- und Besitzverhältnisse hinarbeitet, anstatt sich mehr auf die Chancengleichheit zu konzentrieren. Es muss einen Unterschied machen, ob man fleißig ist und sich anstrengt, denn die falschen Anreize vernichten die Motivation vieler Menschen. Wenn man wie in Deutschland die höchsten Einkommensteuern innerhalb der OECD bezahlen muss, dann verzichtet man eben auf die Überstunden und die Extra-Leistungen, zu denen man bei normalen Steuersätzen bereit gewesen wäre. Wird Fleiß nicht angemessen belohnt, erleidet die gesamte Volkswirtschaft einen großen Schaden. Wir sollten viel stärker unser Bildungssystem verbessern, die Chancen digitaler Bildung ausbauen und lebenslanges Lernen ermöglichen, um allen Menschen die bestmöglichen Start- und Entwicklungschancen zu geben. Dabei können wir das extrem komplizierte Steuer- und Sozialtransfersystem deutlich entschlacken und entbürokratisieren.

Wir sollten viel stärker unser Bildungssystem verbessern, die Chancen digitaler Bildung ausbauen und lebenslanges Lernen ermöglichen, um allen Menschen die bestmöglichen Start- und Entwicklungschancen zu geben.

Wir waren eine siebenköpfige Familie, »Patchwork« würde man aufgrund unterschiedlicher Eltern heute sagen, den Begriff gab es damals noch nicht. Bildung funktionierte in den 1970er-Jahren noch anders als heute. In der dörflichen Grundschule vollzog sich die Pädagogik so, dass meine Lehrerin mir schon mal einen Schlag auf die Wange gab und meine Eltern dazu sagten: »Dann hat er es mit Sicherheit auch verdient«. Der Austausch zwischen Lehrern und Eltern funktionierte sehr gut. Meine damalige Klassenlehrerin, Gott habe sie selig, sah gewisse Talente in mir und gab mir stets Extra-Aufgabenblätter mit. Sie hatte sich aufopferungsvoll und hoch motiviert um uns alle gekümmert. Ich bin ihr sehr dankbar. Die Differenzierung der Leistungen der Schüler in der kleinen Dorfschule war eine echte Herausforderung. Ich muss laut Zeugnissen wohl »lebhaft« – eine diplomatische Untertreibung, wie ich heute vermute, – unterfordert und gelangweilt gewesen sein. Mit den heutigen pädagogischen Konzepten der Gleichmacherei hätte man mich vermutlich ausgebremst und demotiviert, damit ich den Klassenverband nicht störe und damit ein möglichst einheitliches Niveau unter allen Schülern abgesichert wird.

Bei der Wahl der weiterführenden Schule haben meine Eltern ebenfalls getreu ihres Mottos großen Wert auf eine sorgfältige Auswahl gelegt: In Koblenz gab es durchweg zwei Handvoll Möglichkeiten, und sie haben es geschafft, uns Geschwister alle in das Bischöfliche Gymnasium in der Hohenzollernstraße zu bekommen, die frühere Ursulinenschule, die schon eine recht strenge Vorauswahl der Schüler getroffen hatte. Teile des Lehrpersonals waren noch die älteren Damen aus der Zeit des Ursulinenklosters, und die älteren Jahrgänge waren noch reine Mädchenklassen. Für mich war es ein enormer Umbruch: Gehörte ich in der Grundschule auf dem Dorf noch zu den Klassenbesten, befand ich mich plötzlich in einem Gymnasium mit anspruchsvollem Lehrplan und Konkurrenz auf Augenhöhe. Meine Noten waren fortan bis in die Oberstufe mittelmäßig, in Klasse 11 war plötzlich die Versetzung gefährdet. Ich hatte es immer geschafft, mich ohne besondere Mühe durchzuwurschteln, und wurde brutal damit konfrontiert, dass das nicht dauerhaft trägt. Ich hatte nur noch ein halbes Jahr Zeit, bis die Noten auch für die Abiturnote zählten, und habe es noch geschafft, das Abitur ohne Ehrenrunde zwischen gut und befriedigend zu absolvieren.

Dieser Zeugnisschock aus dem Januar 1986, die Erfahrung: »Du musst jetzt etwas mehr Aufwand betreiben, um mithalten zu können und nicht abzurutschen«, war sicher eine der wichtigsten Lektionen in meinem Leben, von der ich dauerhaft profitiert habe.

Die Zeit im Bischöflichen Gymnasium Koblenz und der Vergleich mit anderen Schulen und insbesondere Gleichaltrigen aus anderen Bundesländern hat in mir die Überzeugung gestärkt, wie wichtig ein differenziertes Schulsystem ist. Alle Kinder in gleiche Curricula zu stecken und zu versuchen, alle gleich zu beschulen, ist eine gefährliche Ideologie. Was vermeintlich Leistungsschwächeren helfen soll, bremst Leistungsstärkere aus. Ich habe am eigenen Leib erfahren, wie wichtig es ist, starke Konkurrenten um mich herum zu haben, um den Ehrgeiz zu entwickeln, durch bessere Leistungen wieder aufzuschließen. Dieser Wettbewerbsgedanke macht Menschen grundsätzlich Angst. Der natürliche Abwehrimpuls ist oft, dem Wettbewerb durch Unterdrückung und Regelsetzung aus dem Weg zu gehen, aber gerade der Wettbewerb holt das Beste aus uns heraus, er zwingt uns erst zu besseren Leistungen. Spitzenleistungen erbringen wir nicht in der Komfortzone! Erst in den Situationen, in denen wir keine Wahl haben und uns zwingend steigern müssen, ertasten wir die Grenzen dessen, was wir in der Lage sind, zu leisten. Und seien wir ganz ehrlich: Rückblickend sind es doch diese Grenzerfahrungen, auf die man gern, teilweise auch mit Stolz, zurückblickt. Wie langweilig wäre ein Leben in der Komfortzone!

Spitzenleistungen erbringen wir nicht in der Komfortzone!

Ich habe übrigens nie verstanden, und das gilt bis heute, warum man in der gymnasialen Oberstufe Fächer wie Sport, Kunst und Musik nicht komplett abwählen kann. Wir haben bei den heutigen Schulabgängern häufig Defizite, die man stattdessen angehen könnte: Kaum ein Schulabgänger fühlt sich in der Lage, einen Mietvertrag oder einen Kaufvertrag halbwegs zu verstehen und die Folgen der eigenen Unterschrift zu begreifen. Ich bin froh, dass man heute wenigstens das Basiswissen zur Bedienung von Computern und Office-Anwendungen vermittelt bekommt, aber ebenso würde es niemandem schaden, einmal den grundlegenden Umgang mit Schraubenschlüssel, Schraubendreher, Rohrzange und Spannungsprüfer zu erlernen. Dies sind Dinge, die jeder im Leben benötigt, wichtiger als die Lerninhalte aus Sport, Kunst und Musik.

Ich bin des Weiteren der tiefen Überzeugung, dass fast allen Schulabgängern ein Grundverständnis für die Marktwirtschaft fehlt, ein Basiswissen bezüglich ökonomischer Grundlagen, und daraus gesamtgesellschaftliche Fehlentwicklungen herrühren. Wer Mindestlöhne immer höher schraubt, um gefühlt für größere Gerechtigkeit zu sorgen, der spricht damit ein Arbeitsverbot für weniger Qualifizierte aus und erschwert jungen Menschen den Eintritt ins Berufsleben. Wer den Arbeitnehmerschutz ebenfalls aus edlen Motiven übertreibt, der sorgt für weniger Beschäftigung, weil der Arbeitgeber sich sehr genau überlegen wird, ob er das Risiko einer weiteren Einstellung eingehen will. Wer wie im Bundesland Berlin eine Mietpreisbremse einführt, der wird jegliche Investitionen in Renovierung und Neubau von Mietwohnungen stoppen, welche so dringend benötigt werden. Wer die Sozialausgaben und die Steuern immer weiter in die Höhe treibt, der macht den Standort Deutschland unattraktiv, weil insbesondere Unternehmen, aber auch hochqualifizierte Arbeitnehmer gewisse Entscheidungsfreiheiten haben, wo man tätig wird. Wenn dieses Grundverständnis von ökonomischen Zusammenhängen in Deutschland weiter verbreitet wäre, dann würden politische Entscheidungen häufiger nicht mit dem Herzen getroffen, sondern mit dem Verstand.

Menschen sind unterschiedlich, sie werden unterschiedlich geboren, und sie entwickeln sich unterschiedlich. Wir sollten den Anspruch haben, aus jedem das Beste zu machen, zumindest jedem zu ermöglichen, alle Potenziale auszuschöpfen, bestmögliche Rahmenbedingungen zur Entfaltung zu bekommen, und keinesfalls unter dem Vorwand der Gerechtigkeit oder der Gleichheit Menschen ausbremsen. Man muss die Unterschiedlichkeit akzeptieren und nicht versuchen, durch das Zusammenwerfen aller eine Anpassung zu erzwingen, denn das wird nicht gelingen.

Uns Liberalen ist dabei ganz besonders wichtig, dass diese Chancen keinesfalls vom Geldbeutel der Eltern abhängen dürfen. Es darf keinen Unterschied geben, ob ein Kind aus vermögender Familie stammt oder die Eltern nur mit den Kleidern am Leib gerade nach Deutschland geflüchtet sind. Der Anspruch an unser Bildungssystem muss sein, jedes Kind bestmöglich zu fördern und jedem alle Chancen zu bieten, den Traumberuf zu erreichen. Uns ist bewusst, dass hier noch einige Arbeit vor uns liegt, und wir haben viele konkrete Beispiele aufgezeigt, was weiter zu tun ist.

Man muss die Unterschiedlichkeit akzeptieren und nicht versuchen, durch das Zusammenwerfen aller eine Anpassung zu erzwingen, denn das wird nicht gelingen.

Mir ist dabei die Begabtenförderung besonders wichtig, also das Erkennen von Talenten durch das Lehrpersonal, und die gezielte Förderung der besonders begabten Kinder. Meine Schwester Renate lebte zwanzig Jahre in den Niederlanden, und ihre Tochter wurde in der dortigen Grundschule zu einem Intelligenztest eingeladen, weil sie auffällig klug war. Ein in unserem Nachbarland völlig normales Verfahren, was hierzulande sicher eher Kopfschütteln und Missgunst durch die anderen Eltern provozieren würde.

Meine Nichte erhielt daraufhin Extra-Aufgaben entsprechend ihrer Neigungen, in Kleingruppen (»Plus-Klas«) hat sie mit ähnlich begabten und interessierten Kindern nachmittags Projekte erarbeitet und die Ergebnisse vor den Mitschülern präsentiert. In Deutschland werden Hochbegabte in vielen Schulen eher ausgebremst, um einen einheitlichen Unterricht zu gewährleisten. Die Ideologie, dass alle Menschen von Geburt an gleich begabt wären und durch gleiche Beschulung auch identische Ergebnisse erzielt würden, wirkt hier in Deutschland leider lähmend und behindert die Förderung unserer Talente.

Überhaupt unterscheidet sich Schule in den Niederlanden stark vom deutschen Schulbetrieb: Im Alter von vier Jahren werden alle Kinder verpflichtend eingeschult, für die ersten zwei Jahre in eine Art Vorschule, in der auf Vermittlung der Muttersprache, erstes Erkennen von Ziffern und Zahlen und den Umgang mit Stift und Papier Wert gelegt wird, aber nicht in dem Sinne beschult wird wie bei uns in der Grundschule. Außerdem sind fast alle Schulen in den Niederlanden Ganztagsschulen, in denen die Kinder bis 15 Uhr verbleiben, dort auch betreut ihre Hausaufgaben und Projektarbeiten machen und ohne Schultasche nach Hause kommen. Der Rest des Tages ist dann wirklich frei von Schule und Hausaufgaben. Ich finde insbesondere den Ansatz interessant, ab dem vierten Lebensjahr grundsätzlich eine Vorschule anzubieten, weil er allen Kindern bessere Startchancen gewährleistet, auch jenen, deren Eltern sie nicht in den Kindergarten schicken. Obwohl der Trend bei Kindergartenbeiträgen nach und nach bis zu kompletter Gebührenbefreiung geht, schicken noch immer viele Eltern ihre Kinder nicht in den Kindergarten, insbesondere Bezieher von staatlicher Unterstützung oder Eltern mit unmittelbarem Migrationshintergrund. Die betroffenen Kinder haben dadurch mit sechs Jahren Startschwierigkeiten, weil hier die ersten Bildungsunterschiede durch unterschiedliche Haushaltseinkommen schon manifestiert werden. Eine Vorschule nach niederländischem Modell ab vier Jahren könnte nach meiner Überzeugung helfen, die Chancengleichheit für unsere Kinder zu verbessern.

Ich finde überhaupt, dass wir uns zu wenig in anderen Ländern umsehen, um gute Ideen von anderen abzuschauen und bei uns zu implementieren, um in internationalen Bildungsvergleichen besser zu werden. Wir haben in Deutschland zum Beispiel die duale Ausbildung, ein Erfolgsmodell, welches viele andere Länder nachmachen und ebenfalls implementieren. Aber bei der Beschulung erzielen wir noch immer durchschnittliche Ergebnisse im internationalen Vergleich, und das kann uns keinesfalls zufriedenstellen. Unser Bestreben muss ein Spitzenplatz für unser Bildungssystem sein, denn nur so lässt sich auf Dauer unser relativer Wohlstand bewahren. Wir haben keine teuren Bodenschätze – die Kohlegruben schließen wir gerade –, wir haben relativ hohe Löhne und großzügige Sozialstandards, wollen dieses Niveau auch erhalten, brauchen aber dafür top ausgebildete Menschen. Das zwingt uns geradezu, im Bildungsbereich besser zu werden und mehr zu investieren, denn die anderen auf der Welt schlafen nicht und wollen sich im Wettbewerb mit uns ebenfalls weiterentwickeln. Während wir zusehen, wie unsere Exportschlager wie Automobile und Lastwagen, Spezialmaschinen und elektrotechnische Geräte zunehmend auch von anderen auf der Welt erfolgreich produziert und verkauft werden, müssen wir uns dringend überlegen, wie wir dauerhaft ein Wohlstandsniveau für Deutschland sichern wollen.

Deutschland gibt 4,8 Prozent seines Bruttoinlandsprodukts für Bildung aus[30], was exakt dem Weltdurchschnitt entspricht. Wer einen Spitzenplatz erreichen will, darf bei den Investitionen nicht mittelmäßig bleiben. Die Sozialausgaben in Deutschland lagen im Jahr 2018 bei 25,1 Prozent des BIP laut OECD[31], also deutlich über dem Durchschnitt von 20,1 Prozent. Daran erkennt man die Priorisierung in Deutschland: Anstatt mehr in die Zukunft zu investieren, geben wir sehr viel Geld für die Angleichung der Einkommensniveaus aus. Anders ausgedrückt heißt das: Die Befriedigung des Neids ist uns wichtiger als die Investition in die Chancen künftiger Generationen. Es würde niemand frieren oder hungern müssen, wenn wir die Mittel etwas anders gewichten würden.

Die Befriedigung des Neids ist uns wichtiger als die Investition in die Chancen künftiger Generationen.

Nach meinem Abitur im Juni 1988 stand für mich außer Frage, dass ich Informatik an einer Universität studieren wollte. Rückblickend hätte ich mich vielleicht eher an einer Fachhochschule einschreiben sollen, denn ich habe im Lauf der Zeit gemerkt, dass mir die praktische Informatik wesentlich mehr liegt als die theoretische. So hat das Studium entsprechend lange gedauert. Das lag aber natürlich auch daran, dass ich zwei Werktage pro Woche gejobbt habe, und auch mein politisches Engagement nahm bereits einige Zeit in Anspruch. Während meines Präsenzstudiums in Kaiserslautern war ich nicht nur im Studentenparlament der Universität aktiv, sondern auch stellvertretender Kreisvorsitzender der FDP Kaiserslautern, stellvertretender Landesvorsitzender der Jungen Liberalen Rheinland-Pfalz und Bundesschatzmeister der Liberalen Hochschulgruppe. Im Sommer 1997 habe ich das Studium sogar vorübergehend ganz unterbrochen, nachdem aufgrund der »Jahr-2000-Panik« jeder, der eine Tastatur bedienen konnte, mit horrenden Stundensätzen von Headhuntern gejagt wurde. Es war für mich der Einstieg in die Freiberuflichkeit, auch das ein Glücksfall.

Wir haben in Deutschland das Problem, dass die klassische Berufsausbildung gesellschaftlich als minderwertig angesehen wird und nur ein abgeschlossenes Studium zu halbwegs gesellschaftlichem Ansehen führt. Diesen Trend müssen wir unbedingt durchbrechen! Das Handwerk klagt über Bewerbermangel, und es ist bereits heute kaum noch ein Handwerker zu bekommen, wenn das Haus saniert werden soll. Der Arbeitsmarkt in Deutschland ist voll von Studienabsolventen, die dann teilweise unter ihrem Ausbildungsniveau arbeiten. Auch geht die landläufige Meinung, dass man zum Beispiel als Handwerker ein niedriges Einkommensniveau habe und der Studienabschluss sicheren Wohlstand bedeute, völlig an der Realität vorbei. Immer öfter ist das Gegenteil der Fall. Ich sehe unsere Aufgabe als Politiker darin, diesen gesellschaftlichen Trend wieder zu drehen, auch der klassischen Ausbildung wieder zu mehr Ansehen zu verhelfen und den Kindern und Jugendlichen ein realistischeres Bild der Berufswelt zu vermitteln.

Für mich stand im Herbst 1988 zunächst der Wehrdienst an. Ich wollte damals schnellstmöglich das Studium der Informatik beginnen und die kürzestmögliche Variante des Zwangsdienstes hinter mich bringen. Ich erinnere mich gut an die Zugfahrt nach Rendsburg zu meiner Einberufung im Oktober 1988, als der Tod von Franz-Josef Strauß Thema Nummer eins in allen Zeitungen war. Zur Erklärung für die jüngeren Leser muss man sagen, dass der Wehrdienst damals verpflichtend war, man konnte durch Wehrdienstverweigerung einen Ersatzdienst leisten, der aber stets einige Monate länger dauerte. Ich wurde für 15 Monate Soldat der Flugabwehrtruppe.

Der Dienst in der Bundeswehr hat mich noch einmal grundlegend geprägt. Die Grundausbildung machte aus Individuen eine einheitliche Masse, Selbstdenken war verpönt bis hin zur Sanktionierung, das ganze Leben bestand plötzlich aus Befehl und Gehorsam. Die zentralen Dienstvorschriften waren das unangreifbare Heiligtum, Kreativität und Verbesserungsvorschläge wollte niemand haben. Das war eine Welt, mit der ich nie zurechtkam: In dieser Situation erkennt man den kostbaren Wert der Freiheiten, die unser Grundgesetz uns allen garantiert. Es sind die Situationen, in denen das Selbstverständliche an Grundfreiheiten plötzlich fehlt, in denen man den Wert bestimmter Dinge enorm zu schätzen lernt.

Die Zeit des Wehrdienstes hat mich zum Liberalen gemacht. Gegen Bestimmungen, die für mich völlig unverständlich, geradezu absurd waren, habe ich stets mit Erfolg zwei Eingaben beim Wehrbeauftragten gemacht. Nachdem ich mich anfänglich bis hin zur Schikane ungerecht behandelt gefühlt hatte, sorgten diese Eingaben für einen angemessenen Respekt meiner militärischen Vorgesetzten mir gegenüber: Die gesamte Befehlskette der Vorgesetzten musste dem jeweiligen Nächsthöheren berichten, wie es zu solchen Absurditäten kommen konnte und warum bislang niemand etwas dagegen unternommen hat. Anschließend wurden die Probleme abgestellt.

Die Grundausbildung machte aus Individuen eine einheitliche Masse, Selbstdenken war verpönt bis hin zur Sanktionierung, das ganze Leben bestand plötzlich aus Befehl und Gehorsam.

Ich habe damals erkannt, dass es legitime Wege gibt, die der Rechtsstaat vorsieht, mit denen sich jeder einbringen kann, und habe diese ausprobiert. Auch dies ist eine ganz wichtige Erfahrung, zu der ich jede Leserin und jeden Leser nur ermutigen kann. Als ich Anfang 2018 den damaligen Wehrbeauftragten Dr. Hans-Peter Bartels persönlich kennenlernte, fragte ich ihn, ob meine alten Eingaben noch in irgendeinem Archiv auffindbar seien. Gern hätte ich die alten Dokumente noch einmal gesehen, doch aus Datenschutzgründen wurden die alten Archive längst geschreddert.

In diesem Jahr 2020 flammt erneut die unsägliche Debatte über die Wiedereinführung der Wehrpflicht auf, angefacht ausgerechnet von zwei Damen in fortgeschrittenem Lebensalter, die um diese Pflicht herumkamen. Die Wehrbeauftragte Eva Högl (SPD), die bis zu ihrer Nominierung im Frühjahr 2020 eher als Gegnerin der Strukturen der Landesverteidigung auffiel, und Bundesverteidigungsministerin und Noch-CDU-Vorsitzende Annegret Kramp-Karrenbauer (CDU) haben sich für die Verpflichtung der jungen Erwachsenen starkgemacht. Ich reagiere bei diesem Thema äußerst empfindlich, was aber auch daran liegen mag, dass ich mich mit diesem Thema biografiebedingt besser auskenne als die beiden Damen.

Die Tatsache, dass genannte Damen in den Jahren 2019 und 2020 in die jeweiligen Ämter kamen, ohne vorher auch nur den blassesten Schimmer von der Bundeswehr zu haben, zeigt die Haltung von CDU und SPD zu dieser bedeutsamen Institution. Die Bundeswehr hat für die Große Koalition heute nur noch die Bedeutung, als Versorgungsposten für parteipolitisch notwendige Entscheidungen herzuhalten.

Ich bin mir nicht sicher, ob allen klar ist, dass eine Wiedereinführung im Jahr 2020 nicht mehr nur junge Männer erfassen würde, sondern alle Jugendlichen in Deutschland, auch alle jungen Frauen. Als das Grundgesetz in den 1950er-Jahren die allgemeine Wehrpflicht für Männer festschrieb, war Frauen der Dienst an der Waffe verboten, und die Monogeschlechtlichkeit des Passus war widerspruchsfrei. In einer Zeit, in der Frauen Zugang zu sämtlichen Aufgaben und Posten innerhalb der Bundeswehr haben, kann der Artikel 12a nicht mehr allein auf Männer bezogen werden. Würde er so bleiben, würden betroffene Männer sofort und erfolgreich in Karlsruhe klagen. Wir sprechen also über gut 800 000 Jugendliche pro Jahr, die wir irgendwo in einem Zwangsdienst unterbringen müssten.

Die Bundeswehr hat die notwendigen Ausbildungskapazitäten gar nicht mehr: Notwendige Unterkünfte, notwendige Ausbilder, die gesamten Strukturen sind nicht mehr vorhanden. Kasernen sind in den letzten Jahren massenhaft aufgegeben worden, Konversionsflächen sind entstanden. In dem Gebäude, in dem ich 1988 meine Grundausbildung zum Flugabwehr-Radar-Kanonier absolviert habe, ist heute die Privatschule Mittelholstein untergebracht, und ich bin mir sicher, dass die Gebäudenutzung damit wesentlich sinnvoller ist, als jungen Erwachsenen dort ein Jahr ihrer Lebenszeit zu stehlen und ihnen Drill beizubringen.

Welche Argumente führen die Befürworter der Dienstpflicht an? Da ist zum einen die Personalnot sowohl in der Bundeswehr als auch im Bereich Kranken- und Altenpflege. Aber kann es denn die Lösung sein, vermeintlich unattraktive Berufe mit Zwangsarbeitern zu besetzen? Wäre es nicht viel sinnvoller, die Berufe durch bessere Bezahlung, bessere Arbeitsbedingungen und Entbürokratisierung attraktiver zu machen, um dadurch mehr Personal zu bekommen? Ich würde gern Frau Högls und Frau Kramp-Karrenbauers Meinung noch einmal hören, wenn sie eines Tages gepflegt werden müssen und der Pfleger allein unter dem Druck des Zwangs arbeitet, von 8 bis 17 Uhr auf der Station Dienst zu schieben. Ich für meinen Teil wünsche mir einen Pfleger, der mit dem Kopf bei der Sache ist, der aus freiem Willen den Entschluss gefasst hat, Menschen zu pflegen.

Die meisten Befürworter der Dienstpflicht sind auch der Auffassung, dass es vielen verwöhnten Jugendlichen einmal guttäte, gesellschaftliche Verantwortung übernehmen zu müssen, Disziplin zu lernen und eine gewisse Erziehung vom Staat abzubekommen. Da sträuben sich mir sämtliche Haare: Wenn Politiker glauben, der Staat müsse erzieherische Verantwortung übernehmen und quasi eine Indoktrination der Bevölkerung anstreben, dann erinnert mich das fatal an die Umerziehungslager in China, an die Fächer Staatsbürgerkunde und Wehrunterricht der DDR. Diese Art der Erziehung gehört definitiv nicht zu den Aufgaben des Staats.

Ich gehöre zu den letzten Wehrpflichtigen, die noch im Kalten Krieg Dienst leisteten. Mit dem Ende meiner Dienstzeit, am Ende des Jahres 1989, fiel die Mauer, die innerdeutsche Grenze. Mit ihr ging auch das Experiment »DDR« zugrunde, der Versuch, den Sozialismus in Deutschland zu etablieren. Das Faszinierende an den Betonsozialisten, die wir auch heute noch als Kollegen im Deutschen Bundestag antreffen, ist ja die Argumentation, dass alle gescheiterten sozialistischen Experimente –und es gibt eigentlich nur Nordkorea, welches überhaupt dauerhaft Bestand hatte – nur Versuche gewesen seien, irgendwas sei immer unbedacht geblieben, irgendwo seien immer die fiesen Konterrevolutionäre dazwischengekommen und aus diesen Erfahrungen wolle man lernen und erneut einen Versuch wagen, endlich einen funktionierenden Sozialismus zu etablieren. Nicht einmal Nordkorea taugt unseren Salonsozialisten als Vorbild.

In der DDR war Aufstieg nur möglich, wenn in der eigenen Familie alle stramme Sozialisten waren. Die Vergabe von Studienplätzen war streng an die Loyalität zum Kommunismus gekoppelt. Sobald ein Familienmitglied bei einer Wahl den Zettel unangekreuzt in die Urne warf und hinter dem Vorhang verschwand, wer heimlich Westfernsehen schaute und einen Reiseantrag in den Westen stellte, wer im Freundeskreis einmal Kritik am System zur Sprache brachte, hatte Konsequenzen zu befürchten: Das Ministerium für Staatssicherheit unterwanderte breite Gesellschaftsschichten, stempelte die Betroffenen als unzuverlässig ab und die Chance auf ein Studium war vorbei. Wir können froh sein, dass heute in Deutschland jeder das gleiche Recht auf Bildung hat, unabhängig von seiner politischen Meinung. Viel zu schnell wurde bei uns vergessen, dass es gerade mal gut 30 Jahre her ist, dass dies eben keine Selbstverständlichkeit ist. Die Verweigerung des Studiums war dabei noch das kleinste Übel, welches die DDR für Regimegegner bereithielt: Es konnte auch mit einem »unerwarteten Nahschuss« enden, so die offizielle DDR-Diktion, wenn der Drang zu freiheitlichen Reformen zu groß wurde.

Gerade angesichts dieser erlebten Unfreiheit verstehe ich die Wahlergebnisse der mittlerweile umbenannten SED in Ostdeutschland nicht. Viele der leidenschaftlichsten Kämpfer für die Freiheit kommen heute aus dem Osten, hervorragende Kollegen in der FDP-Bundestagsfraktion. Es sind Menschen, die die damaligen Repressionen noch unmittelbar erfahren mussten. Und trotzdem erhält die Partei, die die Menschen damals unterdrückte, verarmen und Hunger leiden ließ, sie bespitzelte, beim Grenzübertritt erschoss, im östlichen Deutschland weiterhin stabile 20 bis 30 Prozent der Wählerstimmen, stellt in Thüringen gar den Ministerpräsidenten. Auch die andere extreme Partei am rechten Spektrum, die vermutlich ebenfalls wenig zimperlich ist, wenn es darum geht, ihre Ideologie durchzusetzen, erhält dort ähnliche Ergebnisse. Ich kann es mir nur durch die ideologische Einflussnahme in der DDR auf die Schülerinnen und Schüler erklären: Die Kinder wurden mit dem Einimpfen von Hass auf den Westen, Hass auf Amerika und auf alle Freiheitssymbole erzogen. Alle Kinder mussten zwingend »Wehrunterricht« durchmachen, Schießen und Exerzieren im Kinderferienlager, und erhielten natürlich die politische Indoktrination im Fach Staatsbürgerkunde, wie eben beschrieben. Dass der Staat Kinder und Jugendliche indoktriniert, ihnen ideologische Scheuklappen von früh auf anerzieht, ist einfach grauenhaft, und der eingeimpfte Hass führt dann zu solchen politisch extremen Wahlergebnissen, wie wir sie im Osten Deutschlands vorfinden. Letztlich ist die DDR an zwei Faktoren gescheitert: Erstens an der Verarmung der Menschen, denn das immer größere Wohlstandsgefälle zwischen West und Ost ließ sich auch trotz Verbots des Westfernsehens im Osten nicht verheimlichen. Die Durchhalteparolen der Staatsführung haben die Menschen irgendwann nicht mehr geglaubt. Der zweite Faktor war, dass die gebildeten und freiheitsorientierten Menschen jede Gelegenheit zur Flucht in die Freiheit nutzten, und mit dem Fall des Eisernen Vorhangs in Ungarn im Sommer 1989 ließ sich diese Welle nicht mehr aufhalten.

Ich bin der festen Überzeugung, dass der liberale Rechtsstaat die beste Form des Zusammenlebens gewährleistet. Allgemeine Menschenrechte, Gewaltenteilung, Meinungs- und Pressefreiheit sind heute für uns selbstverständliche Grundvoraussetzungen des Zusammenlebens. Wir streiten in der Politik noch immer über die grundlegenden Fragen, ob wir Lebensleistung, Fleiß und erspartes Eigentum stärker schützen sollten oder ob das gegenteilige Ideal der Gleichheit, der Zwangsumverteilung bis zur absoluten Nivellierung der Lebensverhältnisse anzustreben sei.

Allgemeine Menschenrechte, Gewaltenteilung, Meinungs- und Pressefreiheit sind heute für uns selbstverständliche Grundvoraussetzungen des Zusammenlebens.

Diejenigen Staaten, die Eigentum schützen und Fleiß belohnen, die den Menschen durch niedrige Steuern den größten Teil der Früchte ihrer Arbeit belassen, haben sich durchweg als erfolgreicher erwiesen, den Wohlstand ihrer Bevölkerung insgesamt zu mehren. Auch wenn dabei einige wenige besonders wohlhabend werden, so entstand dieser Wohlstand doch stets aus einem besonderen geschäftlichen oder unternehmerischen Erfolg, von dem viele andere durch die Schaffung von Arbeitsplätzen, durch ein besseres oder günstigeres Dienstleistungs- und Warenangebot und am Ende durch höhere Steuereinnahmen des Staates trotz niedriger Steuersätze profitieren.

Die Freien Demokraten sind in Deutschland die einzige Partei, die sich konsequent zu diesem marktwirtschaftlichen Modell bekennt und die für dieses Ziel kämpft.

Wir brauchen die jungen, wissensdurstigen, hochbegabten Menschen, die tolle Ideen haben, aus denen einmal ein Weltkonzern werden kann.

Ich bin der festen Überzeugung, dass unsere extrem hohen Steuersätze viele Talente abschrecken. Wir brauchen die jungen, wissensdurstigen, hochbegabten Menschen, die tolle Ideen haben, aus denen einmal ein Weltkonzern werden kann. Was wäre Deutschland ohne die Gottlieb Daimlers, die Werner von Siemens, die Robert Boschs, deren Unternehmen im 20. Jahrhundert die Weltwirtschaft geprägt haben? Sie haben Millionen von Arbeitsplätzen in Deutschland geschaffen und den Wohlstand, den wir heute haben. Die Unternehmen des 21. Jahrhunderts wurden von Steve Jobs, Elon Musk, Mark Zuckerberg, Larry Page, Sergey Brin und Bill Gates gegründet. Weltkonzerne mit Zukunftspotenzial entstehen heute in den USA, teilweise auch bereits in China, aber nicht mehr in Deutschland. Ich kann es nicht mehr hören, wenn Union und insbesondere die SPD sich in dem vermeintlichen Restwohlstand sonnen, den wir noch haben, und beide Parteien alles dafür tun, dass wir zum Rest der Welt immer weiter den Anschluss verlieren. Immer höhere Steuern, immer höhere Strompreise, immer mehr Bürokratie und Vorschriften für die Unternehmen, die weltweit strengsten Umweltauflagen, immer höhere Mindestlöhne und Quotenfrauen in den Aufsichtsräten: Wenn wir Gründer und Start-ups aus Deutschland vertreiben wollen, müssen wir nur diesen Weg der Großen Koalition weiter beschreiten.

Fördern wir unsere Kinder, motivieren wir sie, erfolgreich zu sein, und geben wir ihnen ein Bildungssystem an die Hand, mit dem dieser Traum für jeden Einzelnen wahr werden kann!

In den Vereinigten Staaten war es jahrzehntelang dieser Traum, »the american dream«, vom Tellerwäscher zum Millionär zu werden, und durch besondere Leistung und Anstrengung gesellschaftlich aufzusteigen. Das Motto meiner Eltern, das Aufstiegsversprechen an die Kinder, ist eng an diesen Traum angelehnt. In Deutschland hat sich die gesellschaftliche Stimmung in den letzten Jahren stark verändert. Waren Selbstständigkeit, Freiberuflichkeit und Unternehmerdasein in meiner Generation noch ein erstrebenswertes Ziel, so wollen heute die meisten Schulabsolventen lieber in den sicheren Staatsdienst eintreten. Vielleicht ist das der Grund, warum diejenigen Unternehmen, mit denen wir die Zukunft ganz besonders verbinden, also Google, Tesla, Apple, Microsoft und Facebook, nicht in Deutschland entstanden sind. Ich bin der festen Überzeugung, dass wir wieder mehr junge Menschen brauchen, die die Möglichkeiten und den Willen haben sollten, ein neues bedeutendes Weltunternehmen zu gründen, die ein echtes Mondfahrt-Projekt in Gang setzen wollen. Fördern wir unsere Kinder, motivieren wir sie, erfolgreich zu sein, und geben wir ihnen ein Bildungssystem an die Hand, mit dem dieser Traum für jeden Einzelnen wahr werden kann!

KAPITEL 8

WARUM WIR ALLE WIEDER AUF DEN BOLZPLATZ SOLLTEN

Ingo Anderbrügge

Ingo Anderbrügge, Jahrgang 1964, ist wohnhaft in Recklinghausen am Rande des Ruhrgebiets und hat drei Kinder. Er war Fußballspieler bei Borussia Dortmund und dem FC Schalke 04. 1997 war er UEFA-Cup-Sieger sowie Mitglied der Schalker Traditionself und Kicker des NFL-Europe-Team Rhine-Fire. 1997 gründete er seine Fußballschule »Fußballfabrik« und 2006 den Verein »Aktion Teamgeist«, bei dem sein Augenmerk auf der Unterstützung sozialbenachteiligter Kinder liegt.

Wer kennt es nicht, das Gefühl, nach der Schule den Ranzen in die Ecke zu werfen und sich mit Freunden auf dem Bolzplatz zu treffen, noch bevor man die Hausaufgaben erledigt hat? In meiner Kindheit war das ein tägliches Ritual. Ob Regen, Sonnenschein oder Hagel – wir waren auf dem Fußballplatz zu finden. Nicht nur meine Kumpels und ich, sondern die ganze Nachbarschaft versammelte sich, sobald das tropfende Geräusch zu hören war, das der Ball macht, wenn er auf den Boden titscht. Stundenlang blieben wir draußen, bis die Sonne unterging und der Hunger uns nach Hause trieb. Das brachte zwar unsere Eltern regelmäßig zur Verzweiflung, doch das war uns ebenso gleichgültig wie der Zustand unserer Kleidung nach der mehrstündigen Schlammschlacht oder das Material, aus welchem der Ball bestand, mit dem wir spielten. Wenn kein Fußball zu finden war, dann kickten wir eben mit Dosen oder Zeitungskugeln. Das Einzige, was zählte, war der Spaß am Spiel. Doch diese Erinnerung, die die meisten Generationen miteinander verbindet, verblasst bei den Jüngeren. Ob man es glaubt oder nicht: Heute wird nicht mehr gebolzt. Straßenfußball ist zur Rarität geworden, und die Kreativität beim Basteln von Bällen hat dramatisch nachgelassen. Sport ist heute etwas, das man höchstens noch im Verein macht. Gestutzter Rasen, Umkleidekabinen und Hallentraining haben Matsch, Tornisterpfosten und aufgeschlagene Knie schon lange ersetzt.

Gestutzter Rasen, Umkleidekabinen und Hallentraining haben Matsch, Tornisterpfosten und aufgeschlagene Knie schon lange ersetzt.

Ich wurde im Januar 1964 in Datteln am Rande des Ruhrgebiets geboren, einem beschaulichen Städtchen mit 35 000 Einwohnern im Kreis Recklinghausen. Dort zwischen Zechenhäusern, Zinkwerken und dem Wesel-Datteln-Kanal bolzten meine Freunde und ich in den Hinterhöfen, in denen unsere Nachbarinnen versuchten, die vom Ruß gräulich gefärbten Bettlaken zu trocknen. Es gab weder soziale Medien noch die Playstation oder eine große Anzahl an Vereinen, denen man sich hätte anschließen können, aber dafür immer so etwas wie zwei Pfosten und einen Ball.

Viele mögen sich jetzt fragen, ob es nicht einerlei ist, wo die Kinder zusammen Fußball spielen, und anmerken, dass es natürlich auch seine Vorteile hat, wenn Grasflecken nur noch in den Sportsachen zu finden sind und nicht mehr auf der guten Hose, die bis jetzt noch keinen Flecken hatte. Was aber den Straßenfußball ausmachte, war, dass jeder mitspielen konnte. Man brauchte keine teuren Sportschuhe, keinen Mitgliedsbeitrag im Verein zu zahlen und keine neuen Trikots eines namenhaften Sportherstellers aus Herzogenaurach, der bekannt für seine drei Streifen ist. Jeder durfte mitspielen, solange er Spaß hatte und sich voll reinhängte. Derjenige war der Angesehenste, der den besten Schuss hatte oder die beste Grätsche im Matsch auspackte, sodass der Schlamm nur so spritzte und der Gegenspieler nicht mehr wusste, wie ihm geschieht, und nicht derjenige, der die coolsten Klamotten trug oder der mit dem teuersten Auto zum Training gebracht wurde. Es war egal, woher du kamst und wohin du am Abend abgewetzt und müde zurückkehren würdest. Man traf sich draußen, ohne Verabredungen und ohne Angst, nicht aufgestellt zu werden, einfach um zu spielen. So war es jahrelang, tagein, tagaus – einfach, weil wir Bock hatten.

In der E-Jugend war es dann so weit. Ich war acht und durfte zum ersten Training bei meinem Heimatverein Germania Datteln. Von da an wurde der Bolzplatz zumindest zweimal in der Woche gegen das Trainingsgelände eingetauscht. Ich durchlief die Jugendmannschaften, hatte Spaß am Kicken und konnte das nächste Training kaum abwarten. Irgendwann kamen immer mehr Turniere, Spiele an den Wochenenden und Auswärtsfahrten hinzu. Ich hatte Glück. Meine Eltern und vor allem mein Vater begleiteten mich, wann immer es möglich war. Bei Heimspielen stand er am Platz, feuerte mich an oder fuhr mit, um unsere Germania in gegnerischen Gefilden zu unterstützen. Das sollte sich auch später nicht ändern. Ich wechselte zwar die Klasse und die Farbe des Trikots, doch eine Konstante blieb: Mein Vater am Spielfeldrand und meine Mutter, die immer dafür sorgte, dass ich pünktlich zu den Spielen kam.

Mein Vater war es auch, der mich zum ersten Mal mit ins Stadion nahm. In den 1970er-Jahren gab es nur zwei große Vereine in der Bundesliga – FC Bayern und Borussia Mönchengladbach. Meinen Vater zog es immer zum Bökelberg, und so wurde eben das Stadion der Borussia vom Niederrhein das erste, das ich von innen sah. Die Atmosphäre rund um das Fußballspiel und die Aura der Spieler beeindruckten mich als kleinen Jungen genauso wie die Fans, die auch damals schon zu Tausenden in die Kurve strömten.

Warum mich die Gladbacher am Ende überzeugten, lag an den schönen schneeweißen Trikots mit den grün-schwarzen Streifen. Denn eigentlich ist es doch ganz einfach: Man wird Fan aufgrund einer Emotion, eines Ereignisses oder eines Spielers und manchmal ist es eben auch nur das Trikot oder weil der Vater schon seit Jahrzehnten Fan des Vereins ist. Bei mir waren es die Streifen auf den Trikots und Jupp Heynckes, der mit den Jahren immer mehr zu meinem Idol wurde. Ich war begeistert von seiner Technik, von seiner Schusshärte und von seinen Toren. Auch deshalb fand ich meinen Stammplatz im Stadion auf der linken Seite. Und weil ich genau so einen Schuss haben wollte, zog mein Vater die Pütthandschuhe über, die er seit seiner Ausbildung als Hauer besaß, und warf so lange Bälle an die Strafraumgrenze, bis sich mein Schuss verbesserte. So verbrachten wir die Nachmittage. Ich schoss und schoss und schoss und mein Vater stand zwischen den Pfosten im Tor. Er selbst hatte Fußball im Verein gespielt, bis er 18 oder 19 Jahre alt war, doch gab er das Spielen im Verein für die Familie und seine berufliche Karriere auf – eine Entscheidung, die ich ihm heute noch hoch anrechne.

Denn eigentlich ist es doch ganz einfach: Man wird Fan aufgrund einer Emotion, eines Ereignisses oder eines Spielers und manchmal ist es eben auch nur das Trikot oder weil der Vater schon seit Jahrzehnten Fan des Vereins ist.

Am Anfang gönnte er mir noch das ein oder andere Erfolgserlebnis. Mit den Jahren griff er jedoch mehr hinter sich, als dass es ihm gelang, die Bälle aus den Ecken zu fischen. Die kleinen Erfolge, die ich beim Üben mit meinem Vater errang, ließen mich weiter an mir arbeiten. Ich sah, wie meine Schüsse platzierter wurden, merkte, wie der Ball immer härter in den Ecken einschlug, und wusste meinen Gegner immer besser zu beobachten, auch wenn es sich dabei in den ersten Jahren meist um meinen Vater oder Kollegen aus der Kreisliga handelte. Von dem Ehrgeiz, den ich damals entwickelte, zehrte ich noch Jahre später. Denn ich lernte: Dranzubleiben lohnt sich.

Als einziger Sohn meiner Eltern erfuhr ich die damals noch recht klassische Rollenaufteilung. So beendete mein Vater seine fußballerischen Ambitionen ganz selbstverständlich und machte in jungen Jahren eine Ausbildung als Hauer unter Tage, bevor er zahlreiche Fortbildungen absolvierte, um Außendienstingenieur zu werden. Fortan fuhr er jeden Morgen zu Klöckner-Becorit, einem Bergbauausrüster hinter dem Hauptbahnhof in Castrop-Rauxel. Meine Mutter indessen versorgte mich und den Haushalt. Das Ruhrgebiet, die Kumpel und der Fußball waren Dinge, die mich seitdem begleiten.

Schon früh durfte ich das erste Mal unter Tage. Ich war 16 Jahre alt und mein Vater nahm mich mit. Wir fuhren in Waltrop, einer Nachbarstadt von Datteln, in das Bergwerk ein. Mit Helmen ausgestattet schritten wir die Flöze ab, die die Kumpel zuvor freigelegt hatten. Es war ein unbeschreibliches Gefühl der Enge, die mich beschlich, als wir an den schweren Geräten vorbei, mit denen die Gesteinsschichten abgebaut wurden, immer weiter in den Berg vordrangen. Nach kurzer Zeit waren wir über und über mit Ruß bedeckt. Die dunkelgrauen Klamotten wiesen nur noch an einigen Stellen auf ihre weiße Ursprungsfarbe hin. Ich erinnere mich noch gut, dass wir nachher beim Duschen dreimal so lange gebraucht haben wie morgens, wenn ich mich für die Schule fertig machte.

Ebenso wie auf dem Bolzplatz ist es unter den Gesteinsschichten gleichgültig, woher du kommst. Da sind alle gleich und nur dein Einsatz zählt, so wie es auch in einer gut funktionierenden Fußballmannschaft sein sollte.

Als ich die Bergleute an diesem Tag bei der Arbeit beobachtete, stellte ich fest, dass der Straßenfußball und der Bergbau viel gemeinsam haben. Unter Tage herrscht ein Zusammenhalt, der beispiellos ist. Ich habe den Teamgeist der Bergbauarbeiter in mich aufgesogen und verstanden, warum die Bezeichnung »Kumpel« über Jahrzehnte zum Synonym für Bergleute wurde: Jeder muss sich zu 100 Prozent auf seine Kollegen verlassen können, ansonsten wird es lebensbedrohlich. Fleiß steht an oberster Stelle. Denn dort in 1000 Meter Tiefe bedeutet es noch etwas, ein Team zu sein und für seine Teammitglieder alles zu geben. Ebenso wie auf dem Bolzplatz ist es unter den Gesteinsschichten gleichgültig, woher du kommst. Da sind alle gleich und nur dein Einsatz zählt, so wie es auch in einer gut funktionierenden Fußballmannschaft sein sollte. Die Hilfsbereitschaft und die Arbeitsmoral, die mir bei meiner ersten Einfuhr unter Tage entgegenschlugen, machte mir zum ersten Mal bewusst, warum die Menschen im Ruhrgebiet so einmalig sind und worauf es in einem Team ankommt.

Bergmann wollte ich dennoch nicht werden. Mir hätten die Zuschauer und die Anerkennung gefehlt, die ich bereits mit 16 Jahren bekam. Damals spielte ich noch für die SpVgg Erkenschwick. Doch einen der begehrten Plätze in der Kreis- und Landesauswahl hatte ich bereits ergattert. Erkenschwick wurde zum Sprungbrett für mich. Der kleine Ruhrgebietsverein, der es zwischenzeitlich in die 2. Bundesliga schaffte, förderte mich. Doch richtig ernst nahm ich das Ganze noch nicht. Zu weit entfernt schien mir das Ziel, Profifußballer zu werden. Aus diesem Grund schrieb ich auf Anraten meines Vaters eine Bewerbung an seinen Arbeitgeber in Castrop-Rauxel, um mich für eine Ausbildung zu empfehlen. Im anschließenden Bewerbungsgespräch konnte ich überzeugen und durfte ab 1980 meine Ausbildung bei Klöckner-Becorit absolvieren. In den folgenden Jahren sah ich neben meinen Kollegen kaum etwas anderes als den Fußballplatz. Das Gefühl, dass ich etwas verpasse, hatte ich trotzdem nicht. Ich wollte unbedingt Fußball spielen, denn Fußball war damals wie heute meine Leidenschaft. Gern nahm ich den zusätzlichen Stress in Kauf, um pünktlich beim Training zu erscheinen. Denn ich machte es für etwas, das ich liebte. So war es nicht selten, dass ich meine Schicht bereits um 6 Uhr in der Früh begann und auf eine Mittagspause verzichtete.

Den Kindheitstraum, Fußballprofi zu werden, kennen viele. Die meisten Jungs haben beim Einkleben von Fußballbildern ins Sammelalbum schon einmal zu ihrer Mutter aufgeschaut und ihr mit großen Augen erklärt: »Mama, Mama, ich möchte Fußballer werden!« Es wirklich ernst meinen und daran glauben – das tun aber die wenigsten. So war es auch bei mir. Der Moment, in dem sich bei mir der Schalter umlegte, ist mir bis heute in bester Erinnerung. Es war in meinem ersten Training bei der A-Jugend von Borussia Dortmund, das zugleich das letzte Training von Michael Zorc und Ralf Loose war, bevor sie in den Profikader wechselten. Die Dortmunder hatten mich 1981 für das zweite Jahr in der U-19 als Verstärkung für den Perspektivkader verpflichtet. Da wurde mir zum ersten Mal bewusst: Du hast die Chance, etwas Ähnliches zu erreichen wie die beiden Jungs, die soeben die Jugendeuropameisterschaft gewonnen haben. Nimm sie wahr und zeig, dass du dazugehörst.

Lange überlegen, ob ich als Gladbachfan zur Borussia nach Dortmund wechseln sollte, musste ich nicht. Dortmund war auch damals schon ein großer Klub. Ich wollte die Chance unbedingt nutzen und wusste, dass ich vom ersten Training an mit Spielern trainieren würde, die in ihrer Karriere bereits etwas erreicht hatten. Das war ein unglaublicher Ansporn für mich. Ich bekam die Möglichkeit, mich zu beweisen, und enttäuschte meine Trainer nicht. So wie ich während meiner Ausbildung herausfand, dass meine Stärken im Ein- und Verkauf lagen, festigte ich auf dem Platz meine Position im linken Mittelfeld und feilte weiter an meiner »linken Klebe«. Auf diese Weise eröffnete sich mir der nächste kleine Karriereschritt. Ich wurde als Amateurspieler mit der Perspektive auf den Profikader gehalten und durfte in regelmäßigen Abständen mit den Bundesligaspielern trainieren. So pendelte ich in den letzten Jahren meiner Ausbildung vor allem zwischen Castrop-Rauxel und Dortmund, immer mit der Prämisse, alle Termine unter einen Hut zu bekommen. Denn es hieß: Wer zu spät kommt, darf nicht spielen. Heute weiß ich, dass ich die Doppelbelastung nur durchzog, weil ich mein Hobby zum Beruf machte. Eine der wichtigsten Erkenntnisse aus der Zeit war, dass man mit allem erfolgreich sein kannst, solange man voll dahintersteht. Denn nur dann kann man das Beste aus sich herausholen und immer ein Stück mehr geben als der Rest.

Wenn ich zurückblicke, bereue ich nicht, dass mir zwischen Ausbildung und Fußball nicht viel Zeit für andere Dinge blieb. Vielmehr weiß ich heutzutage, wie oft man Entscheidungen für oder gegen einen Lebensweg treffen muss. Da fragt man sich nicht jedes Mal, ob es richtig war, solange man Spaß und Erfolg hat. Und ich sah, wie meine Karriere Formen annahm, je weiter ich an mir arbeitete. Ich war viel zu fußballbegeistert, um irgendetwas anderes zu machen. Sicherlich gab es auch immer wieder Momente, in denen ich einfach ausgelaugt war und nach einer anstrengenden Schicht kaum mehr die Kraft aufbringen konnte, nach Dortmund zum Training zu fahren. Doch dann führte ich mir die Privilegien vor Augen, die ich hatte. Ich durfte mit 17 Jahren meinen Führerschein machen und die Strecke allein fahren, hatte die Chance, mit Bundesligaprofis zu trainieren, und ein Umfeld, das mich unterstützte.

Ich würde meinen Weg auch heute wieder so beschreiten, denn trotz aller Entbehrungen erhielt ich in meiner Ausbildung ebenso wichtige Grundsteine für meine Karriere wie beim regelmäßigen Training mit der Mannschaft.

Wenn ich zurückblicke, bereue ich nicht, dass mir zwischen Ausbildung und Fußball nicht viel Zeit für andere Dinge blieb.

In der ersten Zeit bei Borussia Dortmund hatte ich so viel Bock und war so stolz auf die Chance, die mir Reinhard Rauball und andere gegeben hatten, dass mich niemand in die Fußballschuhe prügeln musste. Damals standen wir jungen Spieler in direkter Konkurrenz zueinander und mussten uns stetig miteinander messen. Aufgeben gab es da nicht. Man durfte mal einen schlechten Tag haben, aber dann hat uns der Trainer beiseitegenommen und auf die Bank gesetzt. Nach ein paar Minuten, in denen du den anderen beim Spielen zugeguckt hast, wurde dir klar, dass du dich zusammenreißen musst. Denn die Frage war ganz einfach: Wo wolltest du am Wochenende stehen? Am Rand? Oder wolltest du Teil des Geschehens sein und vielleicht den entscheidenden Pass spielen? Die Entscheidung fiel mir damals ganz leicht. Und so lernte ich, nicht nur in den Tag zu leben, sondern die kleinen, mittleren und später die großen Ziele im Blick zu behalten. Das hat mich für meine berufliche Laufbahn extrem geprägt und ist ein weiterer Punkt, den ich aus meiner sportlichen Karriere mitnehmen konnte. Mein erstes Ziel damals war, ein gutes Spiel zu absolvieren. Nachdem ich das erreicht hatte, entwickelte ich den Ehrgeiz, nicht ausgewechselt zu werden. Auswechslungen waren in den 1980er- und 1990er-Jahren noch von anderer Bedeutung und die Geschwindigkeit der Fußballspiele ist mit der heutigen nicht zu vergleichen. Erst als ich die ersten kleinen Ziele erreicht hatte, reifte der Wunsch nach einem Profivertrag in mir. Doch geschafft hatte ich es danach immer noch nicht, denn es hieß als Profi Jahr für Jahr, um eine neue Vertragsverlängerung zu kämpfen.

Mein erstes großes Ziel erreichte ich am 7. September 1983. Tino Konietzka setzte mich als einzigen Amateur im Spiel gegen Borussia Mönchen Gladbach ein, meinem Lieblingsverein aus Kindheitstagen. Ich feierte ein unglaublich emotionales Bundesligadebüt, denn mir gelang sogleich eine Torvorlage. Zwar verloren wir das Spiel am Ende 2:3, doch ich hatte mir einen Platz im Profikader erkämpft. Bis zum Winter absolvierte ich 14 Bundesligaspiele und schaffte den Spagat zwischen Vollzeitjob und Profifußball. In der Woche verkaufte ich Bergbauausrüstung und am Wochenende spielte ich vor Tausenden Menschen im Westfalenstadion. Heute blicke ich trotz meiner langen Zeit beim FC Schalke 04 gern auf meine Anfänge in Dortmund zurück.

Zu diesem Zeitpunkt im Winter 1983 hatte ich meine Ausbildung bereits seit einem Jahr beendet, sodass zumindest die Belastung der Berufsschule wegfiel und ich meinen Schwerpunkt immer mehr auf den Fußball legen konnte. Als Reinhard Rauball mir im Januar 1984 meinen ersten Profivertrag zur Unterschrift vorlegte, gab ich meinen erlernten Beruf endgültig auf. Damals war es üblich, dass man sich erst beweisen musste, bevor einem der Vertrag zur Unterschrift vorgelegt wurde. Man war demütig und bedankte sich für die Chance. Das ist es, was die heutige Generation aus meiner Sicht grundlegend von der damaligen unterscheidet: Dankbarkeit, Respekt vor Älteren und Weisungsbefugten und auch Fleiß, den man bereit ist zu investieren. Heute wollen viele Jugendliche mit möglichst wenig Aufwand möglichst viel erreichen. Mir wurde von der älteren Generation eingebläut, dass ich mir etwas erarbeiten muss. Hätte ich nach meinen ersten guten Jahren bei Schalke gesagt, dass ich zu einem größeren Verein wechseln möchte, hätte Rudi mich an den Ohren gezogen und gesagt: »Jetzt bist du erst mal still und konzentrierst dich auf die Saison.« Denn wenn man sich überlegt, welche Vereine größer als Schalke sind, dann kommt da nicht mehr viel. Solch eine Maßregelung eines Managers ist heute nicht mehr möglich. Der Fußball hat sich gewandelt, ebenso wie die Mentalität der Generationen. Auf dem Bolzplatz mussten die Jüngeren sich gegenüber den Älteren beweisen. Nur durch gute spielerische Aktionen konnten sie sich den nötigen Respekt verdienen.

Heute wollen viele Jugendliche mit möglichst wenig Aufwand möglichst viel erreichen. Mir wurde von der älteren Generation eingebläut, dass ich mir etwas erarbeiten muss.

Ich wollte Reinhard Rauball auf keinen Fall enttäuschen, der mir meinen ersten Vertrag angeboten hatte. Denn der mehrmalige Präsident von Borussia Dortmund zahlte mir mein Gehalt rückwirkend für die ganze Saison. Das war eine Geste, die mehr als untypisch für die damalige Zeit war, doch er wollte mich für meine Doppelbelastung belohnen. Auch heute gebe ich den Jugendlichen, mit denen ich arbeite, den Hinweis, dass man erst einmal in Vorleistung gehen muss, wenn man sich für einen Job, eine Gehaltserhöhung oder eine Beförderung bewirbt: »Wenn du Willen zeigst und beweist, dass du gut bist, dann kann dein Chef gar nicht anders als dich für deine Bemühungen zu belohnen.« So tat es damals auch Reinhard Rauball, mit einer großzügigen Geste, die ich ihm nie vergessen werde. Noch heute stehe ich mit ihm in Kontakt.

Reinhard Rauball wurde während meiner Karriere ebenso zu meinem Mentor wie Rudi Assauer. Doch mit Reinhard konnte ich persönlicher sprechen. Ihm hätte ich in schwierigen Zeiten meine Sorgen anvertrauen können. Selbst während meiner Zeit bei Schalke hatte er immer ein offenes Ohr für mich. Rudi hingegen war ein Mann der klaren Worte – Füße auf den Tisch, Zigarre an. Er war weniger emotional, keine Vaterfigur, eher derjenige, der uns Dampf machte, wenn er merkte, dass wir nicht alles aus uns herausholten. Ich bin beiden unglaublich dankbar. Denn wie ich jetzt weiß, ist es wichtig, einen Ansprechpartner zu haben, der einen auf dem Weg nach oben immer wieder auf den rechten Pfad führt. Das kann nicht nur eine führende Persönlichkeit der Branche sein, sondern vor allem Freunde, der Partner oder die Familie. Wichtig ist, dass dieser Ansprechpartner ehrlich ist und kein Blatt vor den Mund nimmt, vor allem dann nicht, wenn man selbst den Blick für das Wesentliche verliert.

Vier Jahre spielte ich bei den Dortmunder Profis, dann warf mich eine Verletzung aus der Bahn. Ich schaffte es nicht mehr, Fuß zu fassen, und musste mir überlegen, wie es weitergehen sollte. Denn wie einige andere Spieler erwischte es auch mich und mein Vertrag wurde nicht verlängert. Der Punkt war für mich gekommen, an dem ich mir Gedanken zu meiner weiteren Karriere machen musste. Diese Art von Rückschlägen kennt jeder und jeder muss auf seinem Weg nach oben negative Erfahrungen sammeln. Es macht demütig für das Erreichte und fokussiert auf das Wesentliche.

Ich lernte, mit kleineren und größeren Rückschlägen umzugehen, indem ich mich stets auf meine Qualitäten konzentrierte. Ich dachte an gute Spiele oder gemeinsame Erfolge, in denen wir das Spiel in letzter Minute gedreht hatten, um den Mut nicht zu verlieren. Auch Verletzungen, die mich zurückwarfen, waren nie ein Grund dafür, aufzugeben. Ich wollte zurück auf den Platz und beweisen, dass ich kämpfte. Das lehrte mich der Sport: Egal, ob es sich um ein aufgeschlagenes Knie auf dem Bolzplatz handelte oder um eine langwierige Muskelverletzung, die ich mir in der Bundesliga zuzog – aufgeben gilt nicht – weder nach monatelangen Verletzungen noch in Phasen des sportlichen Misserfolgs. Auch nach drei Niederlagen in Folge musst du dich dem nächsten Gegner stellen wie nach einer Siegesserie, auch wenn der Gegner Bayern München heißt und der Berg, den es zu überwinden gilt, schier unüberwindbar scheint. Denn ganz nach Oliver Kahn muss es dann im Stadion wie auf dem Bolzplatz heißen: »Weiter, immer weiter.« Denn du willst das Ruder rumreißen und deinen Kritikern beweisen, dass du es schaffst.

Ich lernte, mit kleineren und größeren Rückschlägen umzugehen, indem ich mich stets auf meine Qualitäten konzentrierte.

Nach meiner Zeit bei Borussia Dortmund hatte ich Angebote aus Nürnberg und von Waldhof Mannheim, doch das Ruhrgebiet ließ mich nicht los. Die Heimat, die Halden und Horst Franz hielten mich im Pott. Franz war damals Trainer des FC Schalke. Er erinnerte sich an mich aus früheren Jahren und wollte, dass ich für ihn bei Schalke auflaufe. So entschied ich mich, den Wechsel nach Gelsenkirchen zu wagen. Aus heutiger Sicht klingt dieser Schritt waghalsiger, als er damals war. Schalke stieg 1988 in die 2. Liga ab und so wurden Derbys zur Ausnahme. Außerdem hatte der Verein andere Probleme, auf denen das Augenmerk von Fans und Verantwortlichen lag, denn auch der Klassenerhalt in der 2. Liga war lange Zeit nicht selbstverständlich.

Drei Jahre dauerte es, bis ich wieder da war, wo ich hinwollte – als Stammspieler in der 1. Bundesliga spielen. Ich hatte es geschafft, mir auf Schalke einen Namen zu machen und mit konstanten Leistungen zu überzeugen. Es hieß, kleinere Brötchen zu backen, und ich wollte meine Stellung in der Mannschaft und im Verein erst einmal festigen. Das gelang mir zusammen mit Jens Lehmann und Andreas Müller, die ebenfalls 1988 zu den Königsblauen gekommen waren. Wir wurden die Grundpfeiler des neuen FC Schalke. Die Zweitligameisterschaft und den Aufstieg 1991 erlebte ich unglaublich emotional. Das war der Punkt, an dem ich endgültig zum Schalker wurde. Wir belohnten uns für die harte Arbeit in den Jahren zuvor. Die Emotionalität, die der Erfolg mit sich bringt, bindet. Deswegen wird man zum Fan und bleibt bei einem Verein. Ich war über die Borussia vom Niederrhein zur Borussia nach Dortmund gekommen, bevor ich meinen Platz auf Schalke fand. Nirgendwo sonst wäre ich einer Jahrhundertelf beigetreten. Das weiß ich heute sicherer denn je. Eine Abneigung gegenüber den Derbyrivalen aus Dortmund verspürte ich dennoch nur, während ich auf dem Platz stand. Ich schaue auch heute noch gern auf die Anfänge meiner Karriere zurück, denn alles zusammen, meine Ausbildung, der Vereinswechsel und die 2. Liga machten den größten Triumph erst möglich – den UEFA-Cup-Sieg 1997.

Viele Menschen würden mich wohl als Aufsteiger bezeichnen. Doch trotz meiner sportlichen Karriere, die nach dem Wiederaufstieg des FC Schalke 04 aus der zweiten Liga ihren Höhepunkt im UEFA-Cup-Sieg fand, würde ich das verneinen. Der Aufstieg ist meiner Meinung nach immer nur ein kurzer Moment des Erfolgs, dann, wenn man einen weiteren Etappensieg verbuchen kann. Doch wie Oliver Kahn eben sagte, muss es dann heißen: »Weiter, immer weiter.« Denn ansonsten bleibst du kein Aufsteiger, sondern wirst, ehe du dich versiehst, zum Absteiger. Der Aufstieg ist eine Momentaufnahme.

Selbst während meines größten Erfolgs habe ich Rückschläge hinnehmen müssen. So spielte ich 1997 zwar im Finale des UEFA-Cups zu Hause im Parkstadion von Beginn an gegen die Übermacht aus Mailand, doch im Rückspiel war ich nicht gesetzt. Ich musste die gesamte Spiellänge auf der Bank Platz nehmen. Ich wusste, dass unser Coach Huub Stevens auswärts defensiver spielen ließ, doch da saß ich nun und musste bei dem größten Spiel meiner Karriere auf der Bank Platz nehmen. Eine Option, den Kopf hängen zu lassen, gab es dennoch nicht. Zum einen, weil Huub mir versprochen hatte, dass ich noch

Der Aufstieg ist eine Momentaufnahme.

wichtig werden würde, und zum anderen, weil es galt, alles dem Erfolg des Teams unterzuordnen. Der Moment, in dem ich nach meiner Einwechslung im Elfmeterschießen den Elfmeter gegen Pagliuca ins Netz hämmerte, und die gemeinsame Siegerehrung mit der Mannschaft entschädigten für alles. Als Mannschaft haben wir dieses Ziel erreicht, nicht als Einzelkämpfer.

Jörg Berger, einer meiner ehemaligen Trainer bei FC Schalke, sagte einmal zu mir: »Ingo, du bist kein normaler Profi!« Ich wusste gar nicht, was er meint. Er erklärte mir, dass ich viel zu viele andere Dinge im Kopf hätte. Nicht, dass ich nicht alles auf dem Platz oder beim Training gegeben hätte, sondern weil ich nach den absolvierten Trainingseinheiten nicht mit den Kollegen auf dem Gelände blieb. Mir war das zu langweilig. Ich wollte nicht bis abends Billard spielen. Fußballer zu sein war damals noch kein Acht-Stunden-Vollzeitjob. Ich überlegte stattdessen, wie ich meine Freizeit bestmöglich nutzen könnte. Da kam es mir gelegen, dass mein Steuerberater in Datteln einen Ladenraum unter seinem Büro vermietete. Ich bat ihn, darin ein Sportgeschäft eröffnen zu können. Er fragte mich zweimal, ob ich wirklich die Doppelbelastung eingehen wolle. Ich wollte.

Seit meiner Ausbildung mochte ich den direkten Kundenkontakt und hatte Erfahrungen im Ein- und Verkauf. Das wollte ich mit meiner Leidenschaft für den Sport kombinieren, und so eröffnete ich 1990 in meiner Heimatstadt Datteln mein erstes Sportgeschäft und bald darauf eine Filiale in Marl. Ich baute mir bereits lange, bevor ich meine Fußballschuhe an den Nagel hängte, eine Karriere nach der Karriere auf. Denn ich wusste, dass ich immer mit der Gefahr spielte, mir eine schwerere Verletzung zuzuziehen. So stand ich auch nach bitteren Niederlagen montags als Unternehmer in meinen Läden und setzte mich mit den Fans auseinander. Ich verkaufte ein paar Schuhe oder einen Trikotsatz und rechtfertigte mich im nächsten Atemzug dafür, warum wir gegen die Bayern nicht gewonnen hatten. Der direkte Kontakt zu den Fans, den Amateurvereinen und vor allem den Kindern, die freudestrahlend in das Geschäft kamen und hofften, neben ein paar neuen Sportartikeln auch ein Autogramm abstauben zu können, das war es, was mir Freude machte.

Natürlich gab es auch Schattenseiten, wenn man als aktiver Profi ein Unternehmen führt. Die meisten Kunden haben gesehen, wie ich am

Wochenende vor tausenden Fans in der Nordkurve des Parkstadions ein Tor gefeiert habe. Da wollten sie natürlich in der Woche beim Einkauf ein paar Prozente sparen. Vor allem die Verhandlungen mit Vereinen aus den umliegenden Kreisen waren oft hart, denn neben Prozenten wollten die Verantwortlichen, dass ich den Trikotsatz bei einem Training selbst übergebe, den Kindern Autogramme schreibe und die Lokalzeitung berichten konnte. Da habe ich mir einen Kompromiss einfallen lassen. Ich kam und gab den Kindern ein Probetraining, aber dafür verzichteten wir auf Prozente, schließlich musste ich meine Läden und Mitarbeiter finanzieren. Damals ahnte ich jedoch nicht, wie sehr diese Trainings Einfluss auf meine berufliche Laufbahn als Unternehmer nehmen würden. Ich merkte, wie viel Spaß die Kinder daran hatten, mit einem Bundesligaspieler zu trainieren. Während der kurzen Einheiten machte ich einige Übungen mit ihnen und versuchte, ihnen zu vermitteln, auf welche Qualitäten es auf dem Platz – abgesehen von der fußballerischen Leistung – ankommt. Durch diese Nachmittage auf den Trainingsplätzen der Umgebung reifte die Idee in mir, selbst eine Trainerlizenz zu erwerben. Ich wollte Kindern die gleichen Werte mitgeben, mit denen ich erfolgreich geworden war, und meine Liebe zum Fußball mit ihnen teilen. Neben dem UEFA-Cup-Sieg und den Bundesligaspielen 1997 legte ich meine Trainer-A-Lizenz ab, bevor ich auch die Ausbildung zum Fußball-Lehrer abschloss, und eröffnete meine Fußballschule. Noch heute ist der Hauptsitz der »Fußballfabrik« in Recklinghausen, meinem Heimatkreis. Doch ist die »Fußballfabrik« heute nicht mehr nur eine Fußballschule, sondern ein Franchise-Unternehmen, das unsere Philosophie »Training, Lernen, Leben« in allen Regionen Deutschlands vermittelt. Denn die Werte, die ich auf dem Bolzplatz und in meiner Karriere als Sportler erlernte, sind heute nicht mehr selbstverständlich. Ein Wertewandel hat stattgefunden. Sicherlich hängt er mit dem Wandel der Gesellschaft im Allgemeinen zusammen. Fußball ist nicht mehr das einzige Hobby, welches man ausführen kann. Der Fokus liegt heute viel mehr auf dem Individuum. Mannschaftssportarten sind fast so veraltet wie Brettspieleabende oder Kegelklubs. Heute wird nicht mehr auf dem Bolzplatz gezockt, sondern an der Spielekonsole. Mit dem Einfluss der sozialen Medien wurde es wichtiger, welche Kleidung man trägt oder wo man seinen

Urlaub verbringt. Jeder hat auf einmal Hunderte »Fans«, die ihn auf Schritt und Tritt verfolgen. Durchhaltevermögen ist eine Eigenschaft, die an Relevanz verloren hat, denn wenn ein Bild zu wenig Likes bekommt oder die Punktezahl an der Playstation zu niedrig ist, dann wird das Bild gelöscht und die Konsole neu gestartet. In fast allen Bereichen des Lebens ist ein Reset möglich. Verstärkt wird dieser Effekt durch die allgegenwärtige Angst: Angst vor Kriminalität, Angst vor Niederlagen, Angst vor Verlust. Wenn man heute die Medienlage beobachtet, wird man denken, dass die Welt immer schlechter wird. Doch dass die Welt schlechter wird, entspricht nicht den Fakten. Durch die ständige Berieselung mit Eilmeldungen und die allgegenwärtige Erreichbarkeit entsteht lediglich der Eindruck. Die Bewahrung einer von Grund auf positiven Lebenseinstellung, die für das Erreichen einer Karriere unabdingbar ist, wird immer schwieriger. Wie gut würde es unseren Kindern heute tun, Smartphone, Schultasche und Konsole in die Ecke zu werfen und das Trikot überzuziehen. Denn auf dem Bolzplatz zählen weder Likes noch die Level deines Onlinespiels oder die Marke deiner Klamotten, sondern lediglich, ob du Spaß hast.

Ohne den Wandel der Generationen wäre mein Beruf nicht notwendig.

Ohne den Wandel der Generationen wäre mein Beruf nicht notwendig. Denn wer würde schon Geld für ein Fußballcamp bezahlen, wenn Kinder noch wüssten, wie man aus Teppichstangen, Rucksäcken und Stöcken ein Tor baut. Vor allem habe ich aber die Erfahrung gemacht, dass man im Mannschaftssport die Werte vermittelt, die man braucht, um seinen persönlichen Aufstieg im Alltag zu schaffen. Der Dreiklang »Training, Lernen, Leben« als Leitmotiv der »Fußballfabrik« soll genau das verdeutlichen. Damit in der heutigen Zeit jedoch alle die Chance haben, diese Werte auch ohne Bolzplatzerfahrungen vermittelt zu bekommen, habe ich mich auf die Suche nach Partnern, Unterstützern und Paten gemacht, um die »Aktion Teamgeist« zu gründen. Mit dieser Initiative, die wir 2006 in einen Verein umwandelten, möchten wir es Kindern aus sozial benachteiligten Schichten und Strukturen ermöglichen, am Mannschaftssport und Vereinsleben teilzunehmen. Denn nirgendwo sonst ist die Herkunft unwichtiger als beim Sport. Sobald man das Trikot überstreift, zählt lediglich der eigene Einsatz. Selbst Hindernisse wie die Sprache werden zur Nebensache. Die Regeln sind auf der ganzen Welt gleich.

In 14 Jahren »Aktion Teamgeist« haben wir es geschafft, zahlreiche Kinder zumindest für einige Zeit aus ihrem Alltag abzuholen, und ihnen dabei geholfen, ihre Ziele zu definieren. Nirgendwo prägen sich Erfahrungen so gut ein wie im Sport, weil man immer einmal mehr aufsteht, als man liegen bleibt.

Wenn ich zurückblicke, hat Rudi Assauer wohl recht behalten, als er meinte, dass ich es in die Nationalmannschaft geschafft hätte, wenn ich nicht auf so vielen Nebenschauplätzen aktiv gewesen wäre. Diese Aussage ließ mich vor allem dann grübeln, wenn der *Kicker* mich mal wieder als Kandidat für den Nationalmannschaftskader aufzählte. Über die U21 sollte ich jedoch nie hinauskommen. Ein einziges Mal wurde ich zu einem Probetraining mit der Nationalmannschaft eingeladen. Das war 1993. Doch ich musste wegen eines Infekts absagen. Danach sollte es nie wieder klappen. Wenn ich zurückschaue, ist dies vielleicht der einzige Makel meiner Karriere.

In der U21-Nationalmannschaft habe ich mit Spielern wie Stefan Kuntz und Jürgen Klinsmann zusammengespielt. Doch die hatten eine andere Mentalität. Ich war zu brav und hätte mein Ziel aggressiver verfolgen müssen. Die Schuld für diese ungenutzte Chance suche ich bei mir. Ich hatte zu viel Ehrfurcht vor dem Schritt in die Nationalmannschaft. Wenn die Hymne gespielt wurde, war ich selbst als Zuschauer ganz ergriffen. Ich hab mich nie als der Akteur in der Nationalmannschaft gesehen, sondern immer nur als Fan. Es war aus meiner damaligen Sicht eine andere Liga. Heute weiß ich, dass ich es auch hätte schaffen können. Es lag allein an mir. Doch man weiß nie, wie das Leben so spielt. Ich bin heute dankbar dafür, dass ich nach meiner Karriere nicht erst ein Jahr überlegen musste, was ich danach mit meinem Leben anfangen möchte. Dank meines Geschäfts und der Fußballschule konnte ich direkt voll in das Berufsleben einsteigen.

Ich habe sportlich zurückgesteckt, um in der Karriere nach der Karriere voll durchzustarten – eine Rechnung, die für mich aufging. Denn was man als Sportler nicht vergessen darf, ist: Der Sport ist nur dein erstes Leben, dein zweites lebst du im Beruf und mit der Familie, nachdem du auf die Anfeuerungsrufe der Fans verzichten musst.

Der Sport ist nur dein erstes Leben, dein zweites lebst du im Beruf und mit der Familie, nachdem du auf die Anfeuerungsrufe der Fans verzichten musst.

Die Verbindung der beiden Lebensabschnitte fällt nicht nur Sportlern oft schwer. Heute gibt es nicht mehr das eine Berufsleben, für das man sich nach der Schule entschieden hat. Die Welt ist in einem ständigen Wandel begriffen und so auch die Jobanforderungen und -profile. Was jedoch damals wie heute von elementarer Bedeutung ist, ist die Grundeinstellung, mit der man seinen Lebensweg beschreitet. Das habe ich während der Jahre, die ich als Fußballtrainer arbeite und als Unternehmer meine Fußballschule leite, erfahren. Noch nie waren die Rahmenbedingungen, um seine Ziele zu erreichen, besser als jetzt. Doch scheinbar stehen die Jugendlichen vor immer größeren Herausforderungen und einer immer geringeren Durchlässigkeit in höhere Schichten. Das liegt weniger an dem noch nicht erreichten Optimum an Chancengleichheit als am Wertewandel, der in der jüngsten Generation stattgefunden hat.

Zwar stimmen in Deutschland die Rahmenbedingungen, um seine Ziele zu erreichen, doch was den meisten fehlt, um erfolgreich zu werden, sind Werte, die von Generation zu Generation auf dem Bolzplatz weitergegeben wurden: Fleiß, das Aufstehen nach Niederlagen und die positive Grundeinstellung. Werte, die mir während meiner Karriere den Aufstieg ermöglicht haben und die ich nun als Fußballtrainer und Coach weitergeben möchte. Genau deswegen brauchen wir wieder mehr Matsch, Tornisterpfosten und Zeitungsbälle.

Zwar stimmen in Deutschland die Rahmenbedingungen, um seine Ziele zu erreichen, doch was den meisten fehlt, um erfolgreich zu werden, sind Werte, die von Generation zu Generation auf dem Bolzplatz weitergegeben wurden …

KAPITEL 9

GILT HEUTE NOCH DAS VERSPRECHEN DER SOZIALEN MARKTWIRTSCHAFT?

Bernd Reuther

Bernd Reuther, geboren am 1. Mai 1971 in Wesel, ist seit 2017 Mitglied des Deutschen Bundestags (Wahlkreis 113 Wesel I). Er ist als Ordentliches Mitglied im Ausschuss für Verkehr und digitale Infrastruktur tätig und stellvertretendes Mitglied im Ausschuss für die Angelegenheiten der Europäischen Union. Zuvor hatte er leitende Funktionen in verschiedenen Industrieunternehmen u. a. bei der Duisburger Hafen AG und von 2012 bis 2017 bei der HOCHTIEF AG inne.

Jeder kann mit ehrlicher Arbeit zu Wohlstand kommen und den sozialen Aufstieg schaffen. Das ist die Idee unserer sozialen Marktwirtschaft, die Ludwig Erhard Anfang der 1950er-Jahre maßgeblich geprägt hat.

Das Ziel der sozialen Marktwirtschaft ist es, den größtmöglichen Wohlstand bei bestmöglicher sozialer Absicherung zu gewährleisten. Der Staat verhält sich aus diesem Grund nicht passiv, sondern greift aktiv in das Wirtschaftsgeschehen ein. Das können zum Beispiel konjunkturpolitische, wettbewerbspolitische und sozialpolitische Maßnahmen sein[32]. Die soziale Marktwirtschaft hat sich seit ihrer Einführung nach 1948 in der Bundesrepublik Deutschland bewährt und zu einer bis dahin nicht gekannten Steigerung des Wohlstands bei breiten Bevölkerungsschichten und zu einem hohen Maß an sozialer Sicherheit geführt. Besonders im ländlichen Raum sind sogenannte Hidden Champions entstanden, die ganze Regionen wirtschaftlich prägen. Erhard war früh Anhänger des Ordoliberalismus. Demnach soll sich der Staat aus dem wirtschaftlichen Wettbewerb heraushalten und lediglich die politischen Rahmenbedingungen liefern und beispielsweise die Bildung von Monopolen und Kartellen verhindern. Erhard fügte dem wirtschaftspolitischen Teil des Ordoliberalismus noch die soziale Komponente hinzu.

Aber ist diese heute noch wirklich gegeben? Kann der Sohn einer alleinerziehenden Mutter den sozialen Aufstieg schaffen? Kann ein Arbeiterkind darauf hoffen, dass es mit einer guten Ausbildung dank BAföG oder Stipendien mehr Wohlstand als seine Eltern erlangt? Viele haben den Eindruck, dass dies nicht mehr selbstverständlich ist. Sie fühlen sich abgehängt. Sie haben den Eindruck, dass Politik immer für die anderen gemacht wird und eigene Bedürfnisse dabei zu kurz kommen.

Eine Studie der OECD (Organisation for Economy Coopertaion and Development) aus dem Jahr 2018 belegt diesen Trend.[33] Die Verfasser der Studie haben die soziale Durchlässigkeit von dreißig Industrie- und Schwellenländern analysiert. In Bezug auf Deutschland kommen sie zu dem Schluss, dass der soziale Aufstieg »kaputt« ist. Demnach kann es bis zu sechs Generationen dauern, bis Nachfahren aus einkommensschwachen Haushalten das Durchschnittseinkommen erreichen. Zum Vergleich: In Dänemark und den übrigen skandinavischen Ländern dauert es nur zwei bis drei Generationen. Erschreckend sehen auch die Zahlen zu den Bildungschancen aus. 90 Prozent der Kinder von Eltern mit einem geringen Bildungsgrad absolvieren kein Studium. Bei Kindern von Eltern mit hohem Bildungsniveau sind es dagegen 53 Prozent. Die Verfasser der Studie kommen zu dem Schluss, dass Deutschland Chancen verspielt und somit auch innovative Unternehmensgründungen ausbleiben.

Eine aktuellere Studie des Weltwirtschaftsforums weist in dieselbe Richtung. Demzufolge hinkt soziale Mobilität in den Industrienationen den Versprechungen hinterher – auch in Deutschland. Gründe dafür sind insbesondere Ungleichheit bei Bildung und mangelnder Zugang zu Technologien. Dabei würden von deren Beseitigung vor allem die großen Industrienationen USA, China, Indien, Japan und natürlich Deutschland profitieren[34].

Wenn also sozialer Aufstieg nicht mehr möglich ist, muss das Versprechen erneuert werden. Die Menschen müssen wissen, dass sich harte Arbeit und Engagement auszahlen. Das ist ein bedeutender Beitrag für den sozialen Frieden in unserem Land. Darüber hinaus ist es unsere schärfste Waffe im Kampf gegen die extremen Ränder von links und rechts. Schließlich fördert die begründete Hoffnung auf ein Leben in Wohlstand das Vertrauen in unsere Demokratie und die soziale Marktwirtschaft. Dabei darf es nie darum gehen, Wahlgeschenke an die Bürger zu verteilen. Wir brauchen eine zielgerichtete Politik, die die Bedürfnisse der Menschen in den Blick nimmt. Sozialausgaben mit der Gießkanne zu verteilen, ist also der falsche Weg. Soziale Absicherung ist richtig und wichtig. Eine Politik, die sich allerdings darauf versteift, zementiert den Status quo. Stattdessen ist es wichtiger, den gegenwärtigen Zustand hinter sich zu lassen und soziale Mobilität zu fördern. Das wäre eine aktive Sozialpolitik.

Auf dem Weg dorthin müssen wir unseren Blick weiten. Sozialausgaben sind mehr als nur Arbeitslosen-, Kinder- und Wohngeld oder Sozialhilfe. Ein gutes Bildungssystem, an dem alle unabhängig von ihrer Herkunft teilnehmen, ist genauso wichtig. Darüber hinaus müssen wir anfangen, Infrastruktur und Mobilität in die Gleichung aufzunehmen.

Die Menschen müssen wissen, dass sich harte Arbeit und Engagement auszahlen.

Standortfaktoren sind noch immer für viele Unternehmen enorm wichtig. Die Anbindung an Ballungszentren und die Versorgung mit modernster digitaler Infrastruktur entscheiden dabei über den Erfolg, besonders für die Attraktivität des ländlichen Raums. Erfolg bedeutet in diesem Zusammenhang die Schaffung sicherer Arbeitsplätze. Genau das war das Verdienst des deutschen Wirtschaftswunders in den 1950er-Jahren: die Grundlage des sozialen Aufstiegs, das Versprechen, ein besseres Leben zu führen.

DORT, WO DER BUS NUR VIERMAL AM TAG KOMMT

Jeder hat eine Vorstellung, was ländlicher Raum bedeutet. Dabei schwingen viele Klischees mit: Auf dem Land gibt es vornehmlich Landwirtschaft, auf dem Land fährt die Dorfjugend Roller, auf dem Land sind alle bei der Freiwilligen Feuerwehr und auf dem Land ist der Nahverkehr miserabel. Natürlich sind viele dieser Ansichten überholt oder haben nie gestimmt. Doch einige fußen auf der Realität für viele Millionen Menschen.

Obwohl eine eindeutige Definition des Begriffs »ländlicher Raum« schwierig zu finden ist, so lässt er sich doch unmissverständlich in Abgrenzung zum Stadtbegriff verwenden. Was sind aber die Unterschiede zwischen Stadt und Land? Einer der offensichtlichsten Aspekte betrifft die Mobilität. Aufgrund der weitläufigen Wege sind die Menschen auf dem Land auf ein Auto angewiesen. Eine Familie mit zwei Kindern besitzt nicht selten sogar zwei Autos. Häufig können nur dann beide Eltern einer Arbeit nachgehen.

Darüber hinaus ist der öffentliche Personennahverkehr grundsätzlich anders strukturiert. Aufgrund der geringen Bevölkerungsdichte gibt es keine Straßenbahnen und die Busse fahren unregelmäßig. In manchen Regionen ist es keine Seltenheit, dass der Bus nur jede Stunde kommt – im Extremfall sogar nur viermal am Tag.

Aber wie sieht ein Tag einer Familie auf dem Land aus? Nach dem Frühstück fahren die Kinder mit dem Schulbus in die Schule, die Eltern (Beispiel: Mutter ist Krankenschwester und Vater ist Dachdecker) mit dem Diesel-Pkw zur Arbeit. Die Mutter benötigt bis zum Krankenhaus 40 Minuten, der Vater arbeitet im Betrieb im Nachbarort, den schon sein Vater aufgebaut hat. Nachmittags kommen die Kinder aus der Schule und werden von den Großeltern betreut, da die Mutter im Schichtdienst arbeitet und der Vater auf Bauprojekten in der Region unterwegs ist. Beide Kinder spielen Fußball im Verein. Der Weg dorthin ist mit dem Fahrrad allerdings zu weit. Also werden sie mit dem Auto zum Verein gefahren. Das Gleiche gilt für Fußballturniere, die am Wochenende stattfinden.

Dieses Beispiel mag zwar vereinfacht sein. Dennoch beschreibt es die Lebenswirklichkeit vieler Menschen auf dem Land. Während wir in Berlin über innovative Mobilitätskonzepte wie Uber oder E-Scooter reden, fährt die Krankenschwester jeden Morgen mit dem Auto zur Arbeit. Das wird sich auch auf absehbare Zeit nicht ändern. Die oben beschriebenen neuartigen Verkehrskonzepte lohnen sich nicht auf dem Land, weil die Distanzen zu groß sind. Zu wenige Menschen machen von den Angeboten Gebrauch. Aber es fehlt auch an den notwendigen Rahmenbedingungen für die innovativen Konzepte. Die Politik hat es bisher versäumt, rückwärtsgewandte Regularien aufzuheben und die traditionelle Art der Fortbewegung im ländlichen Raum zu verbessern. Die Leidtragenden sind damit die Menschen auf dem Land, die weiterhin auf das Auto angewiesen sind. Viele Bereiche, die den ländlichen Raum stark machen, werden sich auch zukünftig nicht für Homeoffice eignen. Das Rückgrat des ländlichen Raums wie zum Beispiel Handwerksbetriebe oder produzierendes Gewerbe ist auch in Zukunft auf Mitarbeiter vor Ort angewiesen.

Wenn wir sozialen Aufstieg ermöglichen wollen, dann bedeutet das auch, Mobilität im ländlichen Raum zu berücksichtigen.

Wenn wir sozialen Aufstieg ermöglichen wollen, dann bedeutet das auch, Mobilität im ländlichen Raum zu berücksichtigen. Kinderbetreuung und deren Entwicklung sind eng damit verbunden. Der Schulweg darf nicht darüber entscheiden, welche Schulform ein Kind besucht. Auch dürfen Menschen im ländlichen Raum nicht benachteiligt werden, wenn sie ein Dieselfahrzeug nutzen. Auf absehbare Zeit wird das E-Auto für viele Menschen keine Option sein. Nicht jede vierköpfige Familie wird sich eine derartige Investition leisten können.

Trotzdem müssen die Krankenschwester und der Dachdecker jeden Tag zur Arbeit. Sozialer Aufstieg heißt in diesem Zusammenhang, die nötigen Rahmenbedingungen zu schaffen, damit sich die Menschen im ländlichen Raum bestmöglich entfalten können.

GRÜNDEN WIR HEUTE NOCH WIE UNSERE VÄTER?

Der deutsche Mittelstand ist das Rückgrat unserer Wirtschaft. Dieser Satz ist inzwischen ein »No Brainer«. Letztendlich will er sagen, dass wir Deutschen nicht wegen der Dax-Konzerne, sondern wegen des Mittelstands in Wohlstand leben. Es sind Tausende kleine und mittelständische Unternehmen, die unsere Wirtschaft am Laufen halten. Darunter befinden sich viele Weltmarktführer. Aber die Mehrheit der Unternehmen macht einfach eine gute Arbeit. Der Handwerksbetrieb muss nicht der beste der Welt sein, um seinen 20 Mitarbeitern ein gutes Gehalt zu zahlen und ein volles Auftragsbuch vorzuweisen.

Unser Mittelstand ist erfolgreich, weil die soziale Marktwirtschaft es jedem ermöglicht, gute Ideen in die Tat umzusetzen. Sie will die Mutigen belohnen, die eine Unternehmung wagen. Das eingegangene Risiko soll sich am Ende auszahlen. Gleichzeitig wird ein Anreiz gesetzt, neue Arbeitsplätze zu schaffen. Die Wirtschaft voranzutreiben ist damit auch ein Teil des Sozialen. Wenn der Kuchen wächst, haben alle etwas davon und nicht nur diejenigen, die mit innovativen Ideen diese Entwicklung vorantreiben. Dieser Aspekt kommt in der heutigen Debatte über sozialen Aufstieg zu kurz. Wir reden vielmehr über die Verteilung des Vorhandenen, anstatt es auszudehnen. Dabei haben wir eine Menge Nachholbedarf. Die Infrastruktur in unserem Land bröckelt. 12 Prozent der Brücken sind in unserem Land marode[35] und eine Vielzahl der Kommunen ist hoch verschuldet. Rund 2500 der 11 000 bundesdeutschen Kommunen können nicht mehr ausreichend investieren[36]. Das kann und muss sich ändern.

Doch was ist der Unterschied zwischen den Unternehmensgründungen unserer Väter und den heutigen? Um das herauszufinden, muss man sich die

Unternehmen anschauen, die in der zweiten Hälfte des 20. Jahrhunderts aufgebaut wurden. Ab den 1950er-Jahren begann sich die Wirtschaft zu erholen. Industriezweige, die im Zuge des Zweiten Weltkriegs am Boden lagen, wurden wieder aufgebaut. Das betrifft besonders die industrielle Realwirtschaft. Schwer- und Autoindustrie, Chemie- und Baukonzerne sowie deren Zulieferer begannen sich zu erholen (letztere sind häufig klein- und mittelständische Unternehmen). Davon hat auch der ländliche Raum profitiert. Der Kuchen wuchs für die gesamte Bevölkerung.

Wenn der Kuchen wächst, haben alle etwas davon und nicht nur diejenigen, die mit innovativen Ideen diese Entwicklung vorantreiben.

Rund 50 Jahre später sehen Unternehmensgründungen anders aus. Im Gegensatz zur damaligen Zeit sehen wir heute wenige Unternehmensgründungen in Verbindung mit materiellen Vermögenswerten (tangible assets)[37]. Das liegt daran, dass das digitale Zeitalter neue Wirtschaftszweige mit neuen Marktmechanismen geschaffen hat. Die neuen Internetriesen nutzen Netzwerkeffekte und die Plattformökonomie und gefährden damit die Geschäftsmodelle des einstigen Mittelstands. Die zukunftsträchtigsten Unternehmen sind heute Tech-Unternehmen, die in den Großstädten beheimatet sind. Einen beinahe magischen Ruf hat in diesem Zusammenhang inzwischen Berlin. Wer jung und talentiert ist, kommt hierhin und fängt bei einem der vielversprechenden Start-ups an[38]. Die Großstädte haben viel zu bieten. Für junge Menschen gibt es Szeneviertel, für Familien ein gutes Angebot an Kitas und Schulen. Beides sind wichtige Standortfaktoren, um talentierte Mitarbeiter anzuwerben.

Wer also über sozialen Aufstieg im ländlichen Raum redet, muss sich der Wirklichkeit der Unternehmensgründungen bewusst sein. Keiner wird ein Unternehmen gründen, wenn er nicht auf gut ausgebildete Mitarbeiter zurückgreifen kann. Junge Familien sind auf eine gute Ganztagsbetreuung für Kinder und ein vielfältiges Schul- und Freizeitangebot angewiesen. Darüber hinaus bedarf es eines attraktiven kulturellen Angebots. In einer solchen Umgebung kann eine Gründerszene prosperieren. Im Idealfall befinden sich Investoren oder Wissenschafts- und Forschungszentren in der Region, die den Transformationsprozess beschleunigen. Außerdem kann es die Anbindung zu Ballungszentren sein oder das Vorhandensein hervorragender digitaler Infrastruktur, die den Unternehmenserfolg bedingen. Wer Unternehmergeist als Teil des sozialen Aufstiegs sieht, muss diese Faktoren unbedingt berücksichtigen.

SONDERWIRTSCHAFTSZONE LÄNDLICHER RAUM

Wenn wir unseren Blick weiten und sozialen Aufstieg in seiner Komplexität begreifen, dann müssen wir nun über die Voraussetzungen hierfür sprechen. Dabei gilt es, die verschiedenen Lebenswirklichkeiten der Menschen zu berücksichtigen. Diese sind vor allem im ländlichen Raum andere. Was müssen wir also tun, damit jeder einzelne auch hier seine Talente und Fähigkeiten voll entfalten und nach einem besseren Leben streben kann? Wir stehen vor der Herausforderung, passgenaue Rahmenbedingungen für den Aufbau und die Ansiedelung moderner Unternehmen zu finden – keine leichte Aufgabe.

In vielen Ländern haben sich sogenannte Sonderwirtschaftszonen bewährt. Diese zeichnen sich durch besondere wirtschaftliche Rahmenbedingungen aus, die sich von denen im Rest des Landes unterscheiden. Dadurch sollen Anreize für mehr Direktinvestitionen geschaffen werden[39]. Diese Sonderwirtschaftszonen ließen sich leicht auf den ländlichen Raum anwenden. Hier könnten Gebiete für wertvolle Experimente geschaffen werden, die Innovationen vorantreiben und den Einsatz der Mutigen belohnen. Der Staat hat somit die Möglichkeit, die Wirtschaftsstruktur zu stärken und neue Unternehmen in der Region anzusiedeln.

Wir stehen vor der Herausforderung, passgenaue Rahmenbedingungen für den Aufbau und die Ansiedelung moderner Unternehmen zu finden.

Doch um diesem Projekt zum Erfolg zu verhelfen, bedarf es der gemeinsamen Arbeit auf allen politischen Ebenen. Bund, Länder und Kommunen müssen unbedingt zusammenarbeiten. Das liegt an den mannigfaltigen Hindernissen, die aus dem Weg geräumt werden müssen. Weil jedes dieser

Hindernisse eine andere politische Ebene betrifft, ist eine bestmögliche Kooperation unabdingbar.

Wie wir bereits gesehen haben, haben Standortfaktoren auch im ländlichen Raum einen hohen Stellenwert. Zunächst ist eine optimale Anbindung an Ballungszentren von Vorteil. Das betrifft natürlich nicht nur den Individualverkehr, sondern auch den Schienen- und Luftverkehr. Für die Bereitstellung dieser Infrastruktur ist der Bund verantwortlich. Doch hier stauen sich seit Jahren die Investitionen. Vorhandene Milliarden werden nicht abgerufen, weil Planungskapazitäten fehlen. Dabei würden gerade auch im ländlichen Raum Betriebe von Aufträgen in die sanierungsbedürftige Infrastruktur profitieren.

Der Landesebene kommen ebenso beachtliche Aufgaben zu. Hier müssen Hindernisse in Bezug auf Bildung und Mobilität beseitigt werden. Zunächst ist Bildung die Voraussetzung für ein selbstbestimmtes Leben. Selbstbestimmung hört allerdings nicht nach der Schule auf. Deswegen müssen die Schüler mit relevanten Fächern auf das bevorstehende Berufsleben vorbereitet werden. In diesem Zusammenhang sind besonders Grundkenntnisse in Wirtschaft und IT wichtig, die momentan nicht ausreichend im Unterricht vermittelt werden. Außerdem müssen wir uns in einer sich schneller wandelnden Gesellschaft besser auf Veränderungen einstellen. Das kann nur geschehen, wenn berufliche Bildung ebenfalls an Bedeutung gewinnt. Ein weiterer Aspekt, der auf Landesebene angepackt werden muss, ist der ÖPNV. Anstatt in alten Strukturen zu verharren, sollten innovative Verkehrskonzepte Anwendung finden. Der Bund muss hier mitziehen und die ausgetretenen Pfade des Personenbeförderungsgesetzes verlassen. Poolingdienste und das Aufheben der Rückkehrpflicht für Taxis würden das ländliche Angebot beleben und den Menschen vor Ort zugutekommen.

Schließlich kommt auch den Kommunen eine entscheidende Rolle zu. Berufstätige Eltern wählen ihre Arbeit auch nach dem Angebot an Kitas, Schulen und Freizeitmöglichkeiten aus. Das gilt es, im ländlichen Raum zu nutzen. Kinder sollen nicht nur wohlbehütet, sondern auch gut betreut aufwachsen. Um eine gute Betreuung zu finanzieren, müssen die Kommunen für ihre Standorte mit attraktiven Steuermodellen werben. Dann erhalten

Unternehmen den Anreiz, nicht abzuwandern. Darüber hinaus müssen die Kommunen Unternehmen den Raum zur Entwicklung geben. Das bedeutet, dass Gewerbeflächen unkompliziert ausgewiesen werden müssen. Wichtig ist hier allerdings, die Anwohner nicht gegen das Gewerbe auszuspielen. Eine erfolgreiche Politik kann in diesem Zusammenhang nur gemeinsam gemacht werden, wenn sich die Beteiligten der Vorteile ihrer Kooperation bewusst sind. In einem derartigen Umfeld herrscht Planungssicherheit. Wegen der positiven Anreize investieren Unternehmen langfristig in ihre Standorte. Auch das stärkt die regionale Wirtschaft und schafft Arbeitsplätze. Doch bisher handeln Kommunen zu zaghaft. Sie müssen daher den Mut aufbringen, neue Wege einzuschlagen. Denn nur wer sich aktiv um die Anliegen der Beteiligten kümmert, schafft ein besseres Leben für alle.

Das Zusammenspiel der politischen Ebenen sorgt im Endeffekt für ein attraktives Umfeld, in dem sich jeder Einzelne entfalten und seine Ziele verfolgen kann. Durch eine Sonderwirtschaftszone, die es von weiteren abzugrenzen gilt, kann die Wirtschaft regional gestärkt werden. Durch den innovativen Ansatz können veraltete Strukturen mit Mut zum Neuen ersetzt werden. Das betrifft zum Beispiel Verwaltungsprozesse, die radikal umgestellt und digitalisiert werden können. Diese Form des Bürokratieabbaus ist Voraussetzung für einen attraktiven Standort und eine dynamische Gründer- und Innovationskultur.

Wir müssen uns allerdings der Stärken und Vorteile des ländlichen Raums bewusst sein und diese nutzen. Es gibt natürliche Standortvorteile, die motivierte Menschen anziehen. Gewerbeflächen sind zum Beispiel auf dem Land günstiger und immer noch ausreichend vorhanden. Ebenfalls können hier junge Familien günstiger ein Eigenheim erwerben und eine Existenz aufbauen. Diese Gegebenheit lockt besonders Rückkehrer an, die ihre Ausbildung beendet und erste Berufserfahrung gesammelt haben. Der ländliche Raum kann also genauso attraktiv sein wie Großstädte. Er muss nur seine Stärken ausspielen und den Menschen eine lohnende Perspektive bieten.

> Wir müssen uns der Stärken und Vorteile des ländlichen Raums bewusst sein und diese nutzen.

Das Aufstiegsversprechen ist quasi der Motor der Sonderwirtschaftszonen. Sie sollen Mutige anziehen, die ihre Ideen in die Tat umsetzen wollen. Damit sie Erfolgsgeschichten schreiben können und Arbeitsplätze im ländlichen Raum schaffen, sollen sie bestmögliche Bedingungen vorfinden. Um die Voraussetzungen dafür zu schaffen, sind unterschiedliche Maßnahmen notwendig. Jede einzelne ist darauf ausgerichtet, Talente zu halten und neue zu werben.

KICKSTART FÜR DIE GRENZREGION

Sozialer Aufstieg kann auf vielerlei Weisen geschehen. Was allerdings immer gebraucht wird, ist ein Umfeld, in dem sich jeder bestmöglich entfalten kann. Eine Sonderwirtschaftszone ist ein wichtiger Teil dieses Rahmens. Doch gibt es auch hier Unterschiede, wie eine derartige Region aussehen kann. Auch Sonderwirtschaftszonen sollten grenzüberschreitend funktionieren.

Die deutschen Grenzregionen haben eines gemeinsam: Sie liegen überwiegend im ländlichen Raum. Sei es der Landkreis Euskirchen, Görlitz oder Frankfurt (Oder), sei es Nordfriesland, Niederbayern oder der Niederrhein. Überall finden sich vergleichbare ländliche Strukturen. Der Niederrhein könnte mit der angrenzenden niederländischen Region Gelderland zu einer Sonderwirtschaftszone werden. Auf deutschem Gebiet liegen die Großstädte des Rheinlands und des Ruhrgebiets in unmittelbarer Nachbarschaft. Damit sind wichtige Wirtschaftszentren ebenfalls nicht weit entfernt.

Die Digitalisierung der Verwaltung ist ein weiterer Schritt, der die Attraktivität der Region erhöht. Behördengänge sind zeitaufwendig und mühsam. Das sollte nicht so sein. Besonders für motivierte Gründer kann hier schon der erste Dämpfer entstehen. Die Kommunen am Niederrhein könnten also hier eine Vorreiterrolle einnehmen und die Steuer- oder Finanzverwaltung durch blockchainbasierte Anwendungen reformieren. Eine derartige Maßnahme könnte von einem bürokratiefreien Jahr begleitet werden. Das ermöglicht den Fokus auf das Wesentliche, auf den Erfolg des eigenen Projekts.

Einen weiteren Aspekt bilden die Gewerbeflächen. Häufig ist eine Ausdehnung selbst um wenige Quadratmeter mit einem hohen Aufwand verbunden. Für Unternehmen bringt eine unkomplizierte Ausdehnung einen realen Wettbewerbsvorteil mit sich. So können beispielsweise größere Maschinen oder Lagerflächen direkten Einfluss auf Umsatz und Produktivität nehmen. Die Kommunen sollten sich also als Partner verstehen, die die wirtschaftlichen Aktivitäten der Menschen unterstützen. Belohnt werden sie am Ende mit einer höheren Gewerbesteuer. Dieses Geld kann wiederum für wichtige Investitionen in Kitas, Schulen oder die digitale Infrastruktur direkt am Niederrhein eingesetzt werden.

Wir dürfen allerdings nicht an der Landesgrenze mit dem regionalen Aufschwung aufhören. Die Menschen in den Nachbarländern haben einen ebenso großen Tatendrang. Deswegen ist es sinnvoll, Sonderwirtschaftszonen grenzüberschreitend zu verstehen. Der Niederrhein muss daher mit der niederländischen Region Gelderland eng kooperieren. In wirtschaftlicher Hinsicht bedeutet dies, sofort vergleichbare Rahmenbedingungen zu schaffen. Ein starkes Gefälle bei steuerlichen Vergünstigungen würde die Regionen in direkten Wettbewerb versetzen. Stattdessen ist es sinnvoller, gemeinsam für eine Region zu werben.

Bei grenzüberschreitenden Kooperationen spielt die Mobilität eine besondere Rolle. Hier muss Raum für Experimente geschaffen werden, sodass Mobilitätsanbieter problemlos die Grenzen überqueren können. In Bezug auf den Niederrhein und Gelderland bedeutet das zum Beispiel, grenzüberschreitend Carsharing-Angebote oder innovative Taxidienstleistungen zu ermöglichen. Dienstleister sollen letztendlich in der Region unkompliziert Fahrten anbieten können. Ein solches Geschäftsmodell kann Buslinien ergänzen, die weite Teile eines Flächenlandkreises nicht abdecken können. Statt mit dem Auto kann der Weg zur Arbeit mit einem Dienstleister für Personenbeförderung erfolgen.

Grenzüberschreitende Zusammenarbeit hört allerdings nicht beim Individualverkehr auf. Der Zugverkehr vom Niederrhein in die Niederlande und umgekehrt ist ebenso wichtig. Er sichert Mobilität für den Weg zur Arbeitsstelle und entlastet den Verkehr. Die Vorteile einer derartigen Verbindung sollten möglichst früh vermittelt werden. Daher sollten auch die Schulen mehr aufeinander abgestimmt sein. Die Kinder müssen im Unterricht die Kultur und Sprache des Nachbarn nähergebracht bekommen. Dementsprechend gilt es, das Lehrpersonal zu schulen. Auch nach der Schullaufbahn geht die Zusammenarbeit weiter. Handwerker, Dienstleister, Freiberufler etc. dürfen auf der jeweils anderen Seite der Grenze nicht benachteiligt werden. Daher müssen die jeweiligen Schul- und Berufsabschlüsse gegenseitig anerkannt werden.

> Im Mittelpunkt steht immer, den Menschen die Hilfsmittel zum sozialen Aufstieg an die Hand zu geben.

Im Endeffekt handelt es sich um ein ganzes Bündel an Maßnahmen, die sich wie ein Puzzle zusammenfügen. Im Mittelpunkt steht dabei immer, den Menschen die Hilfsmittel zum sozialen Aufstieg an die Hand zu geben. Eine solche Politik wendet sich aktiv gegen Abwanderung aus kleineren Städten und Gemeinden am Niederrhein hin zu größeren Städten. Das Erfolgsrezept dieser Maßnahmen ist es letztendlich, den Menschen eine Perspektive im ländlichen Raum zu geben und die Möglichkeit, Chancen für sich zu nutzen.

EIN MODELL FÜR GANZ EUROPA?

Den Menschen die besten Rahmenbedingungen für sozialen Aufstieg im ländlichen Raum zu bieten, ist kein deutsches Projekt allein. Überall in der Europäischen Union (EU) gibt es Grenzregionen, die von einer Sonderwirtschaftszone profitieren würden. Ob in der Grenzregion Spanien–Portugal, Belgien–Frankreich, Italien–Slowenien oder Österreich–Ungarn: Überall sind die Gegebenheiten ähnlich. Was für die Niederlande und Deutschland gilt, betrifft also auch die übrigen EU-Mitgliedstaaten. Der ländliche Raum am Niederrhein und Gelderland unterscheidet sich folglich nicht fundamental von anderen Regionen.

In der EU machen vorwiegend ländliche Gebiete die Hälfte der Fläche aus. Hier leben rund 20 Prozent der Bevölkerung. Diese Gebiete weisen allerdings ein deutlich geringeres Bruttoinlandsprodukt (BIP) als der europäische Durchschnitt auf. Damit sind sie auch am meisten benachteiligt[40]. Die Verbesserung der sozialen und wirtschaftlichen Rahmenbedingungen würde diesen Regionen folglich ebenfalls zugutekommen. Auch hier können die Menschen vom sozialen Aufstieg profitieren, indem ihnen die Möglichkeit zur Entwicklung gegeben wird. Maßnahmen zur Entbürokratisierung der Verwaltung und einer Transformation hin zu einer gründerfreundlichen Umgebung würden auch hier Früchte tragen.

Es gibt bereits erste Ansätze, wie berufliche Mobilität in der EU gefördert werden kann. Das Europäische Portal EURES zur Förderung beruflicher Mobilität ist ein guter Anfang. Dieses Projekt hat das übergeordnete Ziel, sich mit Arbeitssuchenden und Arbeitgebern zur grenzüberschreitenden Mobilität auszutauschen, Praktikumsplätze anzubieten und Dienstleistungen vor und nach der Einstellung zur Verfügung zu stellen[41]. Damit eignet sich das Programm besonders, um Jugendarbeitslosigkeit zu bekämpfen. Junge Menschen sind häufig flexibel, weshalb sie von grenzüberschreitender Kooperation nachdrücklich profitieren. Auch die Bundesregierung setzt sich für grenzüberschreitende Kooperation ein. Das Bundesinnenministerium unterstützt Projekte, die zum Beispiel die Zusammenarbeit zwischen Frankreich und Deutschland fördern. Bei einem Projekt tauschen sich die Partner auf nationaler, regionaler und lokaler Ebene zur Nachnutzung des Kernkraftwerks Fessenheim aus[42].

Die bisherigen europäischen und nationalen Ansätze weisen bereits in die richtige Richtung. Ihre Schwäche ist allerdings, dass sie stark projektbasiert sind. Stattdessen müssen wir die soziale und wirtschaftliche Realität in den Blick nehmen und Rahmenbedingungen entwickeln, um diese zu verbessern. Eine derartige Politik geht also einen Schritt weiter. Durch wirtschaftliche Anreize wird eine Gründerkultur gefördert, die gleichzeitig vom sozialen Angebot profitiert. Dazu zählen eine Ganztagsbetreuung für Kinder, ein ausreichendes Freizeitangebot und eine gute Infrastruktur. Besonders im digitalen Zeitalter handelt es sich hierbei um einen entscheidenden Standortfaktor. Diese Gegebenheiten müssen von einer innovativen Verwaltung begleitet werden. Dann führen die Unternehmensgründungen in den europäischen Sonderwirtschaftszonen zum Erfolg.

Mit der sozialen Marktwirtschaft haben wir ein geeignetes Instrument, um den Menschen den sozialen Aufstieg zu ermöglichen.

Mit der sozialen Marktwirtschaft haben wir ein geeignetes Instrument, um den Menschen den sozialen Aufstieg zu ermöglichen. Doch das Aufstiegsversprechen ist in der Vergangenheit ins Stocken geraten. Das haben auch die Menschen im ländlichen Raum hinlänglich zu spüren bekommen. Daher soll die Idee einer Sonderwirtschaftszone diesen Menschen neue Möglichkeiten zur Entfaltung geben. Sie ist das Rüstzeug, um eigene Ideen in die Tat umzusetzen. Das ist ein erster Schritt, um das Aufstiegsversprechen zu erneuern. Der persönliche Lebensweg darf nämlich nicht vom Elternhaus bestimmt sein. Die eigenen Fähigkeiten müssen ausreichen, um ein Leben in Wohlstand zu erarbeiten. Das Soziale ist mehr als Zahlungen des Staates an seine Bürger. Sozial bedeutet eben auch, Chancen zu eröffnen und die Menschen in ihren Vorhaben zu unterstützen. Eine derartige Politik kennt keine Ländergrenzen. Sie ist Ausdruck einer wahrhaftigen europäischen Integration.

KAPITEL 10

ENTPÖRUNG UND RESILIENZ, WELTOFFENHEIT UND OPTIMISMUS

Oliver Luksic

Oliver Luksic, geboren 1979 in Saarbrücken, nach der Schulzeit am Deutsch-Französischen Gymnasium Saarbrücken und seinem Zivildienst studierte er an der Sciences Po Paris und am King's College London mit den Schwerpunkten Europastudien und Volkswirtschaft. Von 2009 bis 2013 sowie seit 2017 ist er Mitglied des Deutschen Bundestags und hier Sprecher für Verkehr und digitale Infrastruktur der FDP-Bundestagsfraktion. Der Unternehmensberater ist verheiratet und hat zwei Kinder.

Corona hat alles verändert. Was ist in dieser kritischen Phase die Aufgabe der Liberalen? Wie soll unser Land in den 2020er-Jahren aussehen? Klar ist: Für Freie Demokraten bleibt Freiheit der zeitlose Dreh- und Angelpunkt aller Politik, aber sie muss immer wieder neu gedacht werden. Das Coronavirus hat unser Leben bis in alle Facetten nachhaltig verändert. Gerade in der Krise muss sich die Politik als handlungsfähig erweisen. Dabei ist Verhältnismäßigkeit ein Kernprinzip des demokratischen Rechtsstaates und muss aus liberaler Sicht ständig austariert werden, ohne etatistischen oder anti-etatistischen Reflexen zu verfallen. Rationale Distanz und verhältnismäßige Abwägung sind hierbei unverzichtbar. Zugleich sind Optimismus und Anpassungsfähigkeit in Krisenzeiten wichtiger denn je. Empörung hingegen ist keine Lösung. Im Gegenteil: In einer Zeit medialer Daueraufregung ist »Entpörung« zwingend erforderlich. Der zunehmend moralisierende, alarmistische und unversöhnliche Diskurs in Medien und Politik führt andernfalls zu einer Negativspirale unversöhnlicher Polarisierung, die jede Kompromissfindung erschwert.

In der Zeit vor Corona hatten kulturelle Streitfragen die bis dahin vorherrschenden sozioökonomischen Themen teilweise in den Hintergrund gedrängt. Deshalb möchte ich hier einige Kerngedanken aus meinem Buch *Die Angst-Unternehmer: Wie die neue Polarisierung die offene Gesellschaft gefährdet* herausgreifen und im aktuellen Kontext darlegen, um zu zeigen, dass ein gesellschaftlicher Wandel nach Corona umso wichtiger ist. Die damit verbundenen Fragestellungen erfordern jedoch eine andere politische Agenda.

Empörung ist keine Lösung.

Für die Dauer der Corona-Krise muss sich Politik in wirtschaftlicher und gesellschaftlicher Hinsicht als handlungsfähig erweisen und eine steuernde Rolle übernehmen. Dazu gehören klare Exit- bzw. Renormalisierungsstrategien. Das gilt vor allem deshalb, weil sich bereits bestehende wirtschaftliche Herausforderungen durch den Trend zur Digitalisierung und die Problematik einer überhöhten Schuldenlast immer weiter verschärfen. Dabei kann De-Globalisierung für das Exportland Deutschland keine Alternative sein. Wir müssen uns vielmehr wirtschaftlich und gesellschaftlich gegenüber der Welt weiter öffnen. Denn nach Corona drängen sich auch »alte«

Themen wieder neu auf. Deshalb wird in den 2020er-Jahren wieder mehr Aufmerksamkeit für sozioökonomische Fragen benötigt, damit wir als Land nicht absteigen, sondern Aufstiegschancen für alle bieten können.

VOR CORONA: IT'S THE IDENTITY, STUPID!

Für Liberale sind die mit der Corona-Pandemie verbundenen Beschränkungen grundsätzlich problematisch. Doch schon der utilitaristische Ethiker und liberale Vordenker John Stuart Mill (1806–1873) sagt unmissverständlich, dass Freiheit beschränkt werden kann und soll, wenn es darum geht, die eigene und die Freiheit anderer zu schützen. Die Einschränkung von Freiheitsrechten sollte deshalb von Liberalen nicht reflexmäßig zu einem unüberwindlichen Problem hochstilisiert werden. Sie muss allerdings gut begründet und zeitlich begrenzt sein sowie immer wieder neu abgewogen werden.

Schon vor Corona war die Welt nicht immer einfach. Seinerzeit standen Kultur- und Identitätsfragen ganz oben auf der Agenda. Die klassischen sozioökonomischen Konflikte sind zwar noch immer Thema, geraten aber zunehmend in den Hintergrund. Es ist geradezu paradox: Die Welt wird tendenziell besser, doch unsere Sicht auf sie wird eher pessimistischer. Der Kanadier Steven Pinker gehört zu den weltweit führenden Psychologen und Kognitionswissenschaftlern. Sein lesenswertes Plädoyer für Aufklärung und Fortschritt ist derzeit im Chor der Zukunftspessimisten noch die Ausnahme.[43] Liberale haben es in einem moralisch überfrachteten, aggressiven Diskurs immer schwer. Wer sachlich und nüchtern argumentiert, wird häufig nicht als hinreichend kompetent bzw. führungsstark, sondern vielmehr als weniger empathisch wahrgenommen. Der kühle Kopf wird so im Auge des Betrachters zum kalten Herzen. Wer ausschließlich moralisch argumentiert, ist in emotional

Schon vor Corona war die Welt nicht immer einfach. Seinerzeit standen Kultur- und Identitätsfragen ganz oben auf der Agenda.

aufgeladenen Zeiten klar im Vorteil. Wer nüchtern abwägt, wirkt dagegen nicht engagiert, sondern distanziert.[44]

Ob konservative Kulturpessimisten, die den Verfall der Sitten an die Wand malen, oder Öko-Pessimisten, die vor Wachstum und Klimawandel warnen – in meinem Buch *Die Angst-Unternehmer* benenne ich die Faktoren und Trends, die zu Polarisierung und Spaltung führen. Die überraschenden Erfolge von Donald Trump oder Greta Thunberg haben bei aller Unterschiedlichkeit dieselben Wurzeln: die Angst vor der Zukunft und der Komplexität der Moderne. Sowohl der amtierende US-Präsident als auch die Klimaaktivistin bieten dagegen die größtmögliche Vereinfachung. Jedoch: ob von links oder rechts, Identitätspolitik als neuer Kristallisationspunkt gesellschaftlicher Auseinandersetzung ist brandgefährlich. An einer ausgewogenen Reaktion auf bestehende Ungerechtigkeiten wäre nichts auszusetzen. Das zunehmend reflexhafte und moralisierende Verhalten statt ernsthaften und notwendigen Abwägens von Ungleichheiten gefährdet jedoch den rationalen Diskurs. Daher ist es umso erfreulicher, wenn rund 150 Persönlichkeiten aus Kultur- und Wissenschaft in dem offenen Brief »A Letter on Justice and Open Debate«[45] ein »Klima der Intoleranz« konstatieren und mehr Toleranz in der Debattenkultur einfordern.

Das zunehmend reflexhafte und moralisierende Verhalten statt ernsthaften und notwendigen Abwägens von Ungleichheiten gefährdet den rationalen Diskurs.

Liberale Demokratie kann ohne Rede- und Meinungsfreiheit nicht funktionieren. Der Trend zu bewusster Moralisierung und Emotionalisierung von Debatten ist daher eine Gefahr für den gesellschaftlichen Diskurs. Fachkompetenz und der Austausch von Argumenten werden durch Emotionalisierung, Moralisierung und Identitätsgeschwafel ersetzt. Diese Methode kann getrost auf Professionalität und Seriosität verzichten, denn ihr Rezept ist ausschließlich kompromisslose Schwarz-Weiß-Malerei. Genau das aber gefährdet unsere liberale Demokratie, die ohne Rede- und Meinungsfreiheit nicht auskommt.

Die Angst vor Kontrollverlust bildet dabei auch das Bindeglied zwischen der Migrations- und der Klimadebatte, zwischen linker und rechter Emotionalität. Der Umgang mit Angst gehört zu den zentralen psychologischen

Herausforderungen unserer Zeit. Der Alarmismus auf beiden Seiten ist inzwischen so groß, dass rationale Debatten selten werden und Kompromisse kaum noch möglich sind. Wenn vermeintlich die Welt untergeht, haben Rücksicht und Differenzierung keine Chance: Wer Kontrollverlust fürchtet, neigt zu einseitigen und extremen Lösungen. Das gilt auch in veränderter Form für die Corona-Debatte.

Wer Kontrollverlust fürchtet, neigt zu einseitigen und extremen Lösungen.

Können Menschen Freiheit verlernen? Bundestagspräsident Wolfgang Schäuble hat mit der an sich banalen Feststellung, dass neben dem Schutz des Lebens auch Menschenwürde und Freiheit zur Abwägung gehören, für Aufregung gesorgt. Aber wieso muss derjenige sich verteidigen, der eine Verhältnismäßigkeitsabwägung bei Grundrechtseingriffen fordert – und nicht umgekehrt? Die ausschließliche Fokussierung auf virologische Aspekte hat die ethischen, psychologischen und ökonomischen Facetten der Corona-Krise in den Hintergrund gedrängt. Die Folge ist, dass Menschen sich nicht trauen, zum Arzt zu gehen, auch wenn eine notwendige Operation ansteht. Den Belangen von Schülern und Eltern im Bezug auf Kindergärten und Schulen wird nicht die erforderliche Aufmerksamkeit zuteil. Verhältnismäßigkeit heißt aber, alle Folgen abzuwägen. Die Regierung hat zu Beginn der Krise vor allem auf Virologen und nicht auf andere Mediziner und erfahrene Wissenschaftler gehört. Auch Experten aus Bildung und Wirtschaft, Sicherheitsbehörden und Psychologen müssen hier beteiligt werden.

NACH CORONA: IT'S THE ECONOMY, STUPID!

Im US-Präsidentschaftswahlkampf 1992 stand für Bill Clinton noch fest: »It's the econonomy, stupid!«. Donald Trump hingegen schert sich nicht um das Coronavirus und die wirtschaftlichen Folgen der Pandemie. Lieber schwingt er sich zum Verteidiger historischer Statuen auf. Dieser bizarre Vorgang macht deutlich: ohne Kulturkampf kein Wahlerfolg. Der nüchterne Blick auf die wenig verheißungsvolle wirtschaftliche Lage ist nicht nur in den USA, sondern auch bei uns das Gebot der Stunde.

Die Klimabewegung war zunächst durch den unvermittelten Bedeutungsverlust des Themas und den Gedanken verstummt, dass der Corona-Stillstand vielleicht doch nicht als »grüne Verheißung« wahrgenommen würde. Viele spüren (noch) keine wirtschaftlichen Existenzprobleme, manche schwärmen gar von unverhoffter Entschleunigung. Die einen reden über »Erholung vom Hamsterrad«, andere sehen den Corona-Stillstand als Blaupause für den Klimanotstand: keine Flüge, Autobauer in der Krise, eingeschränkter Konsum. Die sozialen und ökonomischen Folgen der Krise sind jedoch dermaßen verheerend, dass in Deutschland, Europa und der Welt gigantische Konjunktur- und Wirtschaftspakete geschnürt werden, um das Schlimmste abzufedern. Auch in Brüssel wird diskutiert, ob man die Welt zwei Mal retten kann. Zuerst Billionen für Corona, und dann Billionen für den Green New Deal? Der EVP-Vorsitzende Manfred Weber hat unlängst ausgesprochen, was in der Wirtschaft viele denken, sich aber nicht laut zu sagen trauen. Er sprach von »Gesetzgebung im Blindflug«[46],wenn der »Green Deal« der EU-Kommission in der Corona-Krise so umgesetzt werde, als sei nichts geschehen. Angesichts dieser weltweit schwersten Wirtschaftskrise seit den 1930er-Jahren muss in der Tat zunächst thematisiert werden, wie es der Wirtschaft geht und ob sie gegebenenfalls zusätzliche Auflagen verkraften kann. Diese Debatte lässt sich nicht endlos auf die lange Bank schieben.

Bundeswirtschaftsminister Altmaier versichert, dass kein Arbeitsplatz verloren gehe und kein Unternehmen pleitegehen müsse.[47] Nachdem jahrelang jeder Euro umgedreht worden ist, wird nun in blindem Aktionismus ein Hilfspaket nach dem anderen verabschiedet. Geld spielt offenbar keine Rolle. Zeitgleich erleben wir den größten historischen Umbruch seit der Industrialisierung im 19. Jahrhundert. Auf die Automatisierung der Produktion folgt jetzt die umfassende Digitalisierung der Gesellschaft. Das bietet große Chancen, schafft aber auch neue Herausforderungen.

Die Pandemie forciert technologische Trends wie Automatisierung und Roboterisierung, den Einsatz von Drohnen sowie Diskussionen über Software und künstliche Intelligenz (KI). In Sachen Automatisierung und

Industrie 4.0 ist die deutsche Wirtschaft in Teilbereichen schon heute gut aufgestellt. Bei Software, KI und Plattformökonomie sind dagegen andere führend: Hier besteht dringender Handlungsbedarf. War nicht vor Corona schon die Tendenz zu einer gewissen Form von »Social Distancing« erkennbar? Der stationäre Handel bricht ein, Kurierdienste bieten kontaktlose Lieferungen an. Lieferdienste setzen verstärkt auf Drohnen und Roboter. Die Corona-Krise offenbart die vielen Facetten der Digitalisierung. Aus der Not geboren entdecken viele Firmen und Mitarbeiter Formen von »new work«, und Kosten werden gespart, weil Reisen entfallen. Unternehmen und Institutionen erkennen und werben damit, wie gut Homeoffice und Video-Meetings gelingen. Diese Krise kann einen Kulturwandel zur Folge haben, der in manchen Bereichen zu nachhaltigem Fortschritt führt. Insbesondere bei Dienstreisen und dem Infragestellen der Präsenzkultur kann die Corona-Krise unsere Gesellschaft nachhaltig verändern.

Die Corona-Krise offenbart die vielen Facetten der Digitalisierung.

Die Krise trifft auch Wirtschaftsbereiche, die in Zeiten »normaler« Rezessionen nicht so primär betroffen sind: Tourismus, Gastronomie und die Kulturszene verzeichnen massive Einbußen. Zu den Gewinnern zählen neben der Pharmaindustrie besonders Anwendungen der künstlichen Intelligenz (KI), weil hier innovative Lösungen entstehen, um die Verbreitung des Virus einzudämmen.

Auch in Sachen Mobilität zeichnet sich – zumindest kurz- und mittelfristig – ein verändertes Verhalten ab. Das Deutsche Zentrum für Luft- und Raumfahrt (DLR) hat in seiner Studie »Wie verändert Corona unsere Mobilität?« festgestellt, dass öffentliche Verkehrsmittel angesichts der Covid-Pandemie deutlich weniger nachgefragt werden.[48] Die individuelle Mobilität hingegen erlebt einen neuen Aufschwung. Ob Rad, E-Bike, Roller oder der viel kritisierte Pkw: Sicherheit und Flexibilität spielen in diesem Zusammenhang eine zentrale Rolle, denn der Wohlfühlfaktor ist hier doch ungleich höher als in Bus oder Bahn. Geld verdienen mit Carsharing war schon vor der Krise nicht einfach und auch der hohe Kfz-Bestand in den Ballungszentren geht nicht spürbar zurück.

Der Lockdown in Gesellschaft und Wirtschaft vollzieht sich mit atemberaubender Geschwindigkeit und fast synchron. Doch das »Hochfahren« braucht seine Zeit. Auch wenn sich die Produktion wieder schneller ankurbeln lässt als andere Bereiche der Wirtschaft: Die Lust zu konsumieren oder zu investieren hat massiv abgenommen. Nur wer Vertrauen in die Zukunft hat, trifft auch Konsum- und Investitionsentscheidungen.

Das Wort »Kredit« stammt bekanntlich vom lateinischen »credere«, was so viel heißt wie »glauben« oder »vertrauen.« Nachhaltiges Wirtschaften hat mit Verantwortung und Haftung, Sparen und Investieren zu tun: ohne Vertrauen in die Zukunft kein Kapitalismus und ohne Kapitalismus keine funktionierende Marktwirtschaft.

Der Großinvestor William »Bill« H. Gross kritisiert daher die Niedrigzinspolitik der US-amerikanischen Notenbank Fed. Nach seiner Auffassung ist Kapitalismus untrennbar mit der Aussicht auf Rendite verbunden. »Kapitalismus braucht Hoffnung«, schreibt er an seine Investoren, »vernünftige Hoffnung darauf, dass ein Investor sein Geld mit einer attraktiven Rendite verzinst zurückbekommt[49].« Genau das aber ist bei der momentanen Nullzinspolitik nicht mehr der Fall. Ein positiver Zins gehört zum Kapitalismus, weil er Wachstum und Fortschritt belebt. Er motiviert Menschen dazu, heute zu verzichten, um morgen mehr zu erhalten – ein »Preis für die Zeit.« Für linke und rechte Extremisten ist das jedoch Teil ihres Feindbildes, ebenso wie für orthodoxe Islamgelehrte oder Anhänger des frühen Christentums. Kapitalverzinsung und Kapitalrendite sind aber seit Jahrhunderten Lebenselixier und Kompass einer funktionierenden Privatwirtschaft, nur: Wer kein Vertrauen in die Zukunft hat, investiert nicht.

Wer kein Vertrauen in die Zukunft hat, investiert nicht.

Die Schuldenberge des staatlichen, aber auch des privaten Sektors werden weiterwachsen. Der Coronaschock veranlasst die Zentralbanken zu noch aggressiverer Geldpolitik, die sich in Verbindung mit einer expansiven Fiskalpolitik von den USA bis Deutschland auswirkt. Die indirekte Finanzierung von Staatsschulden durch die Notenbanken wird bisher nicht gekannte Höhen erreichen. Es droht eine teilweise De-Globalisierung und eine enorme Ausweitung der Staatswirtschaft.

WENN DIE CORONA-ANGST DEN STAAT ZUM LEVIATHAN MACHT[50]

Um eine weitere Krise nach der Krise zu verhindern, sind anstelle planwirtschaftlicher Vorgaben wieder Haftung, Verantwortung und unternehmerisches Handeln gefordert.

In einer Pandemiekrise ist zwar der Staat gefragt. Wenn aber die Angst vor dem Tod alles überlagert, wird der Staat zum Leviathan. In den letzten Jahren haben Klima und Migration den politischen Diskurs bestimmt. Daraus konnten »Angst-Unternehmer« wie Donald Trump oder Greta Thunberg problemlos und ohne nennenswerten Aufwand Kapital schlagen.[51]

Die Corona-Angst ist jedoch viel diffuser, verbreiteter und bedrohlicher. Vor allem ist kein Ende abzusehen. In dieser Situation verspricht der Staat Sicherheit und gewinnt dabei immer mehr Macht. Was bereits Thomas Hobbes (1588–1679) in seinem Werk *Leviathan* Mitte des 17. Jahrhunderts skizziert hat, ist heute wieder erstaunlich aktuell: Wenn die Angst vor dem Tod dauerhaft regiert, wird der Staat zum allumfassenden Leviathan und läuft Gefahr, die liberale Werteordnung zu verschlingen.

Eine Ausnahmesituation ist naturgemäß die Stunde der Exekutive. Aus dieser Stunde werden aber Wochen und Monate. Schnelle und entschiedene Maßnahmen zu Beginn der Krise waren geboten, um Schlimmeres zu verhüten. Der rapide Ausbau von Kapazitäten im Gesundheitssystem hat etwa gemeinsam mit dem freiwilligen Wechsel zahlreicher Firmen zur Produktion medizinischer Güter wie Schutzkleidung, Masken und Desinfektionsmittel mitgeholfen, Eskalationen wie in Italien, Spanien oder den USA zu vermeiden.

In einer solchen Krise ist aber auch eine autoritäre Versuchung angelegt. Die zentralen Grundrechte der Freiheit der Person, der Versammlungsfreiheit, der Freizügigkeit und der Unverletzlichkeit der Wohnung wurden per Verordnung der Bundesregierung ohne Begrenzung und ohne zeitliche Befristung eingeschränkt. Das Wort »Öffnungsdiskussionsorgie« darf nicht zu einer neuen Variante von »Alternativlosigkeit« werden. Debatten über die Einschränkung von Grundrechten sind weder alternativlos noch eine Orgie. Angela Merkel, die diesen Begriff in einer Sitzung des CDU-Präsidiums verwendet hat, war schon zuvor strikt dagegen, über Öffnungen auch nur zu diskutieren – ein Demokratieverständnis, das für sich selbst spricht.

Die australische Politikwissenschaftlerin und Psychologin Karen Stenner hat das problematische Verhältnis von Angst und Macht bereits 2005 auf den Punkt gebracht: Je mehr Angst Menschen vor Bedrohungen haben, umso eher neigen sie zur Unterstützung autoritärer Maßnahmen und Personen. Politiker, die als führungsstark wahrgenommen werden, vermitteln ein Gefühl von Sicherheit, gerade in unruhigen Zeiten, wie wir sie aktuell erleben. In Deutschland ist dabei eine gefährliche Eigendynamik zu beobachten. Einzelne Ministerpräsidenten im Süden und Westen der Republik befinden sich in einem Wettbewerb um den Titel des entschiedensten Gesundheitsschützers. Hier wird eine starke parlamentarische Kontrolle und das permanente Abwägen der Verhältnismäßigkeit gebraucht, um unsere liberale Gesellschaftsordnung nicht substanziell zu beschädigen.

Weniger Reisen und vor allem Flüge, weniger Konsum, die Krise in der Automobilwirtschaft und eine signifikante Reduktion des CO_2-Ausstoßes sind Auswirkungen der Corona-Krise. Während viele Bürger um ihren Arbeitsplatz und ihre Zukunft bangen, sehen manche Kommentatoren in Corona eher eine Art »grüne Utopie«. Der Ökonom Niko Paech oder der Philosoph Richard David Precht wünschen dagegen ein Abwickeln der bestehenden Wirtschaftsordnung und deuten die Corona-Krise als versteckten Segen, der uns zwangsweise vom Turbokapitalismus befreit. Das Aussetzen von Freiheitsrechten gilt manchen als Blaupause für den Klimanotstand. In meinem Buch *Die Angst-Unternehmer* nenne ich diverse Beispiele für dieses »ökoritäre« Denken.

Eine Welt ohne Wachstum verhindert sozialen Aufstieg und entkernt die soziale Marktwirtschaft. Angesichts wachsender wirtschaftlicher Sorgen wird grüne Verzichtsideologie für immer weniger Menschen attraktiv. Die wirtschaftliche Brisanz von Corona für zahlreiche Haushalte ist unbestreitbar. Nicht erst seit der Corona-Krise befinden wir uns in einer Phase weltweit niedriger Zinsen und Renditen. Damit geht eine schleichende Enteignung von Sparern bei gleichzeitigen Vorteilen für Schuldner

Das Aussetzen von Freiheitsrechten gilt manchen als Blaupause für den Klimanotstand.

einher. Dieser Pumpkapitalismus untergräbt auch die früher von Politik und Finanzwirtschaft gepredigte Altersvorsorge und gerät zunehmend an seine Grenzen. Das von den Zentralbanken munter gedruckte Geld im Verbund mit einer extrem expansiven staatlichen Fiskalpolitik wird diese Problematik noch verschärfen, auch wenn das wirtschaftliche Tal möglichst schnell durchschritten werden muss.

Der zeitgleiche globale Schock bei Angebot und Nachfrage, kombiniert mit einem rapiden Ölpreisverfall, wirkt dazu kurzfristig deflationär. Die Krise nach der Krise wird heftig. Nach einer massiven Rezession droht der sogenannte Ketchup-Effekt: Zunächst kommt nichts, dann viel zu viel in einem Schub, so wie bei einer umgedrehten Ketchup-Flasche, auf deren Boden man mit der flachen Hand schlägt.

Volkswirtschaftlich könnte auf eine schwere Rezession eine schnelle konjunkturelle Erholung mit unkontrollierbaren Preisschüben folgen. Erst Shutdown, dann Hilfsprogramme und bald darauf Verstaatlichungen: Eine derartige Ausweitung der Staatswirtschaft war bis vor Kurzem noch unvorstellbar. Deshalb ist es jetzt höchste Zeit, dass Eigenverantwortung bei unternehmerischem Handeln einschließlich Haftung statt planwirtschaftlicher Vorgaben wieder einen neuen Stellenwert erhalten, wenn Deutschland wirtschaftlich Vorzeigeland bleiben will.

Die aktuelle Entwicklung birgt deshalb eine große Gefahr, weil sie Tendenzen verstärkt, die bereits vor der Corona-Krise vorhanden waren: Zuerst im Energiebereich und dann in der Automobil- und der Wohnungswirtschaft hat der Staat marktwirtschaftlichen Wettbewerb immer weiter zurückgedrängt. Planwirtschaftliches Denken wurde vorherrschend. Die Schlüsselindustrie Fahrzeugbau steckt heute nicht zuletzt deshalb in der Krise, weil diese politisch mitverursacht ist. Auch Auswirkungen auf die Wertschöpfungsketten im Maschinenbau und der chemischen Industrie sind unverkennbar.[52]

»Elektroantrieb ist gut, Verbrennungsmotor schlecht«: So lautet das derzeit propagierte Paradigma, wenn es ums Auto geht. Sowohl auf nationaler als auch auf europäischer Ebene wird deshalb mithilfe von Fahrverboten für Dieselfahrzeuge, Subventionen und immer schärferen CO_2-Flottenzielen der Bau von Elektroautos erzwungen und Verbrennermotoren werden ausgemustert. Als nächstes politisches Instrument ist die Einführung einer CO_2-Steuer im Bereich Verkehr zu erwarten. Die deutschen Unternehmen riskieren und investieren viel, um sich ihre Vorreiterrolle im Automobilbau auch im Bereich E-Mobilität zu sichern. Beide Antriebsarten haben jedoch Vor- und Nachteile. Technologieoffenheit anstatt einseitiger Fokussierung auf den E-Antrieb wäre die angemessene politische Antwort.

Zweifellos ist der E-Antrieb wegen seiner geringeren Schadstoff- und Lärmemissionen besonders in Ballungsräumen sinnvoll. Auch bei den Fahreigenschaften kann er punkten, weil er das volle Drehmoment direkt auf die Straße überträgt. Auf Langstrecken ist hingegen der Verbrennungsmotor wegen seiner größeren Reichweite klar im Vorteil. Zusätzlich zum Potenzial des Verbrennermotors, der noch sauberer und spritsparender werden kann, bietet die Hybridisierung die Möglichkeit, die Vorteile von Elektro- und Verbrennungsmotoren zu verbinden: emissionsfreies Fahren im Stadtverkehr und zugleich Reichweite auf Langstrecken. Doch anstatt ohne Scheuklappen und mit marktwirtschaftlichen Anreizen für Innovationen auch andere neue Technologien zu fördern (zum Beispiel E-Fuels und Wasserstoff), wird mittels staatlicher Subventionen für E-Fahrzeuge wie Kaufprämien, Zuschüssen für Ladestationen und diversen Steuervorteilen planwirtschaftlich allein auf batteriebetriebene E-Mobilität gesetzt. Die Konsequenz ist die Einstellung der Produktion kleiner, preiswerter Fahrzeuge mit Verbrennungsmotoren, wie die von VW Up, Ford Ka, Smart oder Opel Adam, obwohl die Nachfrage nach diesen Kleinwagenmodellen ungebrochen ist. Wenn aber anstelle von Angebot und Nachfrage die Politik bestimmt, welche Autos gebaut werden, wird damit die Ära einer »grünen Planwirtschaft« eingeleitet.

In der Gesamtbilanz wird der Verkehr nicht ökologischer, wenn Kleinwagen ausgemustert und größere Fahrzeuge elektrifiziert werden. Durch die Batterieproduktion und den Abbau benötigter Rohstoffe entsteht zusätzlich CO_2. So ist laut VW ein E-Golf erst ab einer Laufleistung von 125 000 Kilometern sauberer als ein baugleicher Golf TDI. Größtes Kaufhindernis sind trotz E-Kaufprämie vor allem der Preis, aber auch die auf absehbare Zeit unzureichende Lade-Infrastruktur und die langen Ladezeiten. Größter Kostenfaktor bleibt auch bei steigenden Produktionszahlen die Batterie. Ohne einen technologischen Innovationssprung wird sich daran nichts ändern. Die Elektrifizierung des Antriebsstrangs vereinfacht zwar die Technik, aber das Fahrzeug wird teurer. Diese Preis-Leistungs-Schere führt zu einem massiven Kosten- und Margendruck bei den Herstellern und zu einem beträchtlichen Abbau bzw. einer Verlagerung von Arbeitsplätzen – im Ergebnis ein doppeltes E-Mobilitäts-Paradoxon.

Hinzu kommt, dass die Hersteller aufgrund politischer Vorgaben zur Einsparung von CO_2 mithilfe elektrifizierter Nobelfahrzeuge den Ausstoß ihrer übrigen Flotte ausgleichen müssen. Das ist nicht nur kostentreibend, sondern führt auch zu skurrilen Lösungsansätzen. So hat Fiat Chrysler ein Abkommen mit Tesla geschlossen, um die eigenen Fahrzeuge mit Teslas CO_2-Bilanz »sauber zu kaufen«. Diese Art Planwirtschaft hat zur Folge, dass Einstiegsmobilität massiv teurer wird. Autofahren wird dadurch zum Luxus und auf mittlere Sicht für Menschen mit kleineren und mittleren Einkommen kaum noch bezahlbar.

Auch aus industriepolitischer Sicht ist der planwirtschaftlich forcierte Wechsel zur batteriebetriebenen E-Mobilität besonders für Deutschland nicht ungefährlich. Abgesehen von der deutlich geringeren Fertigungstiefe und dem Verlust deutscher Wertschöpfung bei der Herstellung gefährdet die Abhängigkeit von Rohstoffen wie Kobalt und Seltenen Erden, die sich großenteils in chinesischer Hand befinden und ohne Rücksicht auf Umweltschäden abgebaut werden, substanzielle Teile der Autoproduktion und damit eine deutsche Schlüsselindustrie. Käme das Ende des Verbrennungsmotors, würde das hierzulande laut Ifo Institut einen Wertschöpfungsverlust von 13 Prozent bzw. 48 Milliarden Euro bedeuten.

Wenn anstelle von Angebot und Nachfrage der Staat bestimmt, welche Autos gebaut werden, beginnt das neue Zeitalter grüner Planwirtschaft. Statt auf Technologieoffenheit wird dann nur noch auf die batteriebetriebene Elektromobilität gesetzt. Wenn deren Vorteile im städtischen Raum gesichert und die doppelt unsoziale Politik mit ihren massiven Auswirkungen für Fachkräfte in der Automobilindustrie und auf Geringverdiener ver-

Wenn anstelle von Angebot und Nachfrage der Staat bestimmt, welche Autos gebaut werden, beginnt das neue Zeitalter grüner Planwirtschaft.

hindert werden sollen, dann haben wir jetzt die letztmalige Chance, eine marktwirtschaftliche Trendwende einzuleiten.[53]

Was Etatisten wünschen und Liberale befürchten, ist, dass die Corona-Krise wie ein Katalysator zur Aushöhlung der Marktwirtschaft wirkt. Noch wird der Staat als Freund und Helfer wahrgenommen. Jetzt kommt es aber darauf an, die freiheitliche marktwirtschaftliche Ordnung wieder zu stärken, damit der *Leviathan* von Thomas Hobbes nicht zur Grundlage einer neuen Wirtschafts- und Gesellschaftsordnung wird.

AUFSTIEG, LEBENSCHANCEN UND WOHLSTAND IN DEN 2020ER-JAHREN

Das Konzept der Lebenschancen, wie es der Soziologe und liberale Vordenker Lord Ralf Dahrendorf (1919–2009) entwickelt hat, ist für überzeugte Liberale ein zentrales Leitmotiv freiheitlicher Wertvorstellungen. Wie muss eine Gesellschaft organisiert sein, damit sie möglichst vielen Menschen möglichst viele Chancen bietet? Der Staat kann und darf nicht der Gleichmacherei Vorschub leisten. Es ist vielmehr seine Aufgabe, jedem Einzelnen faire Möglichkeiten und Optionen für seinen persönlichen Lebensentwurf zu eröffnen. Dabei ist immer wieder auch der Hinweis auf den gesellschaftlichen Kontext und seine Bindungen erforderlich, was Dahrendorf »Ligaturen« nennt.

Nur eine offene Gesellschaft im Sinne des Philosophen Karl Popper (1902–1994) bietet einer größtmöglichen Zahl von Bürgerinnen und Bürgern – unabhängig von Herkunft oder Geschlecht – individuelle Chancen zu sozialem Aufstieg. Aus philosophischer, politischer und ökonomischer Sicht kann eine Gesellschaft nur dann erfolgreich sein, wenn »Talent, Technology and Tolerance«[54] gegeben sind, wie es der US-amerikanische Ökonom und Hochschullehrer Richard Florida überzeugend dargelegt hat. Unser Land muss somit offen sein für Einwanderung und Aufstiegschancen für alle bieten. Auch ich

Wie muss eine Gesellschaft organisiert sein, damit sie möglichst vielen Menschen möglichst viele Chancen bietet?

selbst habe einen familiären Migrationshintergrund. Aber anders als meine Eltern und Großeltern hatte ich das Privileg, studieren zu können. Dank Stipendien, Ferienjobs und Unterstützung durch die Eltern wurde mir dadurch eine Ausbildung ermöglicht, die jedem offenstehen sollte.

Geht es den Millennials bald nicht mehr so gut wie ihren Eltern? Vermögensaufbau ist heute schwieriger zu leisten als früher. Das lässt sich auch an der wachsenden Problematik beim Erwerb von Wohneigentum festmachen, der heute eine immer größere Risikobereitschaft erfordert. Wer in einem Ballungsgebiet lebt und keine Erbschaft erwarten kann, hat es in dieser Hinsicht schwer. Aufgabe der Politik ist es deshalb, aus Deutschland eine Eigentümernation zu machen. Neben Freiheit und Rechtsstaatlichkeit ist privates Eigentum von entscheidender Bedeutung für das Funktionieren einer freiheitlich geprägten Gesellschaftsordnung. Gleichzeitig nimmt die Unsicherheit bezüglich der persönlichen Zukunft gerade unter Millenials immer weiter zu. Wo früher der einmal gewählte Beruf häufig eine lebenslange Konstante bildete, sorgen sich heute viele um die eigene Perspektive inmitten einer immer schnelleren, immer wechselhafteren Arbeitswelt. Bildung ist hier die beste Lösung, um nicht nur den heutigen Herausforderungen, sondern auch kommenden, noch unbekannten Problemen gewachsen zu sein. Es gilt daher, das lebenslange Lernen als emanzipatorische, positive Chance sowohl für Einzelne als auch für unsere Gesellschaft zu deuten. Um dessen Möglichkeiten und Vorteile zu nutzen, braucht man aber sachgerechte, zeitgemäße und teils deutlich flexiblere rechtliche Rahmenbedingungen, wie sie gerade ein liberaler Ansatz bieten kann.

Sozialer Aufstieg und Wohlstand sind ohne wirtschaftliches Wachstum nicht möglich.

Sozialer Aufstieg und Wohlstand sind ohne wirtschaftliches Wachstum nicht möglich. Wer Wachstum verteufelt oder einschränken will, konserviert den sozialen Status quo. In einer Welt ohne Wachstum wären erbitterte Verteilungskämpfe unvermeidlich. Innovationen machen es jedoch möglich, Wachstum und Ressourcenverbrauch zu entkoppeln. Viele bestehende Probleme sind mit plumpen Restriktionen und Denkverboten aber nicht zu lösen. Diese schränken vielmehr die Freiheiten immer weiter ein und hemmen geradezu die Lösungsfindung. Statt immer mehr einzuschränken, muss es daher heißen: »Mehr forschen, mehr investieren, mehr bewegen«.

Die Abstände zwischen den Innovationszyklen werden immer kürzer. Gerade die 2020er-Jahre werden von der Fähigkeit bestimmt sein, sich für den technischen Fortschritt zu öffnen. Wir leben in einer Welt geradezu exponentieller Technologiesprünge. Das ist jedoch keine Bedrohung von Wohlstand, sondern Grundlage für sozialen und ökologischen Fortschritt. Der schwedische Schriftsteller Johan Norberg hat in seinem Buch *Fortschritt* eindrucksvoll dargelegt, dass die Lebensbedingungen in der Welt dank der sozialen Marktwirtschaft kontinuierlich besser werden. Die Freien Demokraten sind wie keine andere Partei offen für Wissenschaft und Fortschritt. Schließlich ist eine ihrer historischen Wurzeln die Deutsche Fortschrittspartei.

Den Titel von Dale Carnegies Bestseller *Sorge dich nicht, lebe* hat Steven Pinker in *Sorge dich nicht, forsche* abgewandelt und empfiehlt: »Verstärken wir unsere Selbstkontrolle und die Beherrschung unserer Emotionen.«[55] Systemische Resilienz ist auch in gesellschaftlicher Hinsicht erforderlich, um angesichts ständiger Erregungs- und Disruptionsspiralen »normal« zu funktionieren. Die Anpassungsfähigkeit moderner Gesellschaften in Zeiten permanenten Wandels ist ein Schlüssel zum Wohlstand und damit eine Chance zum sozialen Aufstieg.

Wir stehen an einer Weggabelung. Erleben wir gerade ein verlorenes Jahrzehnt, eine Phase der De-Globalisierung und einen Staat, der in wirtschaftlicher und gesellschaftlicher Hinsicht paternalistisch immer stärker in das Leben von Bürgern und Unternehmen eingreift? Einiges spricht dafür, zum Beispiel dass immer mehr Menschen eine staatsgläubige und kollektivistische Denkweise einnehmen und diese Entwicklung von zahlreichen selbsternannten »Welterklärern« in den Medien noch begünstigt wird.

Die Anpassungsfähigkeit moderner Gesellschaften in Zeiten permanenten Wandels ist ein Schlüssel zum Wohlstand und damit eine Chance zum sozialen Aufstieg.

Wirtschaftshistorisch gesehen ist Globalisierung aber nichts anderes als Entgrenzung und ist damit per se ein liberales Projekt. Der Markt und der technologische Fortschritt sind die Kernbereiche dieser nunmehr seit Jahrhunderten anhaltenden Entwicklung. Der Bedeutungsverlust räumlicher Grenzen durch neue und kostengünstige Transportmethoden sowie die digitale Kommunikation wurden nicht am Reisbrett staatlicher Planung »top down« erfunden, sondern »bottom-up« am Markt von einzelnen Akteuren entwickelt und verbessert.

Ausgerechnet im exportabhängigen Deutschland ist Globalisierungskritik noch immer »en vogue«, obwohl unser wirtschaftliches Geschäftsmodell und unser Wohlstand auf den Vorteilen internationaler Arbeitsteilung beruhen. Was David Ricardo und Adam Smith erdacht haben, ist im Kern bis heute richtig und sollte weder von Protektionisten von rechts à la Trump noch von esoterischen Post-Wachstumsträumern und Globalisierungskritikern aus dem links-grünen Zeitgeistspektrum gefährdet werden.

Die Welt ist nicht schwarz und nicht weiß. Auch wenn es zu einer gewissen De-Globalisierung kommen sollte, darf daraus keine Spirale des Isolationismus entstehen. Im Bereich der Hochtechnologie oder bei der Versorgung mit Arzneimitteln sind zu lange zu komplexe Produktionsketten entstanden, die ein Stück weit durch europäische Lösungen in einer vernünftigen Balance gehalten werden müssen. Ohne die Wohlstandsgewinne, die die globale Arbeitsteilung gerade für uns in Deutschland mit sich bringt, sähe unsere Welt ganz anders aus.

Wenn es gelingt, unsere gesellschaftliche und wirtschaftliche Freiheit zu bewahren, bieten die 2020er-Jahre eine Fülle von Chancen. Liberalismus braucht immer auch die internationale Perspektive. Schon der Vater der Gewaltenteilung, der französische Aufklärer Montesquieu (1689–1755), hatte erkannt, dass es »die natürliche Wirkung des Handels [ist,] Frieden zu bringen. Zwei Völker, die miteinander Handel treiben, machen sich voneinander abhängig: wenn eines von ihnen Interesse hat, zu kaufen, so liegt dem anderen daran zu verkaufen; und alle Vereinbarungen beruhen auf den wechselseitigen Bedürfnissen.«[56] Handel steigert den Wohlstand und beseitigt störende Vorurteile.

Als Exportnation brauchen wir offene Grenzen für Menschen und Ideen, Waren und Dienstleistungen. Vor allem aber brauchen wir mehr Investitionen in die Zukunft, insbesondere in den Bereichen Bildung, Digitalisierung, Forschung und Infrastruktur, statt ständig steigender konsumtiver Ausgaben. Die sind auf Dauer nicht finanzierbar. Und die Vorstellung von einem niemals endenden Aufschwung ist eine Illusion. Statt Angstmacherei werden gesunder Optimismus und ganzheitliche Lösungsvorschläge gebraucht. Liberale Politik bietet genau dies und setzt damit einen Kontrapunkt gegen die Mode der Empörung und Überspitzung.

Freie Demokraten sind als Korrektiv gegen Kollektivismus und Staatswirtschaft in diesem Jahrzehnt besonders gefragt. Postwachstumsesoterik ist gefährlich und würde das Ende Deutschlands als Industrienation bedeuten. Angesichts einer immer wahrscheinlicher werdenden Regierungsbeteiligung der Grünen und einer um des Machterhalts willen »ergrünten« CDU ist eine starke liberale Stimme im Parlament unverzichtbar. Identitätspolitik hingegen ist das Symptom einer Sorglosigkeit, die wir uns nach Corona definitiv nicht mehr leisten werden können.

KAPITEL 11

WIR BRAUCHEN MEHR EDDI THE EAGLE

Oliver Flaskämper

Oliver Flaskämper, 47, geboren in Bielefeld, nach einer kaufmännischen Ausbildung seit 1998 mehr als ein Dutzend eigenständige Unternehmen mit Internetgeschäftsmodellen. Er wurde 2002 mit dem »GO! NRW Gründerpreis« und 2012 vom Bundespräsidenten für sein Ausbildungsprojekt »ChefAzubi« als »Ausgewählter Ort im Land der Ideen 2011« ausgezeichnet. Oliver Flaskämper hat Aufsichts- und Verwaltungsratsmandate bei diversen, teils börsennotierten Unternehmen inne und engagiert sich zudem ehrenamtlich in verschiedenen Organisationen.

Mein größter Wunsch als Kind war es, endlich erwachsen zu sein und frei entscheiden zu dürfen. Im zarten Alter von fünf Jahren saß ich im roten Ford Taunus meiner Eltern und sagte ihnen bestimmt, dass ich mit 18 Jahren ausziehen und mich selbstständig machen würde. Ausgezogen bin ich dann mit 15 Jahren, und das erste Mal ernsthaft selbstständig habe ich mich dann mit 23 Jahren gemacht, sodass meine frühe Aussage im Mittel passt. Als Kind wird man selten wirklich ernst genommen und hört häufig: »Das kannst du (noch) nicht.« oder »Das wird nie was.« oder »Schlag dir diese verrückten Ideen aus dem Kopf.« Mich erinnert das an die Szene aus dem Film *Das Streben nach Glück* von Will Smith, in der der Medizingeräteverkäufer Chris Gardner mit seinem Sohn Christopher Basketball spielt und dieser meint, er würde später einmal ein ganz großer Profispieler werden. Sein Vater meint daraufhin, dass sein Sohn vermutlich genauso talentiert, das aber nur unterer Durchschnitt sei und er sich das mit dem Basketball aus dem Kopf schlage solle. Sein Sohn dreht sich daraufhin enttäuscht ab und wirft den Ball hin. Entsetzt über sich selbst und das, was er da gerade gesagt hat, sagt Gardner seinem Sohn, dass er sich niemals von irgendwem einreden lassen soll, dass er etwas nicht könne – auch nicht von ihm. Häufig sei es so, dass andere sich selbst etwas nicht trauen und daher auch nicht wollen, dass es andere tun. [57]

Diese Szene beschreibt ganz gut, woran es häufig mangelt: an Träumen und Ideen oder besser gesagt an Mut und Beharrlichkeit, diese Ideen und Träume umzusetzen. Unser Umfeld macht es einem oft nicht leicht, vermeintlich verrückte Ideen in die Tat umzusetzen. Dabei meinte selbst Albert Einstein, dass es für eine Idee, die am Anfang nicht absurd klingt, keine Hoffnung gebe. Wir können in Deutschland absolut etwas mehr »Ver-rücktheit« im Sinne von »den Status quo verrücken« gut gebrauchen, um auch zukünftig im internationalen Wettbewerb zu bestehen. Vor allem aber darf man Kindern nie ihre Träume nehmen, sondern muss sie darin bestärken, ihre Träume umzusetzen, auch wenn es einem selbst widerstrebt und es vielleicht lächerlich erscheint.

Wer erinnert sich noch an Eddie the Eagel, diesen verrückten Skispringer aus Großbritannien, der bei den Olympischen Winterspielen 1988 in Calgary immer Letzter wurde, aber als einziger britischer Skispringer überhaupt mit 73,5 Meter den damaligen nationalen Rekord aufstellte? Sein größter Traum war es schon als Kind, an Olympischen Spielen teilzunehmen. Sein unbändiger Wille und seine noch größere Frustrationstoleranz haben ihm dabei geholfen, diesen Traum zu verwirklichen. Wer aufsteigen will, braucht diesen unbedingten Willen, sich auch gegen massive Widerstände durchzusetzen, und darf nicht den Stimmen derer nachgeben, die angeblich alle wissen, dass etwas nicht funktioniert. Manchmal ist es gut, nicht zu wissen, was angeblich alles nicht funktioniert.[58]

Manchmal ist es gut, nicht zu wissen, was angeblich alles nicht funktioniert.

Wir hatten beim »startklar Businessplan-Wettbewerb OWL« einmal einen Gründer dabei, der einen berührungslosen Fahrraddynamo entwickelt hatte. Dieser funktionierte mit Wirbelstromtechnik. Weil seine Idee so verrückt klang, bekam er von den Banken kein Geld und präsentierte stattdessen seine Idee auf der Crowdfunding-Plattform Kickstarter. Es gelang ihm auf einen Schlag, 50 000 US-Dollar einzusammeln, um seine Idee zu finanzieren. Als er sie bei dem Wettbewerb vorstellte, trug er ein T-Shirt mit dem Aufdruck »Alle sagten es, funktioniert nicht. Dann kam jemand, der das nicht wusste, und hat's gemacht«.[59]

Die Liste erfolgreicher Gründer in einer Branche, in der es angeblich nichts mehr zu entwickeln gibt, ist lang. Betriebsblindheit und Borniertheit ersticken viele gute Ideen, die oft auch von Mitarbeitern kommen und nicht umgesetzt werden. In vielen Betrieben herrscht eine Fehlerkultur und keine Kultur des Ausprobierens. Der Volksmund sagt »Wo gehobelt wird, fallen Späne«; mit anderen Worten: Wer etwas ausprobiert, der muss damit rechnen, dass es nicht funktioniert. Das liegt aber im Wesen des Ausprobierens. Wir in Deutschland wollen zu oft alles perfekt machen, statt einfach mal etwas auszuprobieren. Die US-Amerikaner machen sicherlich nicht alles richtig, aber sie erkennen an, wenn jemand etwas ausprobiert hat, auch wenn er nicht erfolgreich war. So jemand ist dann nicht bis an sein Lebensende stigmatisiert – im Gegenteil. Jemand, der nicht ein paarmal gescheitert ist, der ist in den Augen vieler US-Investoren kein richtiger Entrepreneur. Investoren finanzieren lieber Unternehmen und Gründer, die auch schon mal Wege gefunden haben, wie es nicht funktioniert. Frei nach Edison, der nach seinen 10000 gescheiterten Versuchen, die Glühbirne zu erfinden, sagte, er sei nicht 10000-mal gescheitert, sondern habe 10000 erfolgreiche Wege gefunden, wie es nicht funktioniert.

Jeff Bezos von Amazon wurde in einem Interview mit der *Washington Post* gefragt, was er denn zum Milliardenflop des Amazon Fire Phones zu sagen hätte. Daraufhin meinte er, dass das kein großer Misserfolg gewesen wäre, denn ganz aktuell würde an noch viel größeren Misserfolgen gearbeitet, einige davon würden den des Fire Phone wie einen kleinen Pieps aussehen lassen.[60]

Es ist aber sicherlich auch keine Lösung, Fehler und Pannen mit Champagner zu feiern und diejenigen, die Urheber dieser Pannen sind, zu ermutigen, weiter solche Fehler und Pannen zu produzieren, aber die Marschrichtung ist wohl klar: Wir brauchen mehr Mut, Fehler zu machen, und auch mehr Mut, uns lächerlich zu machen. Es sollten eher diejenigen lächerlich gemacht werden, die Menschen bloßstellen, die sich etwas getraut und ausprobiert haben. Insgesamt sollten wir auch als Gesellschaft weniger auf das schauen, was jemand nicht kann, sondern mehr auf die Stärken jedes Einzelnen. Damit sind wir beim Schul- und Bildungssystem: Gehorsam und Einfügen ins System haben mehr Wert als Individualität und freies Denken. Das Bildungssystem legt fest, was richtig und was falsch ist. Alles muss schön vergleichbar sein und alle Kinder müssen den gleichen Bildungsstand haben. Zwar ist ein gewisser Bildungsstandard sicherlich die Grundlage für viele weitere Schritte im Leben und Voraussetzung für viele anspruchsvolle akademische Berufe. Es erschließt sich mir jedoch nicht, warum jemand, der als kleines Kind schon weiß, dass er Musiker werden will, bis zur dreizehnten Klasse mit quadratischen Gleichungen, dem chemischen Periodensystem oder Gedichtanalysen gequält wird. Warum ist es nicht möglich, dass wir uns mehr auf die Stärken jedes Einzelnen konzentrieren, anstatt zu versuchen, jede Schwäche auszumerzen und alle Kinder auf den gleichen Bildungsstand zu heben? Ich möchte nicht falsch verstanden werden: Eine solide Grundausstattung mit Lesen, Schreiben, Rechnen und guter politischer, geschichtlicher und naturwissenschaftlicher Allge-

Wir brauchen mehr Mut, Fehler zu machen, und auch mehr Mut, uns lächerlich zu machen.

meinbildung ist wichtig. Aber es darf nicht sein, dass wir weiterhin so viel Potenzial verschwenden und Kindern und Jugendlichen nicht die Möglichkeit geben, mehr von dem zu lernen, was ihnen Spaß macht und wo ihre Stärken liegen. Ein musisch begabtes Kind dürfte in meinem Bildungssystem die Hälfte seiner Schulzeit Musik machen dürfen, ein handwerklich begabtes Kind Technikunterricht. Ein Computerfreak dürfte programmieren, und ein politisch und geschichtlich interessiertes Kind dürfte sich diesem Thema mehr als nur ein oder zwei Stunden pro Woche widmen. Vor allem aber brauchen wir Lehrer, die Kinder mehr mögen als ihre Fächer. Kinder sollten einen Teil ihrer – im wahrsten Sinne des Wortes – vorgesetzten Lehrkräfte selbst wählen und abwählen dürfen, wenn die Chemie einfach nicht passt. Lehrer sollten umgekehrt aber auch einen Teil Schüler abwählen dürfen und nicht gezwungen werden, jahrelang gute Miene zum bösen Spiel zu machen. Denn das ist Fremdbestimmung pur und der Nährboden für Frustration, Depression und Burn-out. Wir sollten unseren Lehrkräften mehr Geld bezahlen und gleichzeitig diejenigen, die nicht geeignet sind, Kinder zu unterrichten, in für sie geeigneteren Bereichen einsetzen. Meine Schulzeit empfinde ich rückblickend überwiegend als massive Zeitverschwendung und maximale Fremdbestimmung. Ich bin da zwar irgendwie durchgekommen, aber ich habe mich in dem System gequält. Wenn ich heute überlege, was ich von dem vermittelten Stoff noch weiß und noch anwende, dann ist es einfach nur beschämend, wie viel Geld wir immer noch in dieses antiquierte System fehlinvestieren. Da reicht es dann auch nicht, die Digitalisierung von Schulen zu fordern. Die ist sicherlich in Zeiten von Corona nötiger denn je, aber viel mehr Spaß am Lernen entsteht dadurch sicherlich weder bei Schülern noch bei Lehren, die jetzt auch noch IT-Profis werden sollen, statt ihrer Leidenschaft nachgehen zu dürfen. Wir brauchen mehr engagierte Lehrer, die Freude an ihrem Beruf haben, die gut bezahlt werden, gute Rahmenbedingungen an den Schulen vorfinden, gern Kinder unterrichten und abseits des starren Lehrplans individuellen und anschaulichen Unterricht anbieten

Meine Schulzeit empfinde ich rückblickend überwiegend als massive Zeitverschwendung und maximale Fremdbestimmung.

dürfen: Freie Lehre für die Aufsteiger von morgen und mehr Jürgen Klopps im Lehrerzimmer!

Mein eigener Aufstieg ist geprägt von dem Wunsch, Dinge besser zu machen. Ich sage immer, dass ich wohl eine Art Gendefekt habe, der mich überall Geschäftsideen sehen lässt. Aber keine Angst, Stimmen höre ich keine. Viele Ideen sind wirklich bescheuert und werden nicht ansatzweise umgesetzt, aber es macht trotzdem Spaß, an diesen Ideen herumzudenken. Die meisten der dann doch umgesetzten Ideen haben ihren Ursprung in selbst erlebten Missständen. Da, wo sich viele Menschen nur aufregen, denke ich darüber nach, ob und wie man diesen Missstand beheben könnte, ob man ein Geschäftsmodell daraus machen kann und natürlich, ob sich wohl mit dieser Idee am Ende Geld verdienen lässt. Denn das ist natürlich die Voraussetzung für Unternehmertum. Ohne Gewinn ist die beste Geschäftsidee am Ende nicht nur aus steuerlicher Sicht Liebhaberei und Altruismus. Das muss ja nicht schlecht sein, aber solche Vorhaben kann man sich nur leisten, wenn es auf der anderen Seite eigenes oder fremdes Geld gibt, mit dem diese nicht profitablen Ideen finanziert werden. Statt viele Ideen selbst umzusetzen, versuche ich häufig, den Unternehmen durch Verbesserungsvorschläge dabei zu helfen, besser zu werden. Das klappt manchmal gut, und die Ideen werden dankend angenommen und auch umgesetzt, wovon der Kunde dann ja auch profitiert. Bei manchen Unternehmen beißt man aber auf Granit und es gibt nicht einmal eine Antwort auf die Verbesserungsvorschläge, was bei mir dann nicht nur einmal dazu geführt hat, dass aus dem nicht umgesetzten Verbesserungsvorschlag eine eigene Geschäftsidee und ein Unternehmen entstand. Die content.de AG ist zum Beispiel ein solches Unternehmen. Ich war 2008 Kunde eines Vermittlers von redaktionellen Texten für Webseiten. Konkret brauchten wir Produktbeschreibungen für unseren Preisvergleich Geizkragen.de. Wir haben guten Umsatz gemacht, wurden aber gebremst, noch mehr Umsatz zu machen, da wir unsere Textaufträge nur per Hand in ein Online-Formular eingeben konnten und es keine Möglichkeit gab, gleich einen ganzen Schwung von Aufträgen per Excel-Tabelle hochzuladen. Nachdem ich auf zwei E-Mails mit Verbesserungsvorschlägen keine Antwort erhielt, habe ich mich dann entschieden, content.de zu gründen und natürlich alle meine

Verbesserungsideen dort zu integrieren. Es ist schon zum Schmunzeln, dass der Wettbewerber etwa drei Monate nach dem Start von content.de alle meine Verbesserungsvorschläge und weitere Ideen von content.de plötzlich bei sich selbst umgesetzt hat.

Ohne Gewinn ist die beste Geschäftsidee am Ende nicht nur aus steuerlicher Sicht Liebhaberei und Altruismus.

Aber von vorne: Mein erstes eigenes Start-up gründete ich im Alter von acht Jahren. Ich kaufte von einem Freund den vom Silvesterabend übrig gebliebenen Bestand an Pyrotechnik auf und begann, diesen im Frühling auf dem Schulhof zu verkaufen. Das Geschäft lief »bombig«. Ich flog jedoch auf, als ein paar meiner Kunden auf die glorreiche Idee kamen, auf den Jungs-Klos die Toilettendeckel wegzusprengen. Ich wurde von einem der Täter als Dealer verpfiffen, und mein Jungunternehmertum erhielt aus meiner Sicht vom Direktor meiner Schule und auch von meinem Klassenlehrer – zu Recht – nicht die gewünschte Wertschätzung. Kurzum, meine erste Geschäftsidee war nicht gut genug durchdacht und zudem eher nur »semilegal«. Ich habe mich doch erst mal wieder um die Schule gekümmert, allerdings nicht ohne immer mal wieder auf Flohmärkten das zu machen, was ein guter Kaufmann so macht: günstig einkaufen und mit Gewinn verkaufen. Die anderen Geschäftsideen wie eine selbst erstellte Zeitung, die aus Artikeln anderer Zeitungen bestand, oder meinen Flohzirkus überspringe ich, denn erst als das digitale Zeitalter begann, wurden auch die Geschäftsideen spannender und hatten mehr und nachhaltigeren Erfolg.

Die Liebe zu Computern entdeckte ich schon früh. Ich bin die Generation Commodore und Atari und habe natürlich – wie wohl fast jeder in meinem Alter – »gezockt«, was der Spielemarkt so hergab. Aber erst als es dann möglich war, mit einem Akustikkoppler den Computer mit dem Telefonnetz zu verbinden, begriff ich so richtig die enorme Hebelwirkung, mit der Möglichkeit, die ganze Welt zu erreichen. Ich verlegte heimlich von meinem Kinderzimmer unter dem Teppich ein Kabel bis zum Telefon, und mein Vater wunderte sich, warum die Telefonrechnung von Monat zu Monat stieg und immer mehr Auslandstelefonate geführt wurden. Ich hatte Mailboxen entdeckt, die »Vorvorläufer« des Internets: Computer, in die sich nur so viele User einwählen konnten, wie es Telefonanschlüsse gab, die der Besitzer der Mailbox an seinem Computer angeschlossen hatte. Ein sehr teures Unterfangen, aber man konnte damals schon erahnen, in welche Richtung der Zug fahren würde.

Damals gab es in Bielefeld Sennestadt noch die WISA, die Wirtschaftsschau, eine für damalige Verhältnisse riesige lokale Messe in gefühlten 30 großen Bierzelten, auf der viel verkauft wurde, Städte und Regionen um Touristen warben und viel Drumherum eine Jahrmarktatmosphäre entstehen ließ. Sogar Harald Juhnke kam damals mit dem Helikopter eingeflogen, um eine Modenschau auf der Messe zu moderieren. Was für eine Schau. Mich interessierte aber vor allem der BTX-Stand der Deutschen Bundespost, die auf der Messe ihren Bildschirmtext, den Vorläufer des Internets, präsentierte. Dort standen zehn Terminals, an denen man BTX testen konnte. Ich verbrachte Tage an den Terminals, und die »Postler« ließen mich Elfjährigen gewähren. Erst als ich auf den Seiten von Beate Uhse gelandet war, hörte der Spaß auf und ich durfte nicht mehr »surfen«. Aber ich war angefixt – weniger von Beate Uhse, aber von der Möglichkeit, in Chats mit Menschen »von janz weit wech« kommunizieren und sich Nachrichten schicken zu können. Ich wollte auch mal eine solche Seite »im Netz« haben, das war mir schon damals irgendwie klar, aber ich musste erst die Erfindung und die Mainstreamisierung des Internets in Deutschland abwarten.

Zuerst aber legte ich meinen Realschulabschluss Mittlere Reife auf einer Gesamtschule ab und entschied mich für eine Ausbildung zum Berufskraftfahrer. Diese Berufsausbildung war ganz neu und entstand als Folge des verheerenden Unglücks in Herborn, als ein mit Benzin beladener Lkw mit versagenden Bremsen vor einer Eisdiele umkippte und explodierte.[61] Die Politik erkannte seinerzeit, dass es vielleicht besser wäre, wenn Lkw-Fahrer mehr als nur den Führerschein hätten und auch Themen wie Lkw-Technik und Ladungssicherung lernen würden. Mich reizte die große weite Welt der Fernfahrer. Manfred Krug war damals im ARD-Vorabendprogramm »Auf Achse« und vermittelte Abenteuer auf dem Kutschbock.[62] Ich wollte auch Abenteuer erleben. Zudem fand ich es nicht uninteressant, dass man im Rahmen der Ausbildung den Pkw-Führerschein mit 16 statt 18

Jahren und den Lkw-Führerschein mit 18 statt wie sonst erst mit 21 Jahren machen konnte. Und so kam es, dass ich mit 16 Jahren einen Lkw mit 7,5 Tonnen und 11 Tonnen Anhänger fahren durfte – allein. Okay, in meiner Berufsschulklasse war auch jemand, der die Ausbildung als Bewährungsauflage erhielt, aber der Umgang mit der ganz normalen Welt hat mir sicherlich nicht geschadet und hat mich für alle Zeit geerdet. Man kann sich vorstellen, wie ich in dieser Zeit gewachsen bin. Mit dem Führerschein in der Tasche war ich mit 16 Jahren plötzlich erwachsen. Mein großes Ziel war erreicht. Auch rückblickend betrachtet war der Tag der bestandenen Führerscheinprüfung einer der glücklichsten Tage meines Lebens. Ich habe im wahrsten Sinne des Wortes Luftsprünge gemacht und fühlte mich in die Welt der Erwachsenen aufgenommen. Als ich mal auf Auslieferungstour im Emsland war, fragte ich den Lagermeister, an welche Rampe ich den Lkw denn fahren solle. Er meinte, ich möge meinem Vater sagen, dass er die mittlere Rampe nehmen solle. Als ich dann in den Lkw einstieg, traute er seinen Augen nicht und rief seine Kollegen zusammen, die sich auf der Rampe versammelten, um zuzuschauen, wie ich es versemmeln würde. Das Erstaunen und der Respekt war groß, als ich den Lkw mit Anhänger, ohne einmal vorzuziehen, rückwärts perfekt an die Rampe fuhr. Ein Hochgefühl. Aber gelernt war gelernt, und ich hatte mit Josef einen tollen Lehrmeister. Josef war Pole und bei der Spedition derjenige, der den ganzen Tag nichts anderes machte, als Lkws an die Rampen und von ihnen weg zu fahren. Drei Monate lang hatte er mich unter seinen Fittichen und brachte mir bei, wie man mit allen möglichen Anhängern rückwärtsfährt. Da konnte mir also keiner was vormachen. Die Zeit in der Werkstatt war hingegen hart, dort herrschte ein rauer Ton und ein noch rauerer Werkstattmeister, der alles andere als freundlich war. In der Disposition und in der Exportabteilung lernte man viel über Fracht- und Zollpapiere und Tourenplanung. Ich genoss die Zeit und machte viele Überstunden, die dazu beitrugen, dass ich bereits in der Ausbildung rund 2000 DM pro Monat brutto verdiente – für

Mein großes Ziel war erreicht. Auch rückblickend betrachtet war der Tag der bestandenen Führerscheinprüfung einer der glücklichsten Tage meines Lebens.

einen Auszubildenden, der sonst nur rund 400 DM verdiente, sehr viel Geld.

Nach der zweijährigen Ausbildung wollte ich endlich die große weite Welt sehen und in den Fernverkehr, aber die einbrechende Binnenkonjunktur nach der Wende 1991/1992 machte mir einen Strich durch die Rechnung. Ich wechselte zu einem Mineralölhändler und fuhr eine Zeit lang Benzin, Diesel und Heizöl durch die Gegend. Ich verdiente in manchen Monaten zwar rund 7000 DM brutto, war aber aufgrund der Sechzehnstundentage permanent hundemüde und habe praktisch nur gearbeitet oder geschlafen.

Dann rief 1993 die Bundeswehr und ich musste mich entscheiden, ob ich die normalen zwölf Monate mit wenig Verdienst oder vielleicht längere Zeit mit mehr Geld absolvieren sollte. Ich entschied, mich für zwölf Jahre als Soldat auf Zeit zu verpflichten und für eine Offiziersausbildung ohne Studium. Wie passt das zusammen: freiheitsliebend und dann Fremdbestimmung pur? Eigentlich passte das gar nicht, aber manchmal muss man wohl erst das krasse Gegenteil erleben, um festzustellen, was man im Leben auf gar keinen Fall will. Im Idealfall macht man diese Erfahrung als junger Mensch, dann spart man sich viel verschenkte Lebenszeit. Die Bundeswehrzeit hat mich zwei wichtige Dinge gelehrt: Erstens bin ich kein guter Menschenführer, Vorgesetzter und Chef und zweitens brauche ich Freiheit und keine Fremdbestimmung für mein Seelenheil. Die Aussage über die Menschenführung habe ich später so formuliert, dass ich leidenschaftlich gern Unternehmer, aber ungern Chef bin und das Chefsein lieber denjenigen überlasse, die es besser können und mehr Spaß daran haben als ich.

Ich habe dann meine Zeit bei der Bundeswehr auf vier Jahre verkürzt und im letzten Jahr noch mein Fachabitur abgelegt, um anschließend wieder in die Mineralölspedition zurückzukehren und dort eine zweite Berufsausbildung als Groß- und Außenhandelskaufmann zu absolvieren. Das war mehr eine Umschulung als eine Ausbildung. Ich genoss die Zeit in der Berufsschule. Ich hatte dort jede Menge hoch motivierte, zugewandte Lehrer – ein Umstand, der für mich völlig neu war. Ich saugte den Stoff geradezu auf und fand Rechnungswesen und Volkswirtschaft hochinteressant. Ich las Hausaufgaben von einem leeren Blatt ab, da ich das alles verinnerlichte und zum ersten Mal das Gefühl hatte, für mich zu lernen und nicht für die Schule, meine Lehrer oder meine Eltern. Warum konnte ich so etwas nicht vorher auch erleben? Was für eine Zeit- und Potenzialverschwendung!

Bereits während meines letzten Jahres bei der Bundeswehr 1996 lernte das Internet in Deutschland laufen und wurde ganz langsam immer bekannter. Wir waren noch ganz weit weg vom Mainstream, der erst gegen 1999/2000 »drin« war, wie damals Boris Becker als Testimonial von AOL zum Besten gab.[63] Ich saß also im Sommer 1996 in meiner Stube der Bundeswehrfachschule in München in der Nähe des Olympiaparks und hatte einen eigenen Telefonanschluss. Im Radio Charivari lief die Werbung einer Partnervermittlungsagentur, und ich fragte mich, warum es so etwas nicht auch im Internet gibt. Gesagt, getan! Ich programmierte – wobei das eigentlich eine Beleidigung für jeden Programmierer ist – mit Microsoft Access eine Offline-Datenbank und wollte so Männlein und Weiblein miteinander »matchen«. Im Übrigen nicht ganz uneigennützig, da ich zu diesem Zeitpunkt selbst gerade Single war. Der Name des Start-ups war »Single- und Freizeitconnection OWL«. Das OWL stand für Ostwestfalen-Lippe, was den Namen aber nicht besser machte. Ich druckte klassische Flyer und steckte sie hinter die Scheibenwischer der parkenden Autos vor unserer heimischen Großraumdiskothek in Herford, dem GoParc. Von dort wurde ich vertrieben. Man hatte kein Herz für Guerilla Marketing. Das Geschäft lief gar nicht so schlecht. Ich schaltete Kleinanzeigen im »Heißen Draht«, der *Neuen Westfälischen Zeitung* und im *Westfalen-Blatt* und warb für meine Partneragentur. Die meisten Kunden kamen aber über das Internet. Prominent hervorgehoben war die Telefonnummer der Hotline, die ich natürlich am Nachmittag selbst besetzte. Die Telefonweiterleitung per brandneuem ISDN-Anschluss von Herford nach München war extrem teuer – 60 Pfennig pro Minute. So gesehen war auch die Neukundenakquise extrem teuer. Ein halbstündiges Gespräch mit einem potenziellen Neukunden kostete somit 18 D-Mark – für die Jüngeren unter uns also rund neun Euro – meine Arbeitszeit nicht mitgerechnet. Eines Tages, rund sechs Monate nach dem Start, hatte ich wieder ein so langes Gespräch. Den Taxameter im Kopf lief, ich wollte endlich den Abschluss und den Kunden in die Datenbank aufnehmen. Da kam die alles entscheidende Frage, die zuvor noch nie ein anderer Kunde gestellt hatte: »Herr Flaskämper, Hand aufs Herz, wie viele Damen haben Sie denn schon in Ihrer Datenbank?«. Ich wurde verlegen und druckste herum, aber schließlich gestand ich: keine einzige. Ich hatte 300 Männer, aber keine einzige Frau. Da wurde mir schlagartig klar, dass ich ein Problem hatte. Eine Partneragentur nur für Herren wollte ich ja nicht betreiben, da ich ja auch mein eigenes Single-Problem nicht gelöst hätte. Ich hatte schlicht vergessen, vorher eine Marktanalyse zu machen. Mein Vertriebsweg Internet war damals gefühlt zu 99,8 Prozent von Männern dominiert. Eine Sache von Freaks für Freaks. Ich gab frustriert auf. Meine Entscheidung wurde auch nicht revidiert, als sechs Monate später auf einmal mein E-Mail-Postfach überquoll, weil über Suchmaschinen immer mehr Leute, jetzt vereinzelt auch Frauen, auf meine Agentur aufmerksam wurden. Ich hatte also einen extrem erfolgreichen Weg gefunden, wie man KEINE Partnervermittlungsagentur betreiben kann.

Erst ein Jahr später, nachdem meine seelischen Wunden verheilt waren, entdeckte ich das Internet erneut und war immer häufiger auch zu Gast auf der Website kostenlos.de – damals eine der bekanntesten und meistbesuchtesten Websites Deutschlands. Zu diesem Zeitpunkt lag die Website des *Spiegel* noch auf den Servern der Uni Hamburg mit einer Adresse, die sich niemand merken konnte. Kostenlos.de war ein Sammelsurium an Links, wo man im Web überall etwas kostenlos bekam: Produktproben, Software, SMS-Versand, Gewinnspiele und vieles mehr. Aber es war eine aus meiner Sicht lieblose Textwüste, und es machte keinen Spaß, dort zu stöbern. Meiner Meinung nach fehlte es an Emotionalität, Farbe und einem Gesicht. Das war die Geburtsstunde von Geizkragen.de. Im Prinzip war es eine Art Copycat – so würde man heute sagen –, da die Idee nicht wirklich gänzlich neu und innovativ war, aber die Änderungen führten dazu, dass sich schnell eine Fangemeinde entwickelte, die treu zu Steven Mc Drouwd, dem schottischen Maskottchen der Website, hielt und gespannt jede Woche auf den neuen Geizkragen-Gemeindebrief wartete, der in Spitzenzeiten wöchentlich an bis zu 500 000 Leser ver-

Ich hatte also einen extrem erfolgreichen Weg gefunden, wie man KEINE Partnervermittlungsagentur betreiben kann.

schickt wurde. Geizkragen.de war die Basis für alle weiteren Unternehmungen und machte in der Spitze bis zu einer Million Euro Gewinn pro Jahr. Am Anfang wurde ich oft für die spinnerte Idee belächelt und ich hörte nicht nur einmal die Frage, »ob man denn von diesem Internetz auch leben könne«. Man konnte. Auch die Medien stürzten sich auf die Geschichte: die lokale Presse, *Bild*, *Spiegel*, *SAT1 Frühstücksfernsehen*, *ZDF*-Reporter, *Blitz*, *Taff* und viele mehr. Das Mediavolumen belief sich auf geschätzte 10 Millionen Euro, die Geizkragen.de durch die vielen kostenlosen Erwähnungen bekam. Es war eine Zeit, in der man sich schon anstrengen musste, kein Geld zu verdienen, wobei es durchaus einige geschafft haben.

In dieser Zeit habe ich auch gelernt, dass es Sinn macht, Vorstellungsgespräche nicht allein zu führen, da ich dazu neige, selbst viel zu erzählen, aber wenige Fragen zu stellen, und hinterher denke: »Toller Typ, den stellste ein.« Das führte dazu, dass man erst später erkannte, dass man nicht zusammengepasste, und sich schmerzlich wieder trennen musste. Scheiden tut eben weh. Mit einem Sparringspartner im Vorstellungsgespräch wäre mir und den zeitweiligen Mitarbeitern sicherlich die eine oder andere Enttäuschung erspart geblieben. Daher kann ich Einzelgründern nur sehr warm an Herz legen, sich für bestimmte Dinge auf jeden Fall professionelle Hilfe zu holen. Gerade als Generalist kann man nicht alles gut und sollte anerkennen, dass es für bestimmte Dinge Profis gibt. Das galt für mich auch für das Thema Webdesign, welches ich schnell in professionelle Hände gegeben habe. Ein weiterer großer Fehler war, dass ich unterschätzt habe, wie wichtig trotz Internet und Automatisierung der persönliche Kontakt eines Vertrieblers zu potenziellen Kunden ist. Viele Menschen wollen trotz Digitalisierung und Automatisierung mit Menschen sprechen und nicht mit einem Computer. Dank der Möglichkeit, Videokonferenzen abhalten zu können, können zwar viele Geschäftskontakte auch in der Coronazeit gepflegt werden. Das ändert aber nichts daran, dass eine Videokonferenz nur bedingt das persönliche Gespräch im gleichen Raum ersetzen kann. Das ist aus meiner Sicht auch der Grund, warum E-Learning nur ein ergänzender Baustein sein kann. Die meisten Menschen werden wohl auch weiterhin bevorzugen, in einer Präsenzveranstaltung Wissen mit allen Sinnen zu tanken und sich auszutauschen.

Die erfolgreichste meiner Gründungen ist sicherlich Bitcoin.de, Deutschlands erster und viele Jahre lang einziger Handelsplatz für Kryptowährungen. Als ich das erste Mal von Bitcoin 2011 bei *Spiegel-Online* las, war ich wie elektrisiert: ein Geld ohne Staat, ohne Banken, ohne Regulierung, einfach so im Internet entstanden und zum Mitmachen für jeden. Das war schon etwas ganz Ungeheuerliches und stellte zugleich alles, was man bisher über Geld kannte, auf den Kopf. Ich konnte gefühlt drei Nächte lang nicht schlafen, habe mich in die Materie eingearbeitet und alles dazu gelesen, was ich finden konnte. Über abenteuerliche Wege habe ich selbst meine ersten Bitcoins im Ausland erworben, und von 100 Euro, die man losschickte, kamen am anderen Ende der Welt bei der Kryptobörse nur 50 Euro an, weil drei verschiedene Money-Transmitter sich eine große Scheibe Gebühren abgeschnitten hatten. Meine ersten Bitcoins kaufte ich für umgerechnet 15 Euro mitten im zweiten Hype. Der erste Hype ein paar Monate zuvor endete bei neun Cent, um dann auf drei Cent abzustürzen. Aber warum kann so etwas wie Bitcoin überhaupt einen Wert haben? Es sind doch nur eine Reihe von Zahlen, die eigentlich wertlos sind. Das, was diese Zahlen aber so wertvoll macht, ist ihre Seltenheit und Fälschungssicherheit. Von den maximal 21 Millionen Bitcoin sind bereits knapp 18,5 Millionen im Umlauf. Das heißt: Wenn man einen Bitcoin besitzt, kann man sicher sein, eine von irgendwann maximal 21 Millionen Einheiten zu besitzen. Diese Seltenheit, die bei Bitcoins mathematisch garantiert wird, ist bei Gold geologisch garantiert. Aus dem gleichen Grund, warum Gold einen Wert hat, haben auch Bitcoins einen Wert. Die Marktteilnehmer vertrauen auf die Seltenheit, die diesen Sachwerten die Fähigkeit geben, als Tauschmittel zu fungieren. Ich weiß, dass viele Menschen die Augen verdrehen, wenn ich Bitcoins mit Gold vergleiche: »Wie kann man bloß ein Edelmetall, welches seit Menschengedenken einen Wert hat, mit wertlosen Zahlenkolonnen vergleichen?« Diese Kritiker haben ein Problem damit, anzuerkennen, dass in einer immer digitaleren, globaleren und vernetzteren Welt analoge Dinge keinen Wert haben, sondern nur digitale. Eine Goldmünze hat im Internet einen Wert von genau null Euro, weil ich diese Goldmünze nicht über das Internet transportieren kann, sondern nur analog, also physisch. Eine Goldmünze, die in meinem Schließfach bei meiner Bank liegt, kann ich im

Urlaub nirgendwo in die jeweilige nationale Währung umtauschen, einen digitalen Bitcoin, den ich auf meinem Smartphone mitführe, hingegen schon. Ich will an dieser Stelle aber gar nicht versuchen, Bitcoin-Kritiker zu überzeugen, sondern vielmehr darauf hinweisen, dass disruptive, also zerstörerische Innovationen anfangs fast immer verkannt und belächelt werden, weil man den Status quo für unumstößlich hält und es sich nicht vorstellen kann oder will, dass etwas Neues liebgewonnene Geschäftsmodelle ablöst oder ihnen zumindest Konkurrenz macht. Mit dem toten Pferd namens Einzelhandel, der nur noch nicht beerdigt wurde, ist es ähnlich. Wir sehen seit Jahren, dass der eCommerce nicht aufzuhalten ist, ärgern uns über immer mehr Leerstände in unseren Städten, sind aber auch nicht bereit, im Einzelhandel mehr Geld zu bezahlen als beim Onlinekauf. Das kann nicht funktionieren. Das Internet ist ein echter Gamechanger, die Zahlen von Amazon und Co sprechen eine deutliche Sprache.

Das Internet ist ein echter Gamechanger, die Zahlen von Amazon und Co sprechen eine deutliche Sprache.

Ich wurde oft für so manche Ideen, die ich hatte, belächelt. Bitcoin war nur eine davon. Auch heute noch wird die Nase gerümpft, weil man über Kryptowährungen in der Presse leider primär negative Dinge liest. Ja, es stimmt, man kann mit Kryptowährungen viele böse Dinge tun: Drogen kaufen, Lösegeld fordern und sogar Auftragsmorde bezahlen. Aber das ist keine Erfindung oder ein Alleinstellungsmerkmal von Kryptowährungen, sondern ist seit jeher mit jedem Geld der Welt möglich. Das anonymste Geldsystem der Welt ist das Bargeldsystem. Kryptowährungen hingegen sind weit weniger anonym, da jede Transaktion in der weltweit von jedem einsehbaren Blockchain nachverfolgt werden kann. Die Erfolgsmeldungen der Ermittlungsbehörden strafen diejenigen Lügen, die behaupten, dass mit Kryptowährungen alles möglich sei und Kriminelle nicht befürchten müssen, erwischt zu werden. Es ist eben wie immer: Nicht die Technologie ist böse, sondern der Mensch, der entscheidet, wie die Technologie eingesetzt wird. Mit Skalpellen, Dynamit und Lkws kann man viele gute Dinge tun, aber eben auch ganz fürchterlich böse.

Wir sollten uns also frei machen von zu voreiligem Schubladendenken und neuen Ideen eine Chance oder vielleicht sogar eine Wildcard in unseren Köpfen geben. So haben es unsere vielen schlauen Köpfe im Land leichter, ihre »ver-rückten« Ideen auszuprobieren. Denn nicht jeder bringt die Beharrlichkeit eines »Eddie the Eagle« mit. Eines der stärksten Bedürfnisse jedes Menschen ist das Bedürfnis nach Zugehörigkeit. Wir wollen dazugehören und nicht aus der Gemeinschaft ausgestoßen werden. Das führt dazu, dass wir uns oft anpassen und nicht anecken wollen. Wer komische Ideen hat, bewegt sich aber außerhalb der Denkweise seiner local Community oder, anders gesagt, außerhalb seiner Herde, die zwar Sicherheit gibt, aber nicht duldet, wenn jemand ausschert und sein eigenes Ding macht. Da blökt dann die Herde und sagt: »Geh nicht nach draußen, da ist es gefährlich. Bleib bei uns, da ist es schön warm und sicher.« Noch schlimmer als dieser gut gemeinte Beschützerinstinkt ist der Neid, jemandem etwas nicht zu gönnen, was man sich selbst nicht traut. Wir müssen unsere potenziellen Aufsteiger im Land vor beidem bewahren und diejenigen hervorheben, die sich etwas trauen oder getraut haben und vielleicht gescheitert sind. Nur so schaffen wir es, ein neues Denken zu etablieren und eine Gesellschaft zu entwickeln, in der sich mehr Menschen trauen, etwas auszuprobieren.

Es gibt viele Institutionen, die Menschen dabei helfen, sich selbstständig zu machen. Daran mangelt es in Deutschland nicht. Es mangelt aber an Kümmerern, die Gründerinnen und Gründer auch nach der Gründung unterstützen und ein offenes Ohr für Probleme haben, an Kümmerern, die sich unaufgefordert melden und fragen, wo der Schuh drückt. Gerade Einzelgründer kennen das, wenn es mal nicht so läuft und niemand da ist, den man fragen könnte. Wenn dann noch der Partner oder die Partnerin wenig Mut macht, weil sie es ja von Anfang an gewusst hat, dass das nichts wird, dann wird die Flinte oft voreilig ins Korn geworfen und aufgegeben. Am Ende zählt das Prinzip jeder Selbsthilfegruppe. Jemand erzählt sein Problem und ein anderer sagt: »Das kenn ich, das habe ich auch gehabt, kein Problem, ich helfe dir oder ich kenne jemanden, der dir hilft.« Schon fühlt man sich nicht mehr allein und für das vermeintlich riesengroße Problem

Wir sollten uns also freimachen von zu voreiligem Schubladendenken und neuen Ideen eine Chance oder vielleicht sogar eine Wildcard in unseren Köpfen geben.

gibt es auf einmal eine Lösung. Inzwischen gibt es zwar viele Institutionen wie kommunale Wirtschaftsförderungen, Banken, Wirtschafts- und Gewerbevereine, Industrie- und Handelskammern, die teilweise solche Hilfen anbieten, aber oft ist es so, dass in diesen Situationen diese Hilfen meist nicht bekannt sind, weil niemand die Gründerin oder den Gründer auf diese Angebote hingewiesen hat. Statt nur die Aufforderung zur Abgabe der Gewerbeanmeldung per Brief zu schicken, könnte die Gemeinde oder Stadt Gründende willkommen heißen, auf ihren Wert für die Gemeinschaft als potenziellen Arbeitgeber hinweisen und Beratungsangebote und Netzwerke für junge Unternehmen und deren Gründer vorstellen. Mir ist noch keine Kommune bekannt, die das macht. Von einer Willkommenskultur für Start-ups und Existenzgründer sind wir also noch weit entfernt. Da hat sich in den vielen Jahren zwar viel getan, aber es bedarf noch viel Anstrengung, um dieses neue Denken in der gesamten Gesellschaft zu etablieren. Dazu gehört auch, dass es völlig in Ordnung sein muss, wenn jemand ein Risiko eingeht und am Ende mehr Erfolg hat als jemand, der die Sicherheit einer sozialversicherungspflichtigen Beschäftigung vorzieht. Hier wird man sicherlich nicht mit einer Werbekampagne für Unternehmertum dafür sorgen, dass man ein so tief sitzendes Gefühl wie Neid eliminiert. Aber man wird Menschen, die sich von Haus aus schwertun, ihren Mitmenschen etwas zu gönnen, das Gefühl geben, dass es falsch ist, so zu denken, und dass es der gesamten Gemeinschaft dient, wenn es viele erfolgreiche Unternehmen und Unternehmende gibt, die mit ihren gezahlten Steuern dazu beitragen, den hohen Lebensstand, den wir in Deutschland im Vergleich zu vielen, anderen Ländern in der Welt genießen dürfen, zu erhalten und im Idealfall weiter auszubauen. Das ist eben ein wenig wie auf der Autobahn: Wir ärgern uns über die Schneckenrallye der Lkw-Fahrer, wollen aber volle Regale in den Supermärkten und pünktlich die Pakete von Amazon vor der Haustür. Wir müssen uns ab und zu daran erinnern, dass es das eine nur gibt, wenn wir auch bereit sind, das andere zu akzeptieren. Wenn es nach mir ginge, gäbe es wieder »Der 7. Sinn« im Fernsehen. Die Älteren werden sich noch daran erinnern. Immer kurz vor der Tagesschau gab es zur besten Sendezeit unterhaltsame Verkehrserziehung. Dort wurde dann gezeigt, wie man es im Straßenverkehr richtig oder eben auch falsch machen kann. Es ist mir völlig unverständlich, warum dieses Format aufgegeben wurde. Einzig die Bundeszentrale für gesundheitliche Aufklärung hat noch so etwas wie einen wahrnehmbaren, außerschulisch bildungspolitischen Auftrag und ermahnt uns regelmäßig auf nette und witzige Weise, Kondome nicht zu vergessen, den Impfpass zu suchen oder eben die Corona-Regeln einzuhalten.

Dass Aufstieg und Menschen, die Risiken auf sich nehmen, etwas ganz Normales und Wünschenswertes für unsere Gesellschaft sind, wäre doch eine tolle Kampagne, die ich gern auf vielen Großwerbeflächen in unseren Städten sehen würde. Dann würde es auch mehr Menschen geben, die sich bestärkt und ermutigt fühlen würden, ihre Wünsche und Träume zu leben, und sie sich nicht von der breiten Masse ihre Träume ausreden und austreiben lassen.

Ich glaube an den Erfolg einer Gesellschaft, in der es viel mehr »Verrückte« gibt, die nicht belächelt, sondern gefördert werden, die wie Eddie the Eagle Wildcards bekommen und sich und ihre Ideen ausprobieren dürfen. Ich glaube an den Erfolg von Schulen, in denen Lehrer diesen Freigeist mit Freude vermitteln dürfen und in denen Kinder Spaß daran haben, in den Fächern mehr lernen zu dürfen, die ihren Stärken entsprechen, wobei ihre Schwächen nicht mehr in den Vordergrund gestellt werden. Ich glaube, dass Aufstieg zukünftig noch für viel mehr Menschen möglich sein kann, wenn Aufstieg nicht mehr als unanständig und nicht der Norm entsprechend stigmatisiert und verhindert wird. In einer gelebten sozialen Marktwirtschaft nützt Aufstieg letztlich der gesamten Gesellschaft und nicht nur den Aufsteigern.

KAPITEL 12

AUFSTIEGSVERSPRECHEN IN LÄNDLICHEN RÄUMEN ERNEUERN!

Carina Konrad

Carina Konrad wurde 1982 in Simmern (Hunsrück) geboren, ist verheiratet und Mutter von drei Kindern. Zusammen mit ihrem Mann bewirtschaftet sie einen Bauernhof mit Ackerbau und Viehzucht in Rheinland-Pfalz. Sie ist Diplom-Agraringenieurin (FH) und seit 2017 Mitglied des Deutschen Bundestags. Konrad ist die stellvertretende Vorsitzende des Ausschusses für Ernährung und Landwirtschaft und weinbaupolitische Sprecherin der FDP-Bundestagsfraktion.

Ländliche Räume assoziieren die einen mit Kuhglockenromantik, die anderen mit Schlachthofskandalen. Doch in den Regionen, in denen mancher Großstädter nur Hinterwäldler vermutet, liegen tatsächlich verborgene Chancen für das ganze Land.

Ich bin als Landbewohnerin emotional voreingenommen, was meinen Blick aufs Landleben angeht. Die Heimat meiner Familie ist seit Generationen ein Dorf mit 350 Einwohnern im Hunsrück. Aufgewachsen bin ich auf einem Bauernhof und ich bin unserer Scholle treu geblieben. In der vierten Generation führen mein Mann und ich den Hof heute als Ackerbaubetrieb mit Viehzucht. Und das, darin ist sich die ganze Familie einig, erweist sich immer wieder als richtig.

Fühlte man sich in der Vergangenheit auf dem Land manchmal abgehängt, ist die Digitalisierung heute *der* Gleichwertigkeitsbeschleuniger schlechthin. Digitalisierung lässt die Welt zusammenrücken und ermöglicht Geschäftsmodelle in Regionen, in denen sich Fuchs und Hase sprichwörtlich gute Nacht sagen. Landwirtschaft und Weinbau geben Kulturlandschaften ein Gesicht .[64] In gleichem Maße, wie die Produktivität durch den Einsatz von Maschinen, die Erfindung von Mineraldünger und die Entwicklung von wirksamen Pflanzenschutzmitteln voranschritt, wurden Arbeitskräfte aus der landwirtschaftlichen Produktion freigesetzt und Raum für neue Ideen und Geschäftsfelder im ländlichen Raum geboren. Der aktuelle, oftmals romantisierte Großstadtblick aufs Land wird der Bedeutung des ländlichen Raumes nicht gerecht: Landleben ist viel mehr als Landlust.

Landleben ist viel mehr als Landlust.

Heute sind ländliche Räume *der* Wirtschaftsmotor Deutschlands.[65] Sie sind ein unverzichtbarer Bestandteil der deutschen Volkswirtschaft.

Die im Grundgesetz verankerten »gleichwertigen Lebensverhältnisse« in Stadt und Land beschäftigen Bundes-, Landes- und Kommunalpolitiker seit vielen Jahren. Auf Bundesebene arbeitet die Kommission für »Gleichwertige Lebensverhältnisse« ressortübergreifend und gemeinsam mit den Ländern und kommunalen Spitzenverbänden an einem Ansatz, um Lösungen für attraktives Leben und Arbeiten in Stadt und Land zu finden. Die Landflucht der jüngeren Generation beschleunigte in den vergangenen Jahren den demografischen Wandel auf dem Land, führte zu Immobilienleerständen in besonders strukturschwachen Regionen, während Wohnraum in Städten immer knapper und teurer wurde.

LEBENSAUFGABEN: KLIMAWANDEL BEWÄLTIGEN, HUNGER BESIEGEN

Wie gelingt es auf dem Land, Gleichwertigkeit herzustellen und gesellschaftliche und wirtschaftliche Teilhabe zu sichern, um diesem Trend entgegenzuwirken? Wie gelingt es, gleichzeitig die Wirtschaftskraft zu stärken und einen wesentlichen Beitrag zu den großen Aufgaben der Bewältigung des Klimawandels und des Hungers auf der Welt zu leisten?

Im internationalen Vergleich ist in Deutschland der demografische Wandel besonders drastisch und in ländlichen Regionen ist er deutlich stärker ausgeprägt als in urbanen. In den nächsten 15 Jahren verabschiedet sich die gesamte Babyboomer-Generation aus dem aktiven Arbeitsleben. Fortschritte bei der medizinischen Versorgung und der Ernährung lassen uns heute so alt werden wie noch nie. Das sind großartige Fortschritte. Wie gelingt es unter diesen Voraussetzungen, monetär Gleichwertigkeit herzustellen? Wie gelingt es, Solidarität zu schaffen? Wie gelingt es letztlich auch, persönliche Freiheit sicherzustellen? All diese Ansätze wurden bisher meistens aus der großstädtischen Perspektive heraus bewertet. Jetzt wird es Zeit, den Blickwinkel zu verändern.

Jetzt wird es Zeit, den Blickwinkel zu verändern.

Während die Bevölkerungszahl bei uns abnimmt und die Menschen älter werden, passiert international das Gegenteil. Seit meiner Geburt im Jahr 1982 hat sich die Weltbevölkerung fast verdoppelt.[66] Zahlreiche Prognosen sagen weitere Steigerungen voraus. Bei der Bekämpfung des Hungers weltweit konnten in derselben Zeit trotz der steigenden Bevölkerungszahlen enorme Fortschritte erzielt werden. Dennoch hungern weltweit heute immer noch etwa so viele Menschen, wie in Deutschland insgesamt leben. Während wir uns in Deutschland aus einer sehr satten Perspektive am Erreichten laben, schmilzt unser technologischer Vorsprung wie Schnee in der Sonne. Der Klimawandel verschärft die Versorgungsfrage weltweit.[67] Europa darf die Menschen mit ihrem Leid nicht alleinlassen. Wirksame und moderne Pflanzenschutzmittel werden zwar in westlichen Ländern entwickelt, sie müssen aber allen Kontinenten zur Verfügung stehen. Unser wirtschaftlicher und gesellschaftlicher Aufstieg darf nicht auf dem Rücken ärmerer Staaten ausgetragen werden.

DILEMMA ÖKOLANDBAU

Es lohnt sich, von Zeit zu Zeit die Perspektive zu wechseln und den Blick aufs Wesentliche zu lenken. Mich sorgen die Trägheit und trügerische Selbstgefälligkeit, mit der Debatten bei uns geführt werden. Deutschland müsste Vorreiter beim Klimaschutz sein, stattdessen verlieren wir uns im Klein-Klein. Deutschland will Tempolimits und Fahrverbote statt Technologieführerschaft, fördert Elektromobilität statt CO_2-Einsparungen. Blühwiesen bringen Landwirten heute über Subventionen höhere Einkommen als der Verkauf von hochwertigen Lebensmitteln. Der Erfolg der Vergangenheit ist die Produktion und Veredelung von gesunden und hochwertigen Nahrungsmitteln, mit denen ein Landwirt heute 135 Menschen ernährt. Der Erfolg der Zukunft wird es sein, die Verfügbarkeit von genügend Lebensmitteln in hoher Qualität sicherzustellen. Der subventionsgetriebene Ausbau des Ökolandbaus vergrößert nicht nur die Umverteilung von Arm zu Reich, denn Subventionen für den Ökolandbau kommen aus den Steuermitteln aller und dienen der Erzeugung von Lebensmitteln für die 10 Prozent der Bevölkerung, die sich die teureren Lebensmittel überhaupt leisten können. Durch die geringeren Erträge verbraucht Ökolandbau auch mehr fruchtbare Böden und erzeugt somit im schlimmsten Fall mehr Hunger weltweit.[68] Die Energiewende verursacht im europäischen Vergleich Wettbewerbsverzerrungen durch hohe Strompreise, die letztlich die Bürger direkt über den eigenen Verbrauch und indirekt über ihre Steuern finanzieren. Eingriffe ins Eigentum, begründet durch vermeintliche moralische Überlegenheit, sind heute Alltag geworden: durch Mietpreisbremse, durch

Umweltauflagen, durch Verwaltungsvorschriften und vieles mehr. Wir brauchen Gleichwertigkeit ohne moralische Bewertung, um den Aufstieg ländlicher Regionen und die Gleichstellung mit anderen Regionen voranzutreiben.

Wir brauchen Gleichwertigkeit ohne moralische Bewertung, um den Aufstieg ländlicher Regionen und die Gleichstellung mit anderen Regionen voranzutreiben.

Angesichts der globalen Herausforderungen und in Anbetracht dessen, was über die letzten Generationen durch Freiheit und Entfaltungskraft der Menschen bei uns entstanden ist, gibt es keine Rechtfertigung für Eigentumseingriffe. Es gibt keinen Grund, strukturschwache Regionen Deutschlands zum Wolfserwartungsland zu erklären. Stattdessen gilt es, diese Regionen für die nächste Generation besonders zu stärken. Deutschland ist ein schönes Land – tolerant und offen, es bietet eine hervorragende Lebensqualität auch dank seiner ländlichen Räume und eine gute soziale Absicherung. Wir müssen beweglicher werden und ländliche Räume gestalten, anstatt sie stillzulegen.

CORONA ALS INITIALZÜNDUNG

Der Shutdown durch Covid-19 war ein gesamtgesellschaftlicher Gang ins Kloster. Bei vielen Menschen hat er den Blick fürs Wesentliche geschärft. Der Immobiliennachfrage auf dem Land bescherte die Ausnahmesituation neue Rekorde .[69] Corona scheint für einige die Initialzündung dafür zu sein, ihren Lebenstraum von Freiheit in der Natur endlich wahr zu machen, zu entschleunigen, sich ihren neuen Platz zu suchen. Wer im Homeoffice arbeiten kann, ist unabhängig vom Standort. Die Flucht aus der Stadt boomt und definiert Aufstieg neu, über den rein monetären Wert hinaus. Hat es in der Vergangenheit vor allem junge Menschen vom Land in die Stadt gezogen, scheint es nun eine neue, entgegengesetzte Strömung zu geben.

Die Corona-Pandemie hat im ländlichen Raum den Blick auf Gemeinschaft verändert und die Stärken der Solidargemeinschaft neu justiert. Die Einkäufe für gefährdete Nachbarn zu übernehmen, war eine neue Art der

Solidarität und in der Landbevölkerung besonders ausgeprägt. Quarantäneanordnungen in kleinen Stadtwohnungen haben den Wert von Platz und Gemeinschaft erhöht.

In meiner Heimatgemeinde ist beispielsweise ein gemeinsamer Kartoffelacker entstanden. Die Idee war so einfach wie genial und zudem auch noch sinnstiftend: Man wollte gemeinsam ein Grundnahrungsmittel herstellen. Die Gemeinde arbeitete zusammen, und sie entschied demokratisch darüber, wie der Anbau gestaltet wird. Meine Familie stellte für dieses Pilotprojekt einen Acker zur Verfügung, der Gemeinderat organisierte via Whatsapp die Arbeitsleistung. Die Gemeinschaft, von Jung bis Alt, traf sich auf dem Feld zum Pflanzen, Unkrautbekämpfen und Ernten. So wuchsen auf dem Feld nicht nur Kartoffeln, sondern auch ein neues Bewusstsein für die Gemeinschaft, für den wahren Wert von Lebensmitteln und das Wissen darüber, das anscheinend schon verloren war. Der größte Erkenntnisgewinn war letztlich aber sogar die Bedeutung einer funktionierenden, lebendigen Kommune, denn ohne den Einsatz des Bürgermeisters und seines Teams wäre ein aktives Dorfleben unmöglich gewesen.

Eine andere Gemeinde startete eine Baumpflanzaktion. Jeder Einwohner soll für seine Nachkommen Bäume pflanzen. Das Ziel ist das gleiche: eine sinnvolle Tätigkeit mit der Stärkung der Gemeinschaft generationsübergreifend zu verbinden.

Solche Beispiele gibt es zuhauf. Und sie alle steigern die Zufriedenheit und die Identität und tragen zur Markenbildung des Landlebens bei. Sie schärfen den Blick für die Zukunft, ohne dabei einen Schritt zurückzugehen .[70] Die jüngeren Generationen auf dem Land wissen genau, welche Lebensqualität das Land bietet. Sie brauchen keine teure Kampagne zur Identitätsstiftung. Die jungen Menschen erwarten, dass Politiker endlich ihre Hausaufgaben machen und die Prioritäten über schöne Kampagnenfotos hinaus umsetzen. Dorfkind zu sein macht stolz und prägt die Identität einer ganzen Generation. Youtube und Instagram-Profile verstärken den Gestaltungswillen der Generation Dorfkind und verschaffen dem Landleben eine neue Aufmerksamkeit. Durch diese Identifikation ergeben

Die jüngeren Generationen auf dem Land wissen genau, welche Lebensqualität das Land bietet.

sich neue Aufstiegschancen fürs Land. Früher mussten junge Menschen in die Stadt gehen, um ihren Traum vom Aufstieg zu realisieren. Das geht heute auch vom Land aus. Durch Digitalisierung rückt die Welt näher zusammen.

DIGITALISIERUNG ALS GLEICHWERTIGKEITSBESCHLEUNIGER

Wer Netz hat, ist im wahrsten Sinne des Wortes online. Wer offline ist, wird auch gesellschaftlich abgehängt. Von der Verwaltung bis zur Schule müssen wir überall digitaler werden. Die Corona-Pandemie hat die Versäumnisse der letzten Jahre gnadenlos sichtbar gemacht. Es gibt nicht wenige, die sagen, sie könnten den Begriff Digitalisierung nicht mehr hören. Doch wir haben noch nicht genug über Digitalisierung gesprochen, solange ein Landwirt nicht auf jedem Feld googlen kann, wie sich der Getreidepreis entwickelt. Der neueste Mobilfunkstandard muss an jeder Milchkanne verfügbar sein. Das ist für das Aufstiegsversprechen an die Menschen in ländlichen Regionen genauso wichtig wie Zugang zu fließendem Wasser und Strom.

Digitalisierung muss den Menschen dienen, das gilt sowohl für die Telemedizin als auch für Online-Shopping und Datenupload. Anschluss an digitale Infrastruktur zu haben, ist Grundvoraussetzung für gesellschaftlichen Aufstieg in ländlichen Räumen. Durch Anschluss an digitale Lebensadern werden wir das Staatsziel der Gleichwertigkeit erreichen. Dazu müssen wir groß denken und beweglicher werden. Es ist kein Naturgesetz, dass es den Menschen in Europa besser geht. Unsere Vorfahren haben für Europa gekämpft. Das müssen wir fortsetzen!

Unsere Vorfahren haben für Europa gekämpft. Das müssen wir fortsetzen!

Freie Demokraten wollen unser Land besser machen. Wir denken nicht in Stadt-Land-Kategorien, sondern ermöglichen es den Menschen, dort zu leben, wo sie glücklich werden. Wir wollen Freiheit, wirtschaftlichen Erfolg, hohe Arbeitsstandards und Klimaschutz im globalen Wettbewerb verteidigen. Digitalisierung ist dazu Fortschrittsbeschleuniger, denn sie ermöglicht es Menschen, ihre Talente und ihre Kreativität dort auszuleben, wo sie sich wohlfühlen.

Ich bin als Agrarpolitikerin viel in ländlichen Räumen unterwegs. Dabei erfahre ich viel über die Ziele und Wünsche der Menschen. Ich bin auch Mutter und Landwirtin mit eigenen Lebenserfahrungen. Diese prägen und leiten mich natürlich auch als Politikerin. Fünf Dinge sind, meiner Erfahrung nach, über die Digitalisierung hinaus zu tun, um ländliche Räume nach vorne zu bringen:

1. BILDUNG IST BIOTOP FÜR TALENTE UND CHANCEN

Corona hat in unserem Bildungssystem die Spreu vom Weizen getrennt. Das Ernteergebnis zeigt, dass es besonders im Bereich der Digitalisierung bundesweit noch viele Hausaufgaben zu erledigen gibt. Mein Fraktionskollege Thomas Sattelberger bezeichnete Bildung einmal als den Humus, auf dem Wirtschaft, Zivilgesellschaft und öffentliche Verwaltung wachsen und gedeihen können. Bildung müsse Talentbiotop sein. Ist sie das?

Laut einer Sinus-Studie definieren Jugendliche Leistung vermehrt über Einkommenssicherheit und Stabilität.[71] Das scheint mir zunächst eine reflektierte Grundlage zu sein. Nachdenklich macht mich, dass Erfolg und Aufstieg davon abgekoppelt als weniger erstrebenswert erachtet werden. Den Status quo zu erhalten, war in meinem Leben nie ein erstrebenswertes Ziel. Stillstand wäre auch nie möglich gewesen. Wandel im Arbeitsleben, neue Erkenntnisse im Umweltschutz, mehr Tierwohl: Das alles erfordert ständige Beweglichkeit. Das Streben nach Weiterkommen, das Vorantreiben von Innovation, die Umsetzung einer Idee: Das alles hat die Welt zu dem gemacht, was sie heute ist. Und darauf können wir stolz sein. Weniger als die Hälfte der Deutschen ist erwerbstätig, und dennoch ist für alle gesorgt. Die Demokratie hat diesen Erfolg gestaltet. Das Land profitiert von seinem großen Vorrat an Kapital, auch dem geistigen. Dieser Vorrat ist Ergebnis der sozialen Marktwirtschaft, die Wachstum nachhaltig ermöglicht hat. Aber wie lange noch? Kapital bewegt sich dorthin, wo es am produktivsten eingesetzt werden kann. Die Produktivität hat in Deutschland unlängst kaum noch zugelegt, zuletzt stagnierte sie laut dem Deutschen

Institut für Wirtschaftsforschung sogar .[72] Die Grundlage für Produktivität liegt im Streben nach Selbstentfaltung und Selbstverwirklichung, nicht im Streben, den Status quo zu erhalten. Die Zukunft gehört denen, die etwas tun! Und die Zahlen bescheinigen uns hier Aufholbedarf.

Wenn alle studieren, wer baut dann die Universitäten? Der Fachkräftemangel treibt mittelständischen Familienunternehmern nicht nur im ländlichen Raum Sorgenfalten auf die Stirn. Zu wenig junge Menschen entscheiden sich für eine berufliche Ausbildung und zu viele merken erst nach einem abgebrochenen Studium, dass ihr Glück in einer praktischen Tätigkeit liegt.

Jungen Menschen steht die Welt heute offen. Unser Bildungssystem hat Türen in unzählige Richtungen geöffnet. Das sollte der Schlüssel zu besseren Aufstiegschancen sein. Es wird diesem Anspruch nicht gerecht, dass viele Jugendliche die richtige Tür für sich nicht auf Anhieb finden und zahlreiche Umwege nehmen. Immer mehr Jugendliche finden überhaupt keine geeignete Tür und verlassen die Schule ohne Abschluss und damit ohne Ausbildungsreife.

Wir können uns Bildungsverlierer nicht leisten. Junge Menschen brauchen Aufstiegschancen.

Eine Schülerin berichtete mir von einem Vergleichstest, den sie mit ihrer Klasse lösen musste. Schon vor Beginn des Tests wurde die Klasse darauf hingewiesen, dass dieser Test für Gleichaltrige aus Bayern konzipiert sei, daher sollten die Schüler über ihr voraussichtlich schlechtes Abschneiden nicht zu enttäuscht sein. Die Schülerin fühlte sich erfreulicherweise angespornt, denn sie sah nicht ein, warum sie als Rheinland-Pfälzerin ein schlechteres Ergebnis abliefern sollte als eine bayerische Schülerin. Und sie hat recht! Individuelle Aufstiegschancen dürfen nicht von den Grenzen zwischen Bundesländern abhängig sein. Wenn Bayern offensichtlich weniger Bildungsverlierer produziert, sollte Deutschland sich in diesem Punkt Bayern zum Vorbild nehmen, denn im internationalen Wettbewerb konkurrieren alle Kinder und Jugendlichen weltweit gemeinsam um die Arbeitsplätze von morgen. Dabei ist jeder wichtig, ob Arzt oder Dachdecker. Wo soll denn der Arzt seine Patienten untersuchen, wenn er kein Dach über dem Kopf hat? Und von wem soll der Dachdecker nach einem Arbeitsunfall versorgt werden, wenn er keinen Arzt hat?

Der Mensch fängt nicht erst beim Abitur an. Jedes Kind hat individuelle Talente. Wir brauchen ein Bildungssystem, das diese Talente besser entdeckt und fördert. Daran messen sich am Ende der Erfolg eines Landes und seine Innovationskraft. Um früh zu begeistern und die Vielfalt der Möglichkeiten erlebbar zu machen, braucht es auch in der Politik neue Ideen. Rheinland-Pfalz nutzt beispielsweise in den Ferien Ausbildungswerkstätten für Ferienfreizeiten, um Jugendliche bereits früh für mathematische und naturwissenschaftliche Ausbildungswege zu begeistern. Bildungspolitik ist mehr als schreiben, rechnen und lesen. Bildungspolitik ist die Grundlage von Erfolg. Bildung ist der Humus, der dem Wissen von morgen seine Kraft gibt. Ohne diesen fruchtbaren Bildungsboden kann unser Land nicht gedeihen!

Wir können uns Bildungsverlierer nicht leisten. Junge Menschen brauchen Aufstiegschancen.

2. WIRTSCHAFT IST ENTWICKLUNGSMOTOR

Tausende Industrie- und Handwerksbetriebe, Land-, Wein- und Forstwirtschaft und vieles mehr verleihen ländlichen Räumen ihre Power. Es sind diese Betriebe, die unser Land gestalten, die Wertschöpfung produzieren, von der die gesamte Gesellschaft profitiert. Es sind diese Unternehmen, die Deutschland durch ihre Stabilität aus der Finanzkrise getragen haben. Und es sind diese Unternehmen, die zum Buhmann der Bundespolitik geworden sind. Verdienen sie das? Wo Vertrauen geht, kommt Papier. Und die Bürokratieflut, die dadurch im letzten Jahrzehnt entstanden ist, belastet alle; aber vor allem kleinere Unternehmen leiden zunehmend darunter. Durch Corona sind einige Branchen besonders stark getroffen. Der Pandemieverlauf hat welt- und europaweite Produktions- und Vermarktungsketten unterbrochen. Durch Veranstaltungsausfälle und Reisewarnungen sind ganze Branchen in ihrer Existenz gefährdet. Milliardenschwere Rettungspakete innerhalb Deutschlands und Europas sollen Härten abfedern. Milliarden, die auch in Zukunft den Aufbau privaten Vermögens und privater

Altersvorsorge erschweren, da die Zinsen dadurch weiterhin nicht steigen können. Deshalb muss Arbeit jetzt Vorfahrt haben. Die Menschen müssen durch Erwerbstätigkeit ihr eigenes Leben selbstbestimmt gestalten können. Die Unternehmen könnten dadurch ein weiteres Mal dazu beitragen, eine Krise zu überwinden. Wir brauchen keine Postwachstumsesoterik. Wachstum ist kein Luxus. Es ist schlicht notwendig, um die Zukunft zu gestalten. Gestaltung braucht Optimismus und kein allgegenwärtiges Damoklesschwert.

Es gibt immer mehr Menschen, die uns weismachen wollen, Wachstum sei gefährlich. Wir hätten die Grenzen des Wachstums erreicht und müssten jetzt wieder schrumpfen, um Nachhaltigkeit zu sichern. Diese Haltung ist gefährlich.

Nachhaltigkeit wird im ländlichen Raum ausschließlich auf Ökologie fokussiert. Der aktuell sehr schlechte Waldzustand, ausgelöst durch den Klimawandel und eine Borkenkäferinvasion, zeigt, mit welch fatalen Folgen. Das ist besonders dramatisch, weil der Begriff Nachhaltigkeit maßgeblich durch den Wald geprägt wurde. Hans Carl von Carlowitz schrieb im Jahre 1713 erstmals über Nachhaltigkeit im Zusammenhang mit forstwirtschaftlichen Belangen.[73] Damals waren die Holzpreise stark gestiegen, und ein Raubbau des Waldes war zu befürchten. Er überlegte also, wie man eine nachhaltige Nutzung sichern kann, und kam zu dem Schluss, dass man eine dauerhafte Nutzung planen muss und den Wald nicht ausbeuten darf. 1987 gab es dann durch ein globales Gremium für Umwelt und Entwicklung der Vereinten Nationen eine Modernisierung des Nachhaltigkeitsbegriffs. Man kam zu dem Dreisäulenmodell.[74] Ökologie, Ökonomie und soziale Gerechtigkeit sollen gleichberechtigt betrachtet werden, um nachhaltiges Wirtschaften zu sichern.

Nachhaltigkeit wird im ländlichen Raum ausschließlich auf Ökologie fokussiert.

Angesichts dessen ist der Umgang mit Waldschäden nicht nachhaltig, sondern fahrlässig. Die Waldbesitzer stehen mit dem Rücken zur Wand. Anstatt die Schäden zu bekämpfen, müssen sie die Schadenentwicklung verwalten. Den Waldbesitzern fehlt häufig schon das Geld, um geschädigte Flächen aufzuforsten. Die Holzpreise sind im Keller. Für Neuanpflanzungen fehlt das Geld. Es deutet sich bereits in manchen Regionen Deutschlands ein Ausverkauf des Waldes an. Wälder sind unsere Lungen, sie halten uns gesund und fit. Ihre Leistungsfähigkeit zu erhalten ist eine Aufgabe, die uns alle angeht. Und der Wald ist aktuell ein Beispiel dafür, wie fahrlässig wirtschaftliche Nachhaltigkeit in den vergangenen Jahren durch Fokussierung auf ökologische Nachhaltigkeit vernachlässigt wurde.

Meine Erfahrungen als Landwirtin sind ähnlich. Auch in meiner Branche wird Nachhaltigkeit heute politisch ausschließlich auf den ökologischen Bereich fokussiert. Paradoxerweise führt das in der Landwirtschaft bereits dazu, dass Umwelt und Tiere darunter leiden. Denn Produktion, die durch Auflagen und Regulierungen ins Ausland verlagert wird, führt selten zur Umsetzung höherer Standards. Was die Textilindustrie schon lange hinter sich hat, erleben aktuell Automobilindustrie und Landwirtschaft. Nachhaltig ist diese Politik nicht. Investition in Innovationen dagegen sind für mich der größte Nachhaltigkeitstreiber.

Das wird im Stall deutlich. Welcher Bauer melkt heute noch von Hand, wenn es Melkroboter gibt? Das verbessert nicht nur die Gesundheit der Tiere und die Qualität der Milch, sondern erhöht auch die Lebensqualität der Landwirte und bringt ihnen neue Freiheiten. Doch wer heute eine Investition in einen Stallneubau plant, stößt an die Grenzen der Machbarkeit.

Das Streben nach einer postmodernen Bullerbü-Landwirtschaft der Vergangenheit mündet bei vielen in einer überromanisierten Vorstellung von Natürlichkeit im ländlichen Raum. Die Vergangenheit war aber keineswegs romantisch, sondern von harter Arbeit geprägt und bedeutete oft großes Leid.

Die Schwester meiner Großmutter starb als Kind nach einem Sturz in die Dreschmaschine. Diese Erfahrung traumatisierte meine Großmutter ihr ganzes Leben lang, und damit war sie nicht allein: Unfälle mit schwerem Ausgang waren damals allgegenwärtig.

Fortentwicklungen in der Technik, eine bessere Ausbildung und konsequenter Unfallschutz in Unternehmen haben glücklicherweise für ein enormes Maß an Arbeitssicherheit in allen Industriebereichen geführt. Dass es heute oft Sozialdemokraten sind, die die Rückabwicklung dieser Fortschritte forcieren, ist erstaunlich. Das Bundesumweltministerium offenbarte in einem Impulspapier kürzlich seine Vorstellung von Landwirtschaft 2050. Diese erinnerte mich mehr an Erzählungen meiner Großeltern, als dass darin Zukunftsmusik anklänge. Da sitzt ein Bauer auf einem Traktor, während die Bäuerin barfuß und im Kleidchen mit der Heugabel hantiert. Was die Landwirtschaft der Zukunft sicher nicht braucht, sind Nostalgie und überholte Frauenbilder.[75] Statt der Vergangenheit nachzuhängen, sollten Politiker mutig und entschlossen nach vorne schauen und gemeinsam mit den Unternehmern Verbesserungen beim Umwelt- und Klimaschutz vorantreiben. Gleichzeitig müssen Freiräume geschaffen werden. Wir brauchen Vereinfachungen beim Planungsrecht, Vorfahrt für Innovation und keine weiteren Belastungen.

Die Suche nach einem Impfstoff gegen Covid-19 entfesselt derzeit die internationale Forschergemeinschaft und beseitigt auch manifestierte Schranken in den Köpfen. Die Dringlichkeit der Aufgabe führte sogar zu einer Lockerung des Zulassungsverfahrens in der EU. Die klinischen Studien konnten nach einem Beschluss vom 14. 7. 2020 starten, ohne dass die bisher obligatorische Umweltverträglichkeitsprüfung für die eingesetzten gentechnisch veränderten Mikroorganismen abgeschlossen sein muss.[76] Diesen Pragmatismus gilt es, für die Zukunft zu erhalten. Risikobewertung ist ein wichtiger Bestandteil von Zulassungsprozessen in der Medizin und auf dem Acker. Risiken abzuwägen, ist Teil einer verantwortungsvollen Forschung. Niemals sollen sich Katastrophen wiederholen wie damals durch das Medikament Contergan, das zu schwersten Fehlbildungen bei Föten führte. Innovation zu verhindern, indem man immer höhere Zulassungsvoraussetzungen schafft, ist dagegen ebenso kontraproduktiv. Bei der roten Gentechnik steht glücklicherweise der Nutzen inzwischen gesellschaftlich außer Frage. Bei der grünen Gentechnik wirken die alten Denkverbote leider weiter. Dabei wird die Sicherstellung der Nahrungsmittelversorgung für eine wachsende Weltbevölkerung trotz Klimawandel und dem damit verbundenen Verlust an fruchtbarer Ackerfläche eine der größten Aufgaben der nahen Zukunft sein. Die Heuschreckenplage in Ostafrika ist wahrscheinlich nur ein Vorgeschmack darauf, welche Herausforderungen vor uns liegen. Das ist keine nationale, sondern eine globale Gerechtigkeitsfrage und sie bestimmt über Aufstieg oder Abstieg.

Fairer und freier Wettbewerb bietet den Menschen die Chance auf Aufstieg, um ihre Lebensträume und ihre Unabhängigkeit zu realisieren. Dieser Wettbewerb bringt Wachstum. Die soziale Marktwirtschaft ist die Grundlage, die wir dafür verteidigen müssen.

Innovationen zu nutzen ist das Gebot der Stunde, um ökonomische, ökologische und sozial gerechte Nachhaltigkeit zu gewährleisten.

Diese Chancen zu nutzen, das ist das wahre Aufstiegsversprechen für unsere Kinder.

3. WIR BRAUCHEN BEWEGUNG

Wer rastet, der rostet. Wir brauchen mehr als nur digitale Mobilität. Mobilität ist der Freiheitstreiber überhaupt. Ich selbst habe mit 15 Jahren meinen ersten Führerschein gemacht, damals mit Ausnahmegenehmigung für Traktor. Es folgten viele weitere. Der Führerschein war für mich Zugang zum ersten selbst verdienten Geld. Und bis heute sind Führerschein und ein eigenes Fahrzeug für Jugendliche auf dem Land von zentraler Bedeutung. Obwohl der öffentliche Personennahverkehr in den letzten Jahren in vielen ländlichen Regionen stark verbessert wurde – übrigens mit enormen finanziellen Anstrengungen –, sind der Roller, das Moped, das Auto und, wie in meinem Fall, der Traktor, für Jugendliche auf dem Land enorm wichtig. Individuelle Mobilität ist viel mehr, als jederzeit ein Ziel möglichst schnell zu erreichen. Sie bringt Freiheit, weit über das Erreichen der Schule, des Ausbildungsplatzes und des Arbeitsplatzes hinaus. Politisch forcierte Verteuerung der Mobilität trifft junge Menschen auf dem Land und Familien besonders hart und schränkt ihre persönliche Freiheit überproportional stark ein. Denn die Distanzen zum Fußballverein, zum Musik- oder Reitunterricht sind oft nur mit dem Auto zu überwinden. Ich bin davon überzeugt, dass neue Technologien Mobilität auf dem Land in einigen Jahren komplett verändern werden. Statt über Einschränkungen, Verteuerungen und Verbote müssen wir über Visionen und Ziele reden. Was theoretisch möglich ist, muss praktisch umgesetzt werden. Auf dem Acker funktioniert autonomes Fahren seit

Was theoretisch möglich ist, muss praktisch umgesetzt werden.

Langem, die rechtlichen Rahmen lassen auf sich warten. Künstliche Intelligenz kann zukünftig ganze Ernteketten steuern. Dadurch lassen sich nicht nur optimale Ernteergebnisse erzielen, sondern auch die Nachhaltigkeit maximieren. Der Treibstoffverbrauch pro geerntete Getreideeinheit kann so optimiert werden. Statt solche Innovationen zu forcieren, setzen die Regierungen lieber auf medienwirksame, einfache Antworten wie beispielsweise Fahrverbote, obwohl die gar keinen nachhaltigen Beitrag zum Klimaschutz leisten.[77] Warum setzen so viele Menschen auf Ideologie statt auf Innovation? Ich möchte, dass wir beweglicher werden, vor allem auf dem Land!

4. RESPEKT VOR LEISTUNG

Meine Großmutter war über zehn Jahre pflegebedürftig, Sie wollte immer dort sterben, wo sie verwurzelt war: zu Hause. Dort waren ihre Erinnerungen, ihr Leben, ihre Tiere. Ihren Wunsch zu erfüllen und sie zu pflegen, war für mich und die Familie selbstverständlich. Ohne Unterstützung geht das bei den meisten Familien nicht. Haushaltshilfen, Pflegedienste und private, meist ausländische Pflegekräfte gehören heute zum Alltagsbild in Haushalten älterer Menschen. Doch das stellt für die Familien eine enorme Belastung dar: finanziell, körperlich und emotional. Deshalb müssen wir Soziales auf dem Land nachhaltiger entwickeln als bisher und dürfen dabei die Familien nicht vergessen. Das ist ein elementarer Zukunftsbaustein. Die Würdigung von Lebensleistung ist eine Frage der Generationengerechtigkeit. Letztlich starb meine Großmutter im Altersheim nicht weit von zu Hause entfernt. Sie entschied sich nach acht Jahren Pflege zu Hause selbst für ein Leben dort. Sie lernte dort neue Menschen kennen, wurde professionell versorgt. Die Pflegekräfte kümmerten sich selbstlos um die älteren Menschen. Als Familie waren wir dort immer willkommen. Das Highlight für meine Oma war der wöchentliche Hundebesuch. Wie wichtig die Verbindung zwischen Menschen und Tier ist, hat auch ein Landwirt in Rheinland-Pfalz erkannt und daraus ein Konzept entwickelt. Er erkannte die Zeichen der Zeit und baute seinen Hof zum Alterswohnsitz für Senioren um, gründete sogar einen eigenen Pflegedienst. Die betagten Bewohner helfen nun bei der Versorgung der Tiere. Die Wartelisten sowohl für neue Bewohner als auch für angehende Mitarbeiter sind lang. Solche Projekte sollten Schule machen. Sie bereichern ländliche Räume und vernetzen Generationen. Eine Gesellschaft, die glücklicherweise immer älter wird, braucht eine Politik, die die Versorgungsfrage im ländlichen Raum umfassend beantwortet. Hausärztemangel und Krankenhausschließungen in ländlichen Räumen machen Schlagzeilen und sind Wasser auf die Mühlen von Populisten. Telemedizin kann einen Beitrag zur Versorgungssicherheit leisten, technische Hilfsmittel können bei der Pflege helfen. Der Respekt vor der Lebensleistung jedes Menschen muss immer an erster Stelle stehen. Die Gesundheitsversorgung und die Pflege von älteren Menschen in besonders strukturschwachen Regionen sicherzustellen ist sowohl personell als auch finanziell eine besondere Zukunftsherausforderung. Diese Herausforderungen zu lösen, daran hängt das Aufstiegsversprechen im ländlichen Raum.

Der Respekt vor der Lebensleistung jedes Menschen muss immer an erster Stelle stehen.

5. WER SEINE HEIMAT LIEBT, GESTALTET SIE

Politik vor Ort ist die Königsdisziplin der Politik. Bundes- und Landespolitiker neigen bisweilen zu einem Blick von oben herab, dabei wäre ein Aufschauen zu Kommunalpolitikern angebracht. Mir fällt immer wieder auf, dass es oft kommunalpolitische Themen sind, die die Menschen bewegen. Das ist leicht nachvollziehbar: Politische Entscheidungen haben auf kommunaler Ebene unmittelbare Auswirkungen auf das Leben der Bürger, während viele Entscheidungen auf Länder- bzw. Bundesebene für die Menschen eher abstrakt sind. Kommunalpolitik ist deshalb von entscheidender Bedeutung für die Lebenszufriedenheit der Menschen und die Stärkung der Demokratie. Mir ist es wichtig, die Menschen für Politik vor Ort zu begeistern. Besonders stolz bin ich auf die vielen Frauen und Männer, die sich anstecken lassen und bereit sind, Verantwortung zu übernehmen. Seit der letzten Kommunalwahl in Rheinland- Pfalz hat die älteste Stadt im Hunsrück einen liberalen Stadtbürgermeister. Die Ansiedlung von Gewerbe und

Menschen treibt er durch die Erschließung von entsprechenden Baugebieten genauso konsequent voran wie die Stärkung der vorhandenen Strukturen. Das zeigt, Liberale in Verantwortung gestalten Zukunft aktiv. Politiker vor Ort brauchen Beinfreiheit. Die kommunale Selbstverwaltung darf nicht nur eine Floskel sein. Wer bestellt, muss auch bezahlen. Demokratie braucht kein gegenseitiges Beäugen, sondern Menschen, die gemeinsam nach vorne streben.

HEUTE FÜR MORGEN SÄEN

Ländliche Räume waren zu lange idyllische Kompensationsflächen. Wir müssen heute die Saat für Gleichwertigkeit säen, unser Bildungssystem revolutionieren, unseren Blick auf die Wirtschaft erneuern, die Beweglichkeit erhöhen, Lebensleistungen respektieren und aus Liebe unser Land gestalten. So erneuern wir das Aufstiegsversprechen für die nächste Generation im ländlichen Raum!

KAPITEL 13

DEUTSCHLAND BRAUCHT MEHR FORTSCHRITTSBEGEISTERUNG, WENIGER GERMAN ANGST

Torsten Herbst

Torsten Herbst, geboren 1973 in Dresden, studierte in Dresden und Liverpool International Business Studies. Der Diplom-Kaufmann (FH) arbeitete im Anschluss in verschiedenen Positionen in Marketing und strategischer PR. Von 2004 bis 2014 war Herbst Parlamentarischer Geschäftsführer der sächsischen FDP-Landtagsfraktion. Seit 2017 ist er Obmann der FDP-Bundestagsfraktion im Ausschuss für Verkehr und digitale Infrastruktur.

Als am 7. Dezember 1835 die erste deutsche Eisenbahn mit der Lokomotive »Adler« auf der Bahnstrecke zwischen Nürnberg und Fürth rollte, gab es nicht nur Beifall. Im Gegenteil: Einige Ärzte und Technikkritiker sagten voraus, dass der Qualm Fahrgäste und grasendes Vieh vergiften werde. Jeder Passagier im Zug könne schlimme Gehirnkrankheiten erleiden. Der Fahrtwind bei einer »wahnsinnigen Geschwindigkeit« von 30 oder 40 Kilometern pro Stunde werde Lungenentzündungen verursachen. Ein Pfarrer in der Kleinstadt Schwabach sah sogar den Weltuntergang auf Schienen: »Die Eisenbahn ist ein Teufelsding, sie kommt aus der Hölle, und jeder, der mit ihr fährt, kommt geradezu in die Hölle hinein!«

Die Geschichte zeigt: Es ist ganz anders gekommen. Fortschrittsgeist und neue Technologien von Eisenbahn bis Internet haben unser Leben einfacher und besser gemacht. Sie ermöglichen eine bisher nie gekannte globale Vernetzung, die Begegnung zwischen Menschen und Kulturen über Tausende Kilometer hinweg, den Austausch von Waren und Dienstleistungen über Kontinente. Selbst einst wirtschaftlich abgehängte Regionen der Welt, beispielsweise in Asien, erlebten dadurch einen wirtschaftlichen Aufstieg, der Armut massiv reduziert hat. Für Deutschland, das »Land der Tüftler und Denker«, ist Fortschrittsgeist der Garant unseres Wohlstandes.

Für Deutschland ist Fortschrittsgeist der Garant unseres Wohlstandes.

Doch Begeisterung und Sehnsucht nach Fortschritt sind hierzulande nicht selbstverständlich. Zwar haben Internet und Smartphones auch in Deutschland ihren Siegeszug angetreten, doch zu oft scheint die »German Angst« von 1835 weiterhin unser Leben zu bestimmen. Eine Angst, die zumeist weder rational noch wissenschaftlich begründet ist und uns doch oft in der Entwicklung lähmt.

Heute erleben wir ein ganzes Bündel von Ängsten: Angst vor Kernkraft, Angst vor Gentechnologie, Angst vor Fracking, Angst vor dem neuen Mobilfunkstandard 5G, Angst vor Flugdrohnen, Angst vor Impfpräparaten, Angst vor der Magnetschwebebahn, Angst vor autonom fahrenden Autos, Angst vor künstlicher Intelligenz – die Liste ließe sich beliebig fortsetzen.

Vorsicht, wenn nicht sogar Angst, vor nicht einschätzbaren Risiken ist menschlich und kann Leben schützen. Doch ein Land mit allumfassender

Ängstlichkeit und Fortschrittsskepsis wird keinen Wohlstand, keine Zukunft und keine aufstiegsorientierte Gesellschaft schaffen.

Natürlich ist nicht jede neue Technologie erfolgreich, nicht jede erweist sich als Gewinn für eine Gesellschaft. Manche scheitert an zu hohen Risiken, zu hohen Kosten oder an unüberwindbaren Problemen bei der praktischen Umsetzung. Dennoch wäre es unklug, von vornherein auf Forschung und Erprobung innovativer Ansätze zu verzichten. Denn wenn sich die Deutschen nicht trauen, werden andere die Chance nur zu gern ergreifen. Wir haben dann das Nachsehen – ob beim Anwerben von Spitzenforschern, beim Aufbau von Technologie-Champions und nicht zuletzt bei Arbeitsplätzen und Wohlstand.

Deutschland braucht einen Mentalitätswechsel.

Deshalb braucht Deutschland einen Mentalitätswechsel. Innovationen müssen als Chance für unser Land begriffen werden und neue Technologien als Bereicherung. Beim Experimentieren sollten nicht Bedenken, sondern Pioniergeist an allererster Stelle stehen.

OHNE TECHNOLOGIESPRÜNGE KEIN WOHLSTAND

Wovon hängt der Wohlstand einer Nation ab? Sicher auch von der Fähigkeit zur Entwicklung neuer, bahnbrechender Technologien. Ohne sie bleibt wirtschaftlicher Aufstieg eine Illusion. Innovationskraft gilt als zentraler Schlüssel für technologischen Fortschritt und ist damit Voraussetzung für neue Generationen von Produkten, Prozessen und Dienstleistungen. Ob wir an Cloud Computing, künstliche Intelligenz, Robotik oder autonomes Fliegen denken: Je innovationsstärker eine Nation ist, desto größer ist in der Regel ihre globale Wettbewerbsfähigkeit und desto wohlhabender sind ihre Menschen.

Ein Blick in die Geschichte zeigt, welche Wohlstandszuwächse durch Technologiesprünge möglich sind – oder auch, welcher wirtschaftliche Abstieg drohen kann, wenn sie ausbleiben. Die Erfindung der Dampfmaschine hat die industrielle Revolution in England und Europa eingeleitet. Das World Wide Web stellte seit Anfang der 1990er-Jahre unsere althergebrachte Kommunikation und Wirtschaftsordnung völlig auf den Kopf. Das iPhone als erstes Smartphone für den Massenmarkt zeigte nicht nur, dass ein Handy viel mehr sein kann als nur ein Telefon, sondern hat einen völlig neuen Markt für Hardware und Apps geschaffen – mit einem jährlichen Umsatz von über 600 Milliarden US-Dollar.

Heute ist Deutschland eine starke Exportnation und ein Hochlohnland, das sich hohe Sozialstandards leisten kann. Dazu trägt vieles bei, unter anderem gut ausgebildete Arbeitskräfte, Leistungsbereitschaft, Unternehmergeist, »deutsche Effizienz« und gerade auch der technologische Fortschritt. Denn trotz hoher Arbeitskosten ist es immer wieder gelungen, neue und weltweit gefragte Produkte zu entwickeln und die Produktivität der Wirtschaft zu steigern. Dadurch sind unsere eigene Lebensqualität und unser Wohlstand über Jahrzehnte gestiegen.

Und doch ist der Erfolg kein Selbstläufer. Es gibt keine Garantie dafür, dass Deutschland dauerhaft auf der wirtschaftlichen Sonnenseite steht. Wir befinden uns heute in einem knallharten internationalen Wettbewerb, der von den »Technologie-Supermächten« USA und China, aber auch »digitalen Schnellbooten« wie Israel, Südkorea, Singapur oder Taiwan angetrieben wird. Märkte und Geschäftsmodelle verändern sich rasend schnell. Wer sich auf dem Erreichten ausruht, kann in kürzester Zeit ins Hintertreffen geraten. Wer erinnert sich heute beispielsweise noch daran, dass Siemens einst zu den führenden Herstellern von Mobiltelefonen gehörte? Der globale Innovationswettbewerb findet unter anderem in der Forschung statt. Der Anteil Chinas an der weltweiten Forschungsleistung ist von 1995 bis 2015, also innerhalb von 20 Jahren, von drei auf 17 Prozent gestiegen. Die Vereinigten Staaten kommen auf rund 22 Prozent, Deutschland auf rund 5 Prozent.

Mit dem Blick auf unser Land stellt sich die Frage: Können wir diesen Innovations- und Technologiewettbewerb bestehen? Und was brauchten wir dafür, welche Weichen müssten wir anders stellen?

Leider entsteht derzeit der Eindruck, dass wir hierzulande mit dem Erreichten zufrieden und satt sind. Im Grunde begnügen wir uns oft mit dem Status quo. Die vergangenen zwei Jahrzehnte waren in Deutschland nicht vom Wunsch geprägt, etwas haben zu wollen, sondern etwas nicht haben zu wollen, und ebenso nicht davon angetrieben, in modernste Technologien ein-, sondern lieber auszusteigen. Statt Lust auf Neues macht sich eine neue Lust auf Verzicht breit. Der menschlich verständliche Wunsch nach einem wieder einfacheren und risikoloseren Leben in einer immer komplizierteren und als immer bedrohlicher empfundenen Welt ist nachzuvollziehen. Gefährlich wird es, wenn dieses individuelle private Empfinden zum gesellschaftlichen Ziel für alle erhoben wird – ganz gleich, ob es um Nukleartechnologie, Gentechnologie, den 5G-Mobilfunkstandard, Big Data oder künstliche Intelligenz geht. Häufig dreht sich die öffentliche Debatte zuerst reflexartig um vermeintliche Risiken, nicht jedoch um Chancen. Diese Einstellung bremst den Aufstieg unseres Landes und verringert die Wohlstandschancen jedes Einzelnen.

Die Digitalisierung revolutioniert unsere Wirtschaft genauso wie einst die Erfindung der Dampfmaschine. Cloud Computing und das »Internet der Dinge« sowie künstliche Intelligenz sorgen für lange nicht gekannte Entwicklungssprünge. Der Wettbewerb um die Mobilität der Zukunft ist entbrannt – ob bei autonomem Fahren auf Straße und Schiene oder dem Transport per Drohne in der Luft. Im weltweiten Konkurrenzkampf gehört Deutschland dabei mit Ausnahme der Industrie 4.0 leider nicht zu den Pionieren, sondern zu den Spätentwicklern.

Erfolg ist kein Selbstläufer. Es gibt keine Garantie dafür, dass Deutschland dauerhaft auf der wirtschaftlichen Sonnenseite steht.

Wer heute einen Blick auf die Börsenbewertung deutscher Technologieunternehmen im weltweiten Vergleich wirft, wird erstaunt sein. Nur das Waldorfer Softwareunternehmen SAP und die Deutsche Telekom spielen im globalen Maßstab tatsächlich eine Rolle. Bei den Technologie-Start-ups mit einer Milliardenbewertung sind wir abgeschlagen, bei privatem Venture Capital erst recht. Während 2019 in deutsche Start-ups rund 5,7 Milliarden US-Dollar flossen, waren es in den Vereinigten Staaten über 100 Milliarden und in China über 50 Milliarden.[78] Von den sogenannten »Unicorns« (Einhörnern) –neuen, nicht börsennotierten Unternehmen mit einer Marktbewertung von über einer Milliarde US-Dollar – sind Mitte 2020 in Deutschland 13 ansässig, in den Vereinigten Staaten 229 und in China 123.[79]

Und auch bei Patentanmeldungen sieht sich Deutschland mit einem immer härteren Wettbewerb konfrontiert. Laut einer Untersuchung der Bertelsmann Stiftung in Kooperation mit Econ Sight gehörte Deutschland noch 2010 bei 47 von 58 Technologien zu den Top-3-Nationen mit den meisten Weltklassepatenten.[80] Bis zum Jahr 2019 hat sich der deutsche Anteil mehr als halbiert – auf 22 Technologien. In einigen Bereich waren und sind wir gut im Erfinden, aber schlecht in der kommerziellen Umsetzung. Telefax, Audiodateiformat MP3, Magnetschwebebahn sind deutsche Patente, die jedoch anderswo in der Welt kommerziell realisiert wurden.

Der nachfolgende beispielhafte Blick auf einige zukunftsrelevante Wirtschaftsbereiche zeigt, welche Auswirkungen fehlende Technologiebegeisterung, Fortschrittsskepsis und überzogene Risikoangst haben.

ZUKUNFT DER ENERGIEVERSORGUNG BRAUCHT TECHNOLOGIEOFFENHEIT

Bis zum Jahr 2040 wird der weltweite Energieverbrauch um rund ein Drittel steigen, sagt die »Energy Outlook«-Studie des Energiekonzerns BP voraus. Vor allem die Menschen in Entwicklungs- und Schwellenländern sehnen sich nach mehr Wohlstand und einer Lebensqualität, die für uns heute selbstverständlich ist.

Erst knapp 14 Prozent des weltweiten Primärenergieverbrauchs – also für Stromerzeugung, Industrie, Verkehr und Klimatisierung – stammen heute aus regenerativen Quellen, der Löwenanteil weiterhin aus fossilen Rohstoffen. Selbst in Deutschland ist das Verhältnis nicht wesentlich anders: Hier werden rund 78 Prozent des Energiebedarfs mit Erdgas, Erdöl und Kohle gedeckt. Eines wird angesichts der Zahlen deutlich: Der weltweite Energiehunger lässt sich weder durch Verzichtsappelle noch durch Windräder befriedigen. Ohne echte Technologieoffenheit wird keine CO_2-arme Energieerzeugung möglich sein.

Über viele Jahrzehnte waren Unternehmen aus Deutschland führende Zulieferer für den Bau von Kraftwerken, unser Land galt als Innovationspionier in der Energieerzeugung. Heute sind wir weltweit eher als Aussteiger bekannt: aus der Kernkraft, aus der Steinkohle, aus der Braunkohle, aus dem Verbrennungsmotor, aus der Technologie zur CO_2-Speicherung in tiefen Gesteinsschichten (CCS). Wer soll in Zukunft unsere Anlagen kaufen, wenn wir selbst kein Vertrauen mehr in Technologien haben, sie auf Eis legen oder gleich ganz fallen lassen?

Am 11. März 2011 ereignete sich eine Naturkatastrophe mit weitreichenden Folgen. Ein verheerender Tsunami traf das 1971 erbaute japanische Kernkraftwerk Fukushima Daiichi mit voller Wucht. Notstrom- und Notkühlsystem fielen aus, eine Kernschmelze setzte ein. Glücklicherweise starb niemand an den direkten Folgen des massiven Störfalls, der Tsunami kostete hingegen rund 20 000 Menschen das Leben. Wider besseres Wissen sprach noch 2013 – da war der beschleunigte deutsche Atomausstieg längst beschlossen – die damalige Grünen-Bundesvorsitzende Claudia Roth von 16 000 Toten der »Atomkatastrophe«. Dies fasst nachträglich gut den Tenor der deutschen Debatte um den Atomausstieg zusammen. Die Ursache des Fukushima-Super-GAUs wurde in der öffentlichen Wahrnehmung völlig verdrängt. Ausgerechnet in einem als erdbeben- und tsunamigefährdet geltenden Gebiet war ein nicht erdbeben- und tsunamisicheres Kernkraftwerk in Betrieb.

Verschiedene Studien haben untersucht, durch welche Art der Energieerzeugung weltweit die meisten Todesopfer zu beklagen sind. Die Ergebnisse sind nicht unbedingt erwartbar. Bei der Energiegewinnung erweisen sich Kohle und Öl als am tödlichsten, die Kernkraft zählt dagegen sogar trotz der Nuklearkatastrophe von Tschernobyl zusammen mit der Windkraft zu den sichersten Energiequellen.

Einen großen volkswirtschaftlichen Schaden verursachte der japanische Tsunami auch rund 9000 Kilometer entfernt – in Deutschland. Die Bundeskanzlerin und promovierte Physikerin Angela Merkel erklärte am 9. Juni 2011 vor dem Bundestag die Nutzung der Nukleartechnologie für »nicht beherrschbar« – noch wenige Monate zuvor hatte ihr Kabinett eine Laufzeitverlängerung für deutsche Kernkraftwerke beschlossen.

Das schrittweise Aus für alle deutschen Atomkraftwerke bedeutete nicht nur eine Entscheidung über die Zukunft einzelner Kraftwerksstandorte. Es war zugleich eine politische Entscheidung zur weitgehenden Abwicklung des Nukleartechnologiestandortes Deutschland mit einst starken Industrieunternehmen und einer Forschung auf Weltklasseniveau. Hierzulande hat die Nukleartechnologie keine Zukunft, weltweit sind jedoch über 150 Kraftwerke in Planung und Bau – einige davon, beispielsweise in Russland und China, mit Reaktoren der neuesten Generation, die sich bei einem Störfall auf sichere Weise und ohne externen Energiebedarf selbst abschalten. Ob ein Land zur Energieerzeugung Kernkraft nutzt, ist eine politische und wirtschaftliche Frage. Wenn ein führendes Industrieland wie Deutschland die Nutzung und Forschung an einer Hochtechnologie nahezu aufgibt, wirft dies kein positives Licht auf die Zukunftsfähigkeit eines Landes.

Ob ein Land zur Energieerzeugung Kernkraft nutzt, ist eine politische und wirtschaftliche Frage.

Dass die Kernkraft bei der Deckung des Energiebedarfs der Zukunft eine Rolle spielen wird, ist nicht sicher, aber wahrscheinlich. Microsoft-Gründer Bill Gates betonte 2019 in der *Washington Post* sogar, dass Kernenergie »die Lösung für den Klimawandel« sei. Sein Unternehmen TerraPower baut, wie Dutzende Start-ups im Silicon Valley, Reaktoren neuen Typs. Bei vielen handelt es sich um modulare Minireaktoren. An technischen Konzepten für Flüssigsalzreaktoren, auch als Dual-Fluid-Reaktor bekannt, wird derzeit weltweit gearbeitet. Noch ist diese Technologie Zukunftsmusik, aber eine sehr wohlklingende: Sie produziert kaum noch nuklearen Abfall und kann als geschlossenes System nicht überhitzen. Das als Brennstoff infrage kommende Thorium ermöglicht es sogar im Vergleich mit Uran, die bis zu zweihundertfache Energiemenge zu erzeugen.

Und wie sieht es heute in Deutschland aus? In Greifswald steht die Kernfusions-Experimentieranlage »Wendelstein 7-X«. Wir beteiligen uns an der europäischen Atomgemeinschaft EURATOM und am internationalen Forschungsprojekt ITER, bei dem ein Kernfusionsreaktor im südfranzösischen Cadarache gebaut wird. Am Konzept des Dual-Fluid-Reaktors forscht zudem das Institut für Festkörper-Kernphysik in Berlin. Auch einige weitere Forschungsreaktoren werden in Deutschland betrieben. Enthusiasmus für die Kernphysik gibt es jedoch hierzulande längst nicht mehr. Wenn es eine Zukunft für Nukleartechnologie gibt, dann für lange Zeit erst einmal nicht in Deutschland.

Der Anteil erneuerbarer Energien in den deutschen Stromnetzen steigt von Jahr zu Jahr. Doch ein Problem bleibt: Die Zeitpunkte von Stromproduktion und hohen Nachfragen passen oft nicht zusammen. Eine Industrienation kann jedoch ihre Produktion nicht danach ausrichten, wann gerade die Sonne scheint oder der Wind weht. Deshalb wird eine verstärkte Nutzung erneuerbarer Energien davon abhängen, ob es gelingt, diese in Größenordnung zu speichern. Auch dafür brauchen wir neue Technologien. Die Umwandlung von Grünstrom zu Wasserstoff und Methangas (Power-to-Gas) wäre dafür eine Möglichkeit. Daraus könnten zudem Kraftstoffe und Rohprodukte für die chemische Industrie erzeugt werden. Doch auch hier gibt es Widerstände. Besonders grüne Politiker sehen in synthetisch hergestellten E-Fuels eine »gefährliche Hintertür« zum Fortbestand des politisch in Ungnade gefallenen Verbrennungsmotors.

MOBILITÄT DER ZUKUNFT MIT INNOVATIONEN STATT VERKEHRSWENDE

Wer in Deutschland derzeit verkehrspolitische Veranstaltungen besucht, wird kaum am inflationär gebrauchten Wort »Verkehrswende« vorbeikommen. Für Experten und Politiker ist das zumeist ein Synonym für die Abkehr vom Auto und für den Ausbau öffentlicher Verkehrsangebote. Wenn es überhaupt noch Individualverkehr geben soll, dann vor allem mit dem Lastenfahrrad. Es geht auch nicht um mehr Begeisterung für neue Mobilitätstechnologien, sondern um die Lenkung und Umerziehung der Bevölkerung. Statt einer Verkehrswende im Sinne einer 180-Grad-Wende zurück in die Vergangenheit – zurück zur Kutsche? – bräuchte Deutschland dagegen eine neue Leidenschaft für Mobilitätsfortschritt.

Richtig ist, dass der gesamte Verkehrssektor mit anteilig rund 30 Prozent einer der großen Energie-Endverbraucher ist.[81] Die Verbindung individueller Mobilitätswünsche mit nachhaltigen und CO_2-armen Transporttechnologien erscheint da schlüssig. Doch im Kern funktionieren Eisenbahn, Bus und Straßenbahn immer noch so wie vor Jahrzehnten. Es wird in starren Angebotskategorien gedacht, nicht aus der Sicht des Nutzers, der jederzeit schnell und bequem von seiner Wohnung zur Haustür seines Fahrziels kommen möchte. Bei der Eisenbahn hat Deutschland im internationalen Vergleich seine einstige Pionierrolle und seinen technischen Vorsprung verspielt. Auch das ist ein Ergebnis fehlenden Zutrauens in innovative Transporttechnologien.

Mobilität schafft Lebensqualität und sichert Wirtschaftskraft. Leider ist Deutschland im Verkehrssektor oft viel zu ängstlich und zögerlich. Bereits die langwierige Diskussion um die Zulassung von Elektro-Straßenrollern (E-Scootern) offenbarte eine gehörige Portion Innovationsskepsis. Flexible »On Demand«-Fahrdienste wie Bolt, Uber, Yandex oder Grab, die ganz einfach per Smartphone-App gebucht werden können, gibt es mittlerweile überall auf der Welt. Ausgerechnet das Autoland Deutschland tut sich damit jedoch bis heute schwer. Vor allem die Taxibranche und ÖPNV-Unternehmen befürchten Konkurrenz und den Verlust von Fahrgästen. Dabei ist klar, dass für manche Kunden – gerade im ländlichen Raum – ÖPNV-Linienfahrpläne keine Alternative zum flexiblen Auto bieten. Verfügbare Taxis sind in vielen Landkreisen gerade in den Abend- und Nachtstunden Mangelware. Die Angst vor Veränderungen und Widerständen hält die Bundesregierung jedoch bisher davon ab, einen neuen gesetzlichen Rahmen für eine flexible und nachfrageorientierte Personenbeförderung zu schaffen.

Früher einmal waren Eisenbahnen zuerst in Großbritannien, dann in Deutschland eine der treibenden Kräfte für die Industrialisierung des Landes. Die Bundesrepublik verfügt auch heute noch über eines der dichtesten Gleisnetze der Welt. Doch die großen Technologiesprünge liegen schon lange zurück. Der Start der ersten ICE-Generation im Jahr 1991 war die letzte große Bahninnovation für Reisende in Deutschland. Zu diesem Zeitpunkt verkehrten die französischen TGV-Hochgeschwindigkeitszüge immerhin schon seit zehn Jahren. Die Ära der japanischen Shinkansen-Schnellzüge begann sogar bereits in den 1960er-Jahren.

Mobilität schafft Lebensqualität und sichert Wirtschaftskraft.

Überhaupt bauen asiatische Länder ihre Hochgeschwindigkeitsnetze in einem gänzlich anderen Tempo aus und setzen dabei auf neue Generationen von Bahnen. So hat die Volksrepublik China die deutsche Transrapid-Magnetzugtechnologie als erstes Land kommerziell genutzt und weiterentwickelt. Der jüngst in China entwickelte neue Maglev-Magnetzug wurde als Prototyp bereits erfolgreich getestet und soll einmal mit bis zu 600 Kilometern pro Stunde unterwegs sein. Ebenfalls ein Maglev-Zug wird noch in diesem Jahrzehnt die japanischen Großstädte Tokio und Nagoya verbinden. Reisende werden für die Entfernung von 286 Kilometern nur 40 Minuten benötigen. Während die in Deutschland entwickelte Magnetzugtechnologie derweil in Asien erfolgreich ist, hat die Deutsche Bahn jüngst bekannt gegeben, rund dreißig neue ICE-Züge mit einer Spitzengeschwindigkeit von bis zu 320 Kilometern pro Stunde zu ordern – auf der Technologieplattform des ICE3, die bereits Ende der 1990er-Jahre entwickelt wurde.

An innovativen Verkehrstechnologien wird aber nicht nur für den Boden, sondern auch für den Luftraum geforscht. Für viele Megacitys auf der Welt bietet dies eine vielversprechende Perspektive zu heutigen Verkehrsstaus. Längst sind »fliegende Taxis« keine Science-Fiction mehr, sondern bereits in der technischen Erprobung. Bei elektrisch angetriebenen Multikoptern stehen beispielweise deutsche Ingenieure und Firmen an vorderster Technologiefront. Hubschrauberähnliche Drohnen können Personen und Fracht über verschiedene Entfernungen transportieren. Sie werden von mehreren Rotoren angetrieben, starten und landen dabei senkrecht auch auf engem Raum.

Autonom fliegende Luftfahrzeuge besitzen das Potenzial, die Mobilität zu revolutionieren. Bereits im Oktober 2011 startete das im baden-württembergischen Bruchsal ansässige Unternehmen e-volo (heute Volocopter) mit dem Prototyp VC1 den ersten, damals bemannten Flug eines rein elektrisch angetriebenen Fluggeräts. Auch Wettbewerber wie Airbus und das deutsche Start-up Lilium arbeiten an eigenen Luftfahrzeugkonzepten.

Im April 2017 startete Volocopter die Produktion des aktuellen Modells »2X« und begann im gleichen Jahr ein längeres Versuchsprogramm – allerdings in Dubai und nicht in Deutschland. Denn für Tests hierzulande sind die Bedingungen weniger attraktiv als im Wüstenstaat oder in Singapur. In

Deutschland gilt für Passagierflüge eine Flugplatzpflicht. Außenlandungen sind ebenso verboten wie der autonome Flug ohne menschliche Piloten. Für einen Durchbruch der zukünftigen Nutzung von Flugtaxis müssten die gesetzlichen Regelungen in Deutschland erheblich reformiert werden.

Die Auslieferung von Paketen durch unbemannte Drohnen funktioniert bereits in einigen Teilen der Welt im Alltag. Das Drohnensystem Skyways von Airbus Helicopters lieferte bereits 2016 Pakete auf dem Campus der University of Singapore aus. Inzwischen beliefern die Drohnen im Hafen von Singapur ankernde Schiffe mit Verbrauchsmaterialien aus dem 3D-Drucker. Auch Google testet einen eigenen Lieferservice mit der Tochterfirma Wing in Australien für unterschiedliche Waren – von Lebensmitteln bis zu medizinischen Produkten. Die Mittelstreckendrohne des deutschen Start-ups Wincopter aus Darmstadt fliegt im ostafrikanischen Malawi Antibiotika in Krankenhäuser. Volocopter und das amerikanische Landtechnikunternehmen John Deere kooperieren beim Bau einer Drohne für die Ausbringung von Pflanzenschutzmitteln.

Die Beispiele zeigen: Das Know-how für innovative Drohnen ist in Deutschland vorhanden, doch getestet und erprobt wird wieder einmal woanders in der Welt.

DER KAMPF GEGEN DEN HUNGER BRAUCHT GRÜNE GENTECHNIK

Das Bevölkerungswachstum auf der Erde ist ungebrochen. Und trotz immenser Fortschritte ist der Welthunger weiterhin ein ungelöstes Problem. Bis 2050 wird die Weltbevölkerung laut den Vereinten Nationen voraussichtlich von 7,8 auf 10,9 Milliarden Menschen zunehmen. Die landwirtschaftliche Nutzfläche wird jedoch nicht in gleichem Maße wachsen können, wenn wir keinen immensen Raubbau an der Natur wollen wie etwa den derzeit fortschreitenden Kahlschlag des Regenwaldes. Klimaveränderungen erschweren schon jetzt die Nahrungsmittelproduktion in einigen Regionen der Welt. Wenn mehr Flächenverbrauch nicht möglich ist, wie kann dann eine Lösung aussehen?

Einen Beitrag zur besseren Ernährung der Weltbevölkerung könnte grüne Gentechnik leisten. Gentechnisch veränderte Pflanzen brauchen unter anderem weniger Dünger und haben eine stärkere Resistenz gegen Schädlinge, Viren und Bakterien, aber auch gegen Naturextreme. Im Ergebnis werden höhere Erträge pro Hektar erzielt – ein Gewinn für Umwelt und Welternährung.

In Deutschland wird die Technologie vielerorts bekämpft und Ängste werden geschürt. Politiker unterschiedlicher Parteien – von den Grünen bis zur CSU – fordern einen weitgehenden Verzicht beziehungsweise ein Verbot grüner Gentechnik. Der baden-württembergische Ministerpräsident Winfried Kretschmann (Grüne) stoppte unlängst sogar ein mit fünf Millionen Euro dotiertes Forschungsprogramm seiner eigenen ebenfalls grünen Wissenschaftsministerin. Geplant waren Versuche mit gentechnisch veränderten Pflanzen, die Grünen-Landtagsfraktion stellte sich jedoch dagegen.

In Deutschland wird die Technologie vielerorts bekämpft und Ängste werden geschürt.

In Deutschland können wir uns den Luxus leisten, auf Erträge zu verzichten, ohne gleich hungern zu müssen. Ein Blick in die Welt aber zeigt: Das deutsche Wohlfühlmodell wird dort nicht funktionieren. Und auch wir bringen uns aus Angst um Chancen.

Im Januar 2012 verkündete der deutsche Chemieriese BASF die Aufgabe seines Geschäftsbereiches für Pflanzenbiotechnologie in Europa. Verlagert wurde er nach Raleigh in den US-amerikanischen Bundestaat North Carolina. Die rheinland-pfälzische Umweltministerin Ulrike Höfken (Grüne) wertete den Umzug schulterzuckend als »Ergebnis des mangelnden Erfolgs von Gentechnikprodukten«. Ein grotesker Selbstbetrug: BASF hatte zuvor über eine Milliarde Euro in grüne Gentechnologie investiert. Denn der globale Markt ist groß und wächst weiter. Auf über 13 Prozent der weltweiten Ackerfläche bauen bereits jetzt rund 18 Millionen Landwirte gentechnisch veränderte Pflanzen an. Rund 90 Prozent der in die Europäische Union importierten Sojafuttermittel stammen von gentechnisch veränderten Pflanzen. Doch grüne Gentechnik ist in Deutschland offenbar nicht willkommen.

Dabei bieten gentechnisch angepasste Nutzpflanzen eine ganze Reihe von Vorteilen. Ein bekanntes Beispiel ist der »Goldene Reis«. Heute sorgt der Mangel an Vitamin A für eines der weltweit am meisten verbreiteten Gesundheitsprobleme. Allein 250 Millionen Kinder im Vorschulalter leiden nach Schätzungen der Weltgesundheitsorganisation darunter, bis zu 500 000 Kinder erblinden jedes Jahr. Ende der 1990er-Jahre begannen Forscher der ETH Zürich und der Universität Freiburg mit der Entwicklung der ersten Generation des gentechnisch veränderten »Goldenen Reises«, dessen Pflanzen eine große Menge Beta-Carotin (Provitamin A) bilden. Dieses wird im menschlichen Körper in Vitamin A umgewandelt. Was in Deutschland als Teufelszeug verdammt wird, kann in weiten Teilen Asiens und Afrikas Millionen Kindern helfen.

Gentechnik kann auch dazu beitragen, Schädlingsbefall und damit Ernteausfälle zu verringern. Pflanzen sind damit in der Lage, selbst Insektizide zu produzieren. Bei Mais und Baumwolle ist das bereits seit Jahren Standard. Im Jahr 1995 erfolgte in den Vereinigten Staaten die erstmalige Zulassung einer Maissorte mit einer speziellen Resistenz gegen den Schädling Maiszünsler. Später folgte eine weitere Variante, die gleichzeitig gegen den Maiswurzelbohrer resistent war. Daraus entstand ein positiver Nebeneffekt: Der Einsatz chemischer Pflanzenschutzmittel verringerte sich durch den gentechnisch veränderten Mais massiv. Doch in Deutschland sind die Widerstände gegen grüne Gentechnik weiterhin groß, Versuchsfelder werden nicht zuletzt von »Aktivisten« oft zerstört.

NEUE OFFENSIVE FÜR FORTSCHRITTSBEGEISTERUNG UND INNOVATIONSKRAFT

Fortschrittsbegeisterung und Innovationskraft fallen nicht vom Himmel. Es ist eher wie bei einem Muskel: Sie müssen für ambitionierte Leistungen dauerhaft trainiert werden, sonst schrumpfen sie durch Trägheit. Und sie brauchen ein offenes gesellschaftliches Klima, das Bewährtes immer wieder infrage stellt sowie Neugier, Querdenken, Experimentierfreude und Wagemut fördert. Eine »Ja, aber«- oder »Lieber doch nicht«-Einstellung schließt sicher Risiken aus, doch leider auch zu viele Chancen.

Ein Klima der Bedenken ist häufig schon in der Schule anzutreffen. Die enorme Bedeutung der Naturwissenschaften wird unterschätzt, viele Schulabgänger können kaum einen Algorithmus erklären. Unser traditionelles Bildungssystem fördert häufig nicht Innovationsfreude, sondern bestärkt eher Sicherheitsbewusstsein und Risikovermeidung. Positive Beispiele zur Förderung des Entdeckergeistes wie die Initiative »Haus der kleinen Forscher« in Kindertagesstätten und Grundschulen gibt es, doch sie sind in ihrer Breitenwirkung überschaubar. Wir müssen wieder viel mehr Technikbegeisterung in unseren Schulen schaffen, zum Beispiel durch eine qualitative Aufwertung der Naturwissenschaften. Digitale Lernmittel bieten dafür viele Möglichkeiten. Auch Technik-Arbeitsgemeinschaften, Programmierzirkel oder Schülerakademien können Motivation und Technologiebegeisterung fördern.

Visionäre haben es in Deutschland besonders schwer.

Visionäre haben es in Deutschland besonders schwer. Sie werden schnell als »überdrehte Spinner« angesehen. Stellen wir uns vor, Tesla- und SpaceX-Gründer Elon Musk hätte sich in Deutschland für eine staatliche Förderung von Weltraumraketen beworben, die nach dem Start wieder selbstständig landen. Vermutlich wäre ihm kein Cent Forschungsförderung ausgezahlt worden. Doch SpaceX belehrte die Kritiker eines Besseren. Nach mehreren Fehlschlägen landete die Antriebsstufe einer Falcon-9-Rakete im Jahr 2016 erfolgreich auf einer Plattform im Meer. Mit solchen bahnbrechenden Technologiesprüngen kann Deutschland kaum noch aufwarten. Dabei wäre es so notwendig, dass wir uns als Gesellschaft große, ambitionierte Ziele setzen. Einen Lichtblick gibt es immerhin mit der neuen deutschen Bundesagentur für Sprunginnovationen (SPRIN-D) in Leipzig. Die soll disruptive, bahnbrechende Technologien fördern, inspiriert vom US-Vorbild Defense Advanced Research Projects Agency (DARPA), aus dessen ARPANET das heutige Internet hervorging. Doch mit einem Budget von gerademal 100 Millionen Euro im Jahr wird es in der Bundesagentur wohl beim Backen kleiner Brötchen bleiben.

Wir brauchen in unserer Gesellschaft wieder mehr Verständnis für Naturwissenschaften und physikalische Zusammenhänge. Wie sich am Beispiel der deutschen »Energiewende« zeigt, fällt es selbst Medien und Politikern schwer, zu erklären, unter welchen Voraussetzungen ein Stromnetz stabil funktioniert oder was den Unterschied zwischen volatilen und grundlastfähigen Energiequellen ausmacht. Häufig erleben wir ideologische und schablonenhafte Diskussionen statt Wissenschaftlichkeit – ob bei der Umweltbilanz von E-Autos oder der Nutzung von Gentechnik. Und wer beispielsweise heute dafür plädiert, in die Forschung im Bereich Nukleartechnologie zu intensivieren, gilt schnell als Fall für den Irrenarzt.

Aber auch Medien haben eine besondere Verantwortung. Nicht selten gibt es Beiträge, die sich ausführlich mit »Entschleunigung« und »Innehalten« beschäftigen – allerdings nicht als maß- und verantwortungvoller Einsatz von Technik, sondern als radikaler Verzicht. Sie fördern gewollt oder ungewollt eine Kultur der Selbstzufriedenheit und Bequemlichkeit. In technologieaffinen Ländern wie Südkorea, Japan, Taiwan, den USA oder Estland wäre eine solche Einstellung undenkbar. Man würde ausgelacht. Dort gelten Technologiebegeisterung, Risikobereitschaft und Fortschrittsgeist als positiv und erstrebenswert. Diese Haltung sollten wir auch hierzulande wieder stärker verinnerlichen.

Wir brauchen in unserer Gesellschaft wieder mehr Verständnis für Naturwissenschaften und physikalische Zusammenhänge.

Seit langer Zeit hat unser Land den Ruf als die Ingenieurschmiede der Welt. Auch heute noch bilden deutsche Hochschulen hervorragenden Ingenieurnachwuchs aus. 2018 verließen knapp 130 000 Absolventinnen und Absolventen der Ingenieurwissenschaften deutsche Hochschulen – immerhin ein Anteil von rund 26 Prozent aller Absolventen. Doch das Interesse am naturwissenschaftlichen Studium ist rückläufig. Geradezu düster sieht es im Zukunftsfach Informatik aus. Hier schließen pro Jahr rund 27 000 Absolventinnen und Absolventen ihr Studium ab. Dabei liegt die Zahl der offenen Stellen für IT-Spezialisten laut dem Branchenverband BITKOM bereits jetzt bei rund 124 000.[82] Ohne eine massive Stärkung der entsprechenden Studiengänge werden uns in Zukunft schlicht die klugen Köpfe für Innovationen fehlen.

Mut machen, Visionen aufzeigen, Anerkennung statt Neid, Dinge ermöglichen: Was im Silicon Valley und in einigen asiatischen Ländern zur nationalen DNA gehört, sollte auch uns viel stärker Vorbild sein. Dafür brauchen wir politische Entscheidungsträger, die den Raum für Innovationen weit öffnen. Es geht dabei nicht allein um ein offenes Klima für Weltklasseforschung »Made in Germany«, wir müssen auch die Umsetzung ermöglichen. Es ist sicher ein Erfolg, dass deutsche Unternehmen innovative Drohnentechnik entwickeln. Weitaus besser wäre es etwa, wenn auch die praktische Erprobung hierzulande stattfinden würde. Mehr gesetzliche Experimentierklauseln und Reallabore wären dafür ein Weg.

Echte Innovationen brauchen kluge Köpfe, ein innovationsfreundliches Klima und nicht zuletzt Geld. Im OECD-Vergleich liegt Deutschland bei seinen privaten und staatlichen Gesamtausgaben für Forschung und Entwicklung bei 2,9 Prozent des Bruttoinlandsprodukts, damit jedoch deutlich hinter Israel (4,3 Prozent), Südkorea (4,2 Prozent) und selbst hinter seinem Nachbarn Österreich (3,1 Prozent). Größere Innovationsschübe werden wir nur erreichen, wenn auch mehr privates und staatliches (Risiko-)Kapital fließt. Dazu gehört zudem die Akzeptanz für Fehlschläge. Wer nichts probiert, wird kaum etwas erreichen. Scheitern ist kein Makel, sondern ermöglicht oft das notwendige Sammeln von Erfahrungen auf dem Weg zum späteren Erfolg.

Scheitern ist kein Makel, sondern ermöglicht oft das notwendige Sammeln von Erfahrungen auf dem Weg zum späteren Erfolg.

Digitale Technologien sorgen für gewaltige gesellschaftliche und wirtschaftliche Umbrüche. Wir müssen uns selbstkritisch fragen, ob unsere deutsche Einstellung zu Datenschutz und Digitalpolitik weiter funktioniert. Datensouveränität und Datenkontrolle werden zu Recht großgeschrieben. Datenvermeidung um jeden Preis passt jedoch nicht mehr in die Zeit. Künstliche Intelligenz und maschinelles Lernen brauchen Daten wie ein Organismus seine Nahrung. Leider verengt sich die deutsche Diskussion um »Datenhunger« letztendlich häufig auf

Daten zum Konsumverhalten – gern gepaart mit Kapitalismus- und Konsumkritik. Warum diskutieren wir nicht besser, wie Daten und Algorithmen beispielsweise den Straßenverkehr flüssiger, preiswerter und nicht zuletzt sicherer machen können, oder über die Vorteile bei medizinischer Diagnostik und Früherkennung?

Ein smarter Datenschutz muss Persönlichkeitsrechte schützen, aber die umfassende Bereitstellung anonymisierter Daten ermöglichen. Steuern wir nicht um, wird die digitale Revolution in weiten Teilen einen Bogen um Deutschland und die Europäische Union machen und unsere Abhängigkeit von ausländischen Tech-Giganten weiter erhöhen.

Deutscher Forscherdrang und Erfindergeist haben mehr als 200 Jahre lang Maßstäbe gesetzt und die Welt geprägt. Wir müssen alles dafür tun, dass dies auch in den kommenden Jahrhunderten so bleibt. Begraben wir endlich die »German Angst« und treten wir mit leidenschaftlicher Überzeugung für mehr Technologie- und Innovationsfreundlichkeit ein. Nur so wird uns auch im 21. Jahrhundert ein weiterer Aufstieg gelingen – als Nation und Wirtschaftsmacht, als Gesellschaft und nicht zuletzt für jeden Einzelnen von uns.

KAPITEL 14

DAS STREBEN NACH GLÜCK

Johannes Vogel

Johannes Vogel wurde in Wermelskirchen geboren und ist 38 Jahre alt. Er studierte Politik, Geschichte und Völkerrecht an der Universität Bonn und schloss 2009 mit dem Magister Artium ab. Fünf Jahre lang führte er die Jungen Liberalen als Bundesvorsitzender an, von 2009 bis 2013 war er Mitglied des Deutschen Bundestags und arbeitsmarktpolitischer Sprecher der FDP-Bundestagsfraktion. Seit 2007 gehört er zum Bundesvorstand der Freien Demokraten. Seit 2014 ist Vogel zudem Generalsekretär der FDP NRW. Beruflich ging er nach kurzem Aufenthalt in Peking 2014 zur Bundesagentur für Arbeit und arbeitete als Leiter Strategie- und Geschäftsentwicklung der Internationalen Abteilung (ZAV) und zuletzt als Geschäftsführer der Arbeitsagentur Wuppertal-Solingen. Als Generalsekretär der FDP NRW leitete er hauptverantwortlich den erfolgreichen Wahlkampf der Freien Demokraten bei der Landtagswahl 2017. Zur Bundestagswahl 2017 kandidierte Vogel erneut im Wahlkreis Olpe/Märkischer Kreis I und ist seitdem Mitglied des 19. Deutschen Bundestags. Er verantwortet die Arbeitsmarkt- und Sozialpolitik der Fraktion der Freien Demokraten.

»Life, Liberty and the pursuit of Happiness« – Leben, Freiheit und das Streben nach Glück. Für mich ist das eine der schönsten Aufzählungen in der gesamten politischen Ideengeschichte. 224 Jahre, nachdem diese Wörter ihren Weg aus der theoretischen Gedankenwelt der Aufklärung in die Unabhängigkeitserklärung der Vereinigten Staaten von Amerika und damit in die konkrete politische Realität gefunden haben, wirken sie weder verstaubt noch unangemessen. Aber es scheint notwendig, ihre Bedeutung im politischen Diskurs immer wieder hervorzuheben. Das Zeitlose zeigt sich in seiner andauernden Aktualität. Kaum etwas ist vitaler als dieser Dreiklang: Leben, Freiheit und das Streben nach Glück.

Das nackte Leben ist nicht interpretationsbedürftig und für jeden Menschen von gleicher existenzieller Bedeutung. Der Unterschied zwischen tot und lebendig leuchtet jedem ein, damit allein ist allerdings noch keinerlei Aussage über Individualität oder Originalität getroffen. »Liberty«, die Freiheit, ist als Begriff voraussetzungsvoller. Sie trennt aber nicht viel – in dem berühmten Halbsatz ja auch nur ein Komma – vom nackten Leben und seinem Schutz, der als notwendige, aber noch nicht hinreichende Bedingung jeder Freiheit gelesen werden muss. Ansonsten konnten die weißen Autoren – weibliche Autoren und solche anderer Hautfarben gab es nicht, ihnen wurde im Jahr 1776 noch das Freiheitsversprechen vorenthalten – sich hier auf ein grundsätzliches Vorverständnis bei ihrer Leserschaft verlassen, das seit den Tagen der Antike einen sicher verschlungenen, aber nie ganz abreißenden Weg in die Köpfe des späten 18. Jahrhunderts – und in unsere heutigen Köpfe – gefunden hat. Selbstbestimmung als konkret zu lebende Freiheit in der Gesellschaft würden wir »Liberty« heute wohl nennen, die historisch bisher einzig und allein ihren organisatorischen Ausdruck im demokratischen, liberalen (Grund-)Rechtsstaat findet.

Das nackte Leben ist nicht interpretationsbedürftig und für jeden Menschen von gleicher existenzieller Bedeutung.

Von dieser revolutionären Zielsetzung, dem Streben nach Glück, rührt denn auch der moderne Klang. Im Leben das eigene Glück zu suchen, ohne irgendwelche politischen Vorfestlegungen, ganz nach eigenen Vorstellungen, das kommt einem bekannt vor, selbstverständlich sogar, denn das gehört ganz zweifellos zum Bild, das wir (hoffentlich) alle von uns im Jahr 2020 haben. Das gehört zu unserer politischen Identität. Ausgehend vom zwar Fundamentalen, aber auch Konkreten kommt die berühmte Formel damit schon nach sieben Wörtern bei etwas ebenso Zentralem, aber zugleich auch sehr Abstraktem an. Denn genialerweise wird hier weder ein Glückszustand definiert, noch gar das Glück selbst politisch versprochen. Was versprochen wird, ist ein Recht auf Individualität, ist die Zusage, dem eigenen Willen folgen und so seinem Lebensweg diese oder eben auch eine ganz andere Prägung geben zu dürfen, quasi ein »So-Sein-Wollen-Können«, wie man es eben gerade versuchen will, um die eigene Lebensrealität entlang der eigenen Träume zu gestalten. »Der Mensch ist dazu geboren, das zu sein, was er sein will« – so wurde schon in der Renaissance des 15. Jahrhunderts die Würde und Freiheit des Menschen im Kern definiert. Aber hier nun betritt dieser Gedanke endlich auch mit wirklich verbrieftem Recht die politische Bühne. Dass dieses Universalrecht aller Menschen immer auch mit der Verantwortung einhergeht, anderen – und damit auch künftigen Generationen – mit dem eigenen Lebensweg das Recht auf Entfaltung nicht zu verbauen oder zu verwehren und deshalb auch eine intakte Umwelt und solide öffentliche Finanzen zu hinterlassen, liegt dabei auf der Hand. Und während alle Menschen sofort verstehen, was das Versprechen auf das nackte Leben bedeuten soll, kann jede und jeder einzelne, jeder einmalige Charakter eben auch sofort den Wert und die Eigenheit des eigenen, persönlichen Glücks ermessen. Damit wird ein Universum der Vielfalt aufgeschlossen. Das sorgt zuverlässig für die Anschlussfähigkeit dieser politischen Zusage über Zeit- und Kulturgrenzen hinweg. Eine Zusage, die heute in den Ohren junger Menschen in Hongkong daher genauso elektrisierend klingt wie schon in denjenigen der Amerikanerinnen und Amerikaner, die vor langer Zeit die aus ihrer alten, europäischen Heimat mitgebrachte Fürstenherrschaft abschüttelten.

Für Liberale ist die zeitlose Faszination, diese Elektrisierung, die von diesem Dreiklang ausgeht, stets ebenso neuer Anlass zur Hoffnung als auch Verpflichtung. Denn bei aller historischen Bedeutsamkeit spricht der Dreiklang »Life, Liberty and the pursuit of Happiness« ein stets brandaktuelles Lebensgefühl an: das Lebensgefühl, Pilot der eigenen Biografie sein zu wollen, die phänomenale Erfahrung, durch eigene Anstrengung etwas im Leben schaffen zu können. Das ist der emotionale Ankerpunkt liberaler Politik, ihre frohe, exklusive Botschaft. Denn alle anderen politischen Grundströmungen können hier so nicht anknüpfen. Konservative und linke Parteien eint vor allem ihre Vorstellung, Politik habe etwas mit Steuerung zu tun, oft sogar mit Belohnung und Strafe. Sie alle wollen eine Gesellschaft nach ihren Idealen bewahren oder schaffen. Das hat viel mit Detailsteuerung und Gruppendynamik zu tun, aber wenig mit dem individuellen Streben nach Glück. Liberale können mit einer gesellschaftlichen Utopie nicht dienen, weil immer eine Unschärfe im Detail bleiben muss. Denn die Frage, was genau Glück bedeutet, wird wann immer möglich der individuellen gedanklichen Freiheit überlassen – das ist in der politischen Debatte oft eine vermeintliche Schwäche, weil das gezeichnete Bild abstrakter ist. Zugleich ist es aber auch eine Stärke, denn wir wollen zwar mitunter nichts Konkretes durch-, dafür aber immer etwas Allgemeinmenschliches freisetzen, was ungemein kraftvoll ist und durch die daraus entstehende Vielfalt viel farbenfroher.

Dieses Freisetzen ist das Urziel aller liberalen Politik. Und nicht nur weil »pursuit of Happiness« eine englische und keine deutsche Redewendung ist, sondern auch weil Politik immer im Hier und Jetzt stattfindet, müssen wir Freie Demokraten Übersetzer sein. Und so hängen das Streben nach Glück und die Frage von Aufstiegschancen unmittelbar zusammen. Dass jede und jeder *wirklich* die faire Chance bekommt, das Leben in die eigene Hand zu nehmen und seinen oder ihren Traum zu leben – egal, woher man kommt, welche Eltern man hat, ob und woran man glaubt, und egal, wie ungewöhnlich oder ganz »normal« dieser Traum sein mag – das treibt uns als Liberale besonders um, muss uns umtreiben. Hier wird die Freiheit real. Und Maßstab für Politik ist die reale Gesellschaft. In der Theorie konstituiert unser Grundgesetz, diese großartige Verfassung, eine Gesellschaft, in der das sichergestellt ist. Faktisch gibt es aber natürlich auch heute trotz aller Fortschritte noch zahlreiche gläserne Decken, offene und versteckte Diskriminierungen und biografische Pfadabhängigkeiten, die nichts mit Talenten oder Neigungen zu tun haben. Aufstieg ist hierbei wahrlich weder zwingend materiell zu verstehen, noch setzen wir auch nur voraus, dass gesellschaftlicher Aufstieg überhaupt Teil eines jeden Lebenstraums sein *muss*. Aber *wenn* er es wie bei vielen Menschen ist, dann müssen auch alle die Möglichkeit dazu haben, wenn sie hart dafür arbeiten – mit anderen Worten: Eine offene Gesellschaft muss durchlässig sein, sonst ist sie nicht wirklich offen – und nicht liberal.

Eine offene Gesellschaft muss durchlässig sein, sonst ist sie nicht wirklich offen – und nicht liberal.

Die fortlaufende Erneuerung des Aufstiegsversprechens und das konkrete Übersetzen dieses Versprechens in das alltägliche Leben sind daher ein liberales Kernthema. Liberale wollen nicht nur bestehende Strukturen und Konventionen in der Gesellschaft immer wieder hinterfragen, sondern die Veränderung zum Neuen auch mutig vorantreiben. Und dazu zählt auch, aufstiegshindernde Strukturen aufzubrechen. So wie das Verpassen von Lebenschancen muss damit auch das Ausbleiben von Aufstiegschancen auf unserer politischen Seele brennen. Denn das Glück zu suchen, ist zutiefst menschlich.

Wer Biografien politisch präfiguriert, vergreift sich am Streben nach Glück. Und wer für Umstände, die eine Biografie präfigurieren können, nur ein politisches Achselzucken übrig hat, tut das auch. Wie lange wollen wir zum Beispiel noch hinnehmen, dass der Bildungserfolg in Deutschland stärker als anderswo von der Herkunft abhängt? Die familiäre Herkunft oder das Stadtviertel, aus dem man kommt, ist hierzulande immer noch der sicherste Indikator, wenn es darum geht, den zukünftigen Erfolg in unserem zwar weitgehend öffentlichen, aber augenscheinlich wenig offenen Bildungssystem vorherzusagen. Das ist bei uns stärker der Fall als in allen anderen Industrienationen, und das ist beschämend und bleibt eines der größten, wenn nicht das größte Defizit der Bundesrepublik Deutschland im Jahre 2020.

Wie viele Türen bleiben immer noch jeden Tag verschlossen, wenn Jobeinladungen ausbleiben oder Wohnungen nicht gemietet werden können, weil der Klang des Nachnamens, die Farbe der Haut oder der Glaube Benachteiligungen auslöst? Wie einschränkend ist es, wenn auch »nur« eine Politik, die Menschen zu einem Glück zwingen will, das nicht das Ihrige ist, viel zu enge gesetzliche Korridore errichtet, ohne dass alle Menschen in ihrer Pluralität und Diversität den Korridor an unterschiedlichen Stellen verlassen könnten? Unser Sozialrecht will etwa oft nichts von Zickzack-Lebensläufen wissen, sondern ist von der Ausrichtung auf jahrzehntelange Kontinuität gekennzeichnet, so sehr, dass aus Ausrichtung häufig Abrichtung wird. Unfassbare 60 Jahre nach Gründung der Republik war noch ein vorkonstitutionelles Personenstandsrecht in Kraft – und erst 2017 öffnete der Gesetzgeber die Ehe für Menschen gleichen Geschlechts gegen die Mehrheit der Abgeordneten innerhalb von CDU und CSU. Und wer im Jahr 2020 seine wirtschaftlichen Verhältnisse möglichst selbstständig gestalten oder gar ein Unternehmen gründen will, der wird immer noch vor allem mit Formularen und Vordrucken beworfen. Ein Thema wie die Ungleichheit an Eigentum wird schließlich im deutschen Kontext meist immer noch entweder achselzuckend zur Kenntnis genommen oder fröhlich vor allem unter den Vorzeichen semi- oder gleich komplett sozialistischer Zuteilungs-, also Beherrschungsfantasien diskutiert, anstatt unter den Vorzeichen von Vermögensbildung und damit Aufstiegschancen endlich wirklich etwas dagegen zu unternehmen.

Das alles darf man als Liberaler nicht hinnehmen. Anders als andere behaupten wir, nicht zu wissen, wie das Lebensglück in einer vielfältigen und durchlässigen Gesellschaft genau auszusehen hat. Wir glauben auch nicht, dass es sich verordnen lässt, aber wir kennen Gesetze und Strukturen, die Vielfalt und Durchlässigkeit behindern. Und dort, wo wir die Hebel und Lösungen noch nicht kennen, müssen wir danach suchen und um die beste Idee ringen. Denn diese Hürden wegzuräumen, immer wieder gegen sie anzurennen, sie wo nötig, zu zerschlagen, das bleibt unsere Verpflichtung im Angesicht des Strebens nach Glück. Es bleibt die umfassende Herausforderung für uns Freien Demokraten, die politischen Bedingungen zu schaffen, die sozialen Aufstieg ermöglichen, die auch mal den Ausstieg aus einem bestimmten Lebensweg erlauben, um woanders ein- oder aufzusteigen. Die Art und Weise, wie wir sie annehmen, entscheidet auch über unseren eigenen Aufstieg als politische Kraft in Deutschland.

Es bleibt die umfassende Herausforderung für uns Freien Demokraten, die politischen Bedingungen zu schaffen, die sozialen Aufstieg ermöglichen.

AUFSTIEG ALS LEBENSLANGES VERSPRECHEN – VON DER KITA AN

Individuelle Wünsche und Träume erlebbar zu machen, extravagante oder auch ganz konventionelle, unabhängig von Herkunft, Elternhaus, Wohnort, sexueller Orientierung oder Glauben, ist eine anspruchsvolle politische Agenda. Unser Aufstiegsversprechen muss für die gesamte Biografie gelten und den Lebensweg mit den jeweils passenden politischen Angeboten begleiten, ohne ihn steuern zu wollen: Nach Kita, Schule und Kindheit beginnt die Ausbildung, startet das Studium, stellt sich die Frage nach dem Job und der beruflichen Selbstverwirklichung, muss ein bezahlbares Dach über dem Kopf gefunden werden und mit der Familiengründung die Chance gegeben sein, sich materiell etwas aufzubauen und für das Alter vorzusorgen. Das sind nur einige von vielen Themen, die den Menschen auf die eine oder andere Art und Weise begegnen. Und egal, wie der Lebensweg aussieht: Wir wollen dafür sorgen, dass alle ihren Weg selbstbestimmt gehen können. Jede und jeder soll an den Gabelungen des Lebensweges selbst in der Lage sein, echte Entscheidungen treffen zu können und, soweit es geht, auch selbst bestimmen können, wann eine Gabelung des Lebensweges ansteht. Und wenn jede und jeder die Chance hat, wirklich allein durch eigene Entscheidungen, Anstrengungen und Leistungen voranzukommen, dann wird dies als fair und gerecht empfunden, und das hält diese Vielfalt unserer Gesellschaft am Ende zusammen. Hierzu gehört die Entscheidung, jeweils einen Schritt nach vorn, zur Seite oder auch einmal zurückzugehen sowie die auch nach dem ersten Bildungsweg oder einem Rückschlag bestehende Chance, wieder aufzustehen und durchzustarten.

Und egal, wie der Lebensweg aussieht: Wir wollen dafür sorgen, dass alle ihren Weg selbstbestimmt gehen können.

Der Grundstein für ein selbstbestimmtes Leben wird in den ersten Lebensjahren gelegt. Die internationalen Vergleichsuntersuchungen bestätigen uns zweierlei: erstens, dass Deutschland beschämend weit hinten liegt bei der Abhängigkeit des Bildungserfolgs vom Elternhaus, und zweitens, dass der erste Schlüssel für

Chancengerechtigkeit bereits vor der Schule liegt. Und darum müssen wir als Liberale großen Wert auf die Stärkung der frühkindlichen Bildung legen: mit konkreten Konzepten, finanzieller Prioritätensetzung und damit natürlich auch, wo immer möglich, mit der Übernahme von politischer Verantwortung – so wie in Nordrhein-Westfalen, wo nach Regierungsübernahme der FDP in keinem Bereich so viel mehr investiert wurde wie ihn diesem. Dies ist eine entscheidende Prioritätensetzung: Kitas müssen ausreichend finanziert sein, damit sich Erzieherinnen und Erzieher um die frühe Förderung kümmern können und die Eltern sich keine Sorgen um die Betreuung ihrer Kinder machen müssen.

In die Fortbildung erfahrener Erzieherinnen und Erzieher muss ebenso investiert werden wie in die Ausbildung neuer Fachkräfte, weil Bildungsqualität und Bildungschancen für alle Kinder auch davon abhängen, wie viel Zeit jedem einzelnen Kind gewidmet werden kann und was in dieser Zeit passiert – zum Beispiel eine bessere Sprachförderung. Kitas müssen finanziell in der Lage sein, wirklich flexible Öffnungszeiten auch in der Praxis und passend zum realen (Berufs-)Leben umzusetzen – erst dann hilft das der Vereinbarkeit von Familie und Beruf wirklich weiter. Wenn sich die Städte auf die Hilfe des Landes beim Bau neuer Kitaplätze verlassen können, dann schaffen sie ohne Sorgen vor finanziellen Risiken auch tatsächlich dringend benötigte neue Kitaplätze. Und natürlich muss in einem zweiten Schritt – nach einer Stärkung der Qualität – der Kitabesuch komplett beitragsfrei sein, damit die Teilhabe an Bildung und die Chance auf Bildung vom Portemonnaie der Eltern entkoppelt wird.

> **Der Grundstein für ein selbstbestimmtes Leben wird in den ersten Lebensjahren gelegt.**

Das sind die Grundvoraussetzungen für beste Bildung von Beginn an. Aber auch damit dürfen wir uns nicht zufriedengeben. Unser Ziel muss sein, Kitas zu einem Ort zu machen, an dem nicht nur jedes Kind bestmöglich gefördert wird, sondern an dem auch Familien Unterstützung finden, die schwierige Verhältnisse und Herausforderungen bewältigen müssen. Durch die Bündelung von Angeboten, etwa durch den Ausbau von Kitas zu Familienzentren mit Sozialpädagogen und Familienberatern, werden die Einrichtungen zu einem Chancenzentrum für ganze Stadtteile und diese Angebote schon früh bekannt. Dazu gehört auch, dass wir das bürokratische Wirrwarr familienpolitischer Leistungen endlich so ordnen, dass diese konsequent an Teilhabe und Aufstiegschancen ausgerichtet sind, was uns seit Jahren Studie um Studie empfiehlt. So schaffen wir die Voraussetzung, dass ungleiche familiäre, soziale und finanzielle Verhältnisse, in denen Kinder ins Leben starten, aufgefangen, für möglichst viele Kinder ausgeglichen und so Aufstiegschancen gesichert werden. Denn neben der bestmöglichen Bildung in der Kita ist mindestens ebenso wichtig, was vor und nach der Kita in den Familien passiert.

TALENTSCHULEN ALS LEUCHTTÜRME FÜR CHANCENGERECHTIGKEIT

Bildung bleibt ein Leben lang der Schlüssel für Chancengerechtigkeit und Aufstiegsmöglichkeiten. Deswegen ist nach der bestmöglichen frühkindlichen Bildung die schulische Bildung der nächste Lebensabschnitt, in dem wir uns für mehr Aufstiegschancen einsetzen müssen. Die Pisa-Studie bescheinigt dem deutschen Schulsystem in regelmäßigen Abständen, dass sich das Problem der Chancengerechtigkeit wegen der Abhängigkeit des Bildungserfolgs von den Möglichkeiten des Elternhauses im Schulsystem fortsetzt. Und spätestens seit Lernen auf Distanz Alltag ist, ahnen wir: In Zeiten des digitalen Lernens droht die Gefahr, dass dieses Problem noch größer wird.

> Bildung bleibt ein Leben lang der Schlüssel für Chancengerechtigkeit und Aufstiegsmöglichkeiten.

Für die Menschen zählt nicht, wo und welche Beträge auf staatlicher Ebene abrechnet werden – was zählt, ist: Sind ausreichend Lehrerinnen und Lehrer da, damit überhaupt Unterricht stattfinden kann? Sind genug Sonderpädagoginnen und Sonderpädagogen vor Ort, damit individuelle Förderung nicht nur ein Lippenbekenntnis bleibt? Sind genug Plätze im Offenen Ganztag verfügbar, damit Familien nach dem Kindergarten nicht in ein Betreuungsproblem kommen? – Aber auch: Sind die Schultoiletten überhaupt zu benutzen? Sind eigentlich die Dächer dicht? Sind unsere Lehrerinnen und Lehrer fit für digitalen Unterricht und für die neuen Herausforderungen, vor die diese Art zu unterrichten sie stellt? Sind die Schulen so mit IT ausgestattet, dass damit auch wirklich gearbeitet werden kann und nicht das private Smartphone allein einen limitierten Zutritt in die digitale Welt gewährt? Heranwachsende, deren Eltern diese Hardware nicht bezahlen können, müssen bundesweit ein Gerät gestellt bekommen. Wir brauchen Plattformen, über die dieser digitale Austausch zwischen Lehrenden und Lernenden sicher und einfach möglich ist. Alle Lehrerinnen und Lehrer müssen so schnell wie möglich weitergebildet werden, damit die Umstellung auf digitales Lernen gelingen kann. Nachdem unser Land mit dem Digitalpakt Schule und Bildung endlich als nationale Aufgabe begreift, steht das Geld dafür und für die notwendige Qualifizierung der Lehrerinnen und Lehrer längst bereit. Jetzt muss es endlich ohne Bürokratiehürden auch wirklich genutzt werden.

Nach einem guten Start in die Schullaufbahn ist der Übergang von der Grundschule an die weiterführenden Schulformen eine der Gabelungen, die Lebenswegen eine Richtung geben. Deswegen ist es wichtig, dass Kinder hier nicht durch verpflichtende Empfehlungen in Schubladen gesteckt werden, aus denen sie nicht wieder herauskommen. Aus den Schubkästen des deutschen Bildungssystems muss endlich ein offenes System mit vielen unterschiedlichen Stufen und Verbindungstreppen werden. Genau deshalb haben wir uns in NRW dazu entschlossen, in Regierungsverantwortung im ganzen Land Leuchttürme der Chancengerechtigkeit aufzubauen. Diese Leuchttürme strahlen als besonders gut ausgestattete Talentschulen gerade und bewusst in den Stadtteilen mit besonderen sozialen Herausforderungen und machen so in schwierigem Umfeld Bildungschancen unabhängiger von der Herkunft und vom Umfeld der Kinder. Dem liegt auch der Gedanke zugrunde, dass auf unterschiedliche Ausgangssituationen unterschiedlich reagiert werden muss. Brennpunktschulen mit besonderen Herausforderungen müssen besser ausgestattet werden als andere Schulen, wenn Chancengerechtigkeit nicht nur sonntags Bestandteil vieler Reden, sondern unter der Woche Praxis werden soll. Schließlich können die Talentschulen im Idealfall zu »Turnaround-Schulen« werden, die als Nukleus ganze Stadtteile transformieren und auf dem Weg dahin auch Kinder aus anderen Stadtteilen anziehen, weil es hier die beste Bildung gibt.

Welche Chancen Kinder und Jugendliche im weiteren Leben haben, hängt aber auch von den Menschen ihres Umfelds ab. Sind da Eltern, ein Onkel oder die engagierte Nachbarin, die helfen können, wenn das Kind die Textaufgabe bei den Mathehausaufgaben nicht versteht? Sind da Bezugspersonen, die nach einer verhauenen Klausur Mut machen? Sind da Menschen, deren Lebensweg Inspiration für den eigenen sein kann? Familie und ein gefestigtes persönliches Umfeld sind wichtige Faktoren für gelingende Aufstiegsbiografien. In jedem Fall schützen stabile Partnerschaften, hohes Bildungsniveau und soziale Kontakte vor einem Abstieg in Armut. Weil also ein besseres Lebensumfeld Startchancen vergrößert, muss es Schwerpunkt liberaler Politik sein, öffentliche Räume zu schaffen, die Begegnungen fördern, die Interessen von Kindern berücksichtigen und soziale Vielfalt ermöglichen. Dies ist deshalb auch eine Frage der Stadtplanung und Quartierentwicklung, die Menschen zusammenführt und nicht in der Anonymität verschwinden lässt. Deshalb müssen ergänzende, neue Angebote wie Talent-Treffpunkte hinzukommen, in denen Talentscouts als Ansprechpartner die Jugendlichen in ihrem Umfeld abholen. Denn nur so schaffen wir etwa für das Mädchen, das in der Schule nicht mitkommt, aber in ihrer Straße den anderen bei Computerproblemen hilft, die Chance, ihre Talente so einzusetzen, dass sie ihren persönlichen Lebenstraum auch leben kann.

Wer echte Aufstiegsformen ermöglichen will, der muss auch die Durchlässigkeit zwischen den Bildungsformen weiter ausbauen. In den 1970er- und 1980er-Jahren sind unter Regierungsverantwortung der Freien Demokarten viele Hochschulen gegründet worden. Vielen Menschen wurde durch die damalige Bildungsrevolution der Zugang zu akademischer Bildung nach eigenen Präferenzen und Begabungen und damit Aufstieg ermöglicht. Dennoch fallen heute immer noch viele durchs Förderraster beim BAföG, und nach wie vor beginnen viel weniger Kinder von Eltern ohne akademischen Abschluss ein Studium – das kann nicht an der Zufallsverteilung von theoretischer und praktischer Begabung liegen. Hier bleibt daher noch viel zu tun. Junge Erwachsene, deren Eltern nicht studiert haben und deswegen weder Universitätsabläufe noch Bibliothekssystematik erklären können, dürfen nicht allein deswegen von einem Studium abgehalten werden, weil Role-Models, Ratgeber und Netzwerke fehlen.

HIN ZUM ZWEITEN BILDUNGSSYSTEM

Eine erfolgreiche Aufstiegsbiografie setzt aber keinesfalls einen akademischen Abschluss voraus. Auch Ausbildungen, zum Beispiel im Handwerk, sind oftmals Grundlage für echte Aufsteigerlebensläufe. Gerade die berufliche Bildung ist eine Stärke des deutschen Bildungssystems und ein international anerkannter Erfolgsfaktor – deshalb muss ein Meister auch gesellschaftlich ebenso viel wert sein wie ein Master. Chancengerechtigkeit bedeutet eben nicht, eine bestimmte Norm vorzugeben. Vielmehr müssen alle Optionen so gestaltet sein, dass sie Erfolg verheißen können. Wir müssen insbesondere die Jugendlichen in den Blick nehmen, bei denen Talente oftmals noch verschenkt werden, weil sie die Möglichkeiten nicht erkennen, die eine Ausbildung ihrer größeren praktischen Begabung bietet, weil sie nach einem gescheiterten Studium nicht den Weg zu einer Alternative finden oder weil sie, aus welchen Gründen auch immer, mehr Zeit als andere benötigen, die eigene Aufstiegschance zu suchen. In einer globalisierten und eng vernetzten Welt sind zudem Auslandserfahrungen echte Upgrades für den eigenen Horizont und Chancen zur eigenen Entfaltung. Wir sollten daher nicht nur Studienerfahrungen im Ausland im politischen Blickfeld behalten, sondern auch bei den Ausbildungsberufen endlich ein wirklich relevantes Austauschprogramm auf EU-Ebene umsetzen. Wenn man mit dem Erasmus-Programm in Bonn und Paris Wirtschaftswissenschaften studieren kann, dann sollte man auch in Berlin und Rom Teile seiner Ausbildung absolvieren können. Wir müssen die berufliche Ausbildung stärken und attraktive Angebote für das Studium auch auf die Ausbildung übertragen.

Chancengerechtigkeit bedeutet eben nicht, eine bestimmte Norm vorzugeben.

Fatal wäre es mit Blick auf die Geschwindigkeit des digitalen Wandels, mit dem Ende von Ausbildung oder Studium auch gleich das ganze Bildungssystem enden zu lassen. Dies gilt umso mehr, wenn wir über Aufstiegschancen nachdenken: Wenn wir diese dauerhaft sichern wollen, kommen wir mit Blick auf die Halbwertszeit des Wissens nicht um die Erkenntnis der immer weiter wachsenden Bedeutung von Weiterbildung herum. Bildung ist der Schlüssel für soziale Mobilität – und bleibt es auch nach Ausbildung oder Studium. Hier ist in einem Land, in dem zwei Drittel der Beschäftigten dann jedoch heute »ausgelernt« haben und nicht regelmäßig an Weiterbildung teilnehmen, viel zu tun. Wir müssen deshalb über ein echtes zweites Bildungssystem für das ganze Leben sprechen, damit endlich alle im digitalen Wandel mithalten können. Wir können so eine Gesellschaft schaffen, in der auch Spätstarter die Kurve zum zweiten Bildungsweg schaffen und auch Menschen mit 30, 40 oder 50 Jahren, deren erster Bildungsweg schwierig verlief, die Chance zum Aufstieg durch eigene Leistung erhalten. Hierfür braucht man aber ganz neue Denkweisen: Warum gibt es zum Beispiel nicht für alle Bürger ein steuerlich gefördertes Bildungssparen wie bei der privaten Altersvorsorge auch? Und warum schaffen wir in Deutschland kein Midlife-BAföG? Auch Beschäftigte mit geringem Einkommen müssen wie alle anderen auch die Möglichkeit haben, sich für den Arbeitsmarkt der Zukunft fit zu machen – und aufzusteigen. Das BAföG hat einst in den sozialliberalen Bildungsreformen der 1970er-Jahre die Unis und Hochschulen für ganze Generationen überhaupt erst geöffnet. Warum sollte das nicht ebenso bei der Weiterbildung funktionieren?

Das Ziel muss immer die trittfeste Leiter aus der Abhängigkeit hinaus sein.

Ebenso wie die Spätstarter im Bildungssystem dürfen wir übrigens auch diejenigen nicht aufgeben, die durch Übergangsphasen, Wirren des Lebens oder Schicksalsschläge auf die Unterstützung der Solidargemeinschaft angewiesen sind. Deshalb muss das soziale Netz jeder und jedem von uns Hilfen anbieten, wiederaufzustehen und sich weiterzuentwickeln – Hilfen wohlgemerkt, keine Stolperfallen. Die Grundsicherung dafür muss unbürokratischer, würdewahrender und vor allem chancenorientierter werden. Das Ziel muss immer die trittfeste Leiter aus der Abhängigkeit hinaus sein. Auch das muss Teil des gesellschaftlichen Aufstiegsversprechens sein – für jede und jeden und immer wieder aufs Neue. Die heutige Gesetzeslage führt jedoch zum Gegenteil: Das kleine Aufstocken wird maximal belohnt. Wer jedoch mehr arbeitet, muss de facto von jedem zusätzlichen Euro 80 Cent abgeben. Ausgerechnet demjenigen, der Schritt für Schritt der finanziellen Selbstständigkeit näherkommen will, werden also Steine in den Weg gelegt. Das ist absurd und demotivierend. Deshalb müssen die Zuverdienstregelungen der Grundsicherung komplett überarbeitet werden.

DAS AUFSTIEGSVERSPRECHEN ALS CHANCE AUF EIGENTUM

Für viele Menschen in den Wirtschaftswunderjahren war Wohneigentum die Krönung einer erfolgreichen individuellen Aufstiegsgeschichte und damit Ziel und Ansporn zugleich. Eigentum macht unabhängig. Deshalb sind die eigenen vier Wände die beste Altersvorsorge. Sich Eigentum aufzubauen, muss jedoch auch abseits des Wohnraums ganz grundsätzlich leichter werden. Voraussetzung dafür ist natürlich, dass vom Einkommen aus der eigenen, harten Arbeit am Ende des Monats etwas übrig ist und es sich lohnt, mehr zu leisten und sich damit materiell etwas aufzubauen. Der Blick auf die Zahlen macht klar: Die Möglichkeiten zum Eigentums- und Vermögensaufbau in Deutschland müssen deutlich verbessert werden, denn diese dürfen nicht nur denjenigen offenstehen, die es materiell bereits geschafft haben. Der Staat darf nicht zur Bezahlschranke werden, die Aufstieg blockiert. Politik muss vielmehr den Rahmen schaffen, der Anstrengung und Leistung honoriert – von einer geringen Abgaben- und Kostenlast bis zur Gestaltung einer modernen Arbeitswelt, die vielfältige Lebensläufe nicht mehr mit Bürokratie gängelt und Selbstständige und Freelancer wie Erwerbstätige zweiter Klasse behandelt.

Der Staat darf nicht zur Bezahlschranke werden, die Aufstieg blockiert.

Dazu gehört, die Verfügbarkeit von bezahlbarem Wohnraum sicherzustellen. Bei hoher Nachfrage und knappem Angebot in den Städten hilft hier nur, mehr Wohnraum zu schaffen – privaten ebenso wie öffentlichen durch sozialen Wohnungsbau. Dafür müssen vor Ort entsprechende baurechtliche Hürden beseitigt und Anreize durch Bund und Länder so gesetzt werden, dass es sich lohnt, in bezahlbaren Wohnraum zu investieren. Gerade für Liberale muss es ein Kernanliegen sein, Menschen die existenzielle Sorge um ein Dach über dem Kopf zu nehmen. Insbesondere Arbeitnehmerinnen und Arbeitnehmer sowie Selbstständige mit geringen und mittleren Einkommen haben vielfach schlicht nicht die Möglichkeit, ausreichend zu sparen, und können damit auch kaum Vermögen aufbauen. Das können und wollen wir nicht akzeptieren. Union, SPD und Grüne sind hier entweder untätig oder sie verschärfen das Problem noch, indem sie etwa hinnehmen, dass ausgerechnet kleine und mittlere Einkommen in Deutschland so stark belastet werden wie in (fast) keiner anderen Industrienation. Oder indem eine immer weiter erhöhte Grunderwerbsteuer das potenzielle Eigenkapital junger Familien auffrisst und den Traum vom Immobilienerwerb für viele erschwert oder gar verhindert. Oder indem sie auch in Zeiten von Niedrigzinsen die geförderte Altersvorsorge für die meisten Bürger nur für klassische Sparmodelle wie Lebensversicherungen oder Bausparverträge zulassen wollen. Im Gegenteil wäre die Stärkung der Aktienkultur ein zentraler Hebel zum Schließen der Vermögensschere. Deshalb muss nicht nur die Altersvorsorge aktienorientierter werden, sondern wir müssen es daneben auch den Normalverdienern durch höhere Freibeträge leichter machen, sich ganz generell materiell etwas aufzubauen. Hier spielt natürlich fundiertes Wissen und damit Bildung wieder eine wichtige Rolle – Bildung, in der genauso wie das Versmaß von Gedichten auch die Mechanismen des Finanzsystems analysiert werden. Das Schulfach Wirtschaft gehört deswegen in jeder Schulform in den Stundenplan ebenso wie Grundlagen über Coding und Digitalisierung.

Denn wenn Aufstiegschancen für alle vorhanden sein sollen, muss der Kuchen für alle größer werden.

Schließlich sind deshalb alle Politikkonzepte unglaubwürdig, die zwar sozialen Aufstieg bejahen, aber gleichzeitig Wirtschaftswachstum per se diffamieren. Denn wenn Aufstiegschancen für alle vorhanden sein sollen, muss der Kuchen für alle größer werden. Nichts zeigt das besser als die Globalisierung, gegen die so oft gehetzt wird: Die globalisierte Welt ist die beste, in der die Menschheit jemals lebte. Niemals zuvor gab es weniger bittere Armut, mehr grundlegende Bildung, weniger Kindersterblichkeit und mehr Demokratie. Marktwirtschaft und Freihandel waren entscheidende Triebfedern hierfür. Das dürfen wir niemals vergessen, denn Aufstieg sollte man nicht nur für sich selbst, sondern auch für andere wollen.

AUFSTIEG ALS AUFTRAG – FÜR UNSER LAND UND DIE FREIEN DEMOKRATEN

Noch immer gibt es eine weitere große Aufstiegsbremse in unserer Gesellschaft: Diskriminierung und struktureller Rassismus sind im gesamten Lebensweg für viele eine massive, zum Teil unüberwindbare Hürde. Alltagsrassismus ist ein Problem, dem sich die gesamte Gesellschaft stellen muss. Wenn Mitbürgerinnen und Mitbürger wegen ausländischer Wurzeln, die oftmals allein aus dem Namen oder dem Aussehen abgeleitet werden, bei der Wohnungs- oder Jobsuche schlechtergestellt sind, können wir das nicht hinnehmen. Wir müssen endlich bestehende Hürden wegräumen und diskriminierende Strukturen beseitigen – wo immer sie uns politisch und im Alltag begegnen.

Denn so, wie sich die »Life, Liberty and the pursuit of Happiness« auffächern, fächern sich die politischen Aufgaben auf, die sich für die einzelnen Lebensphasen stellen. All das dient dem Zweck, einen einmal eingeschlagenen Lebensweg gleichermaßen frei verfolgen als auch wieder verlassen zu können. Das ist in Deutschland auch heute alles andere als selbstverständlich und bleibt die große angesichts der ebenso wechselhaften wie dynamischen Entwicklung der Menschen nie endende Aufgabe des Liberalismus. Wir haben dafür in der Bundesrepublik Deutschland so gute Voraussetzungen wie noch nie zuvor: eine hochgradig grundrechtssensible Justiz, immer wieder für Fortschritt, zumindest für Veränderung sorgende parteipolitische Konstellationen und Mehrheiten – auch wenn diese Stabilität zunehmend von den Rändern bedroht wird – und eine Gesellschaft, die trotz aller Schwierigkeiten und Defizite noch nie in ihrer Geschichte so grundsätzlich offen war, auch wenn noch viel zu tun bleibt.

Aufstiegschancen sind und bleiben Entfaltungschancen. Wenn sie von immer mehr Menschen ergriffen werden können, entsteht ein sich selbst verstärkender Prozess. Denn das Aufstiegsversprechen ist wie eine Leiter: Politik und Gesellschaft müssen Stufen bauen – aber hochsteigen muss jede und jeder selber. Hierfür werden Vorbilder gebraucht, die vorangehen oder dazu motivieren, an die Trittfestigkeit der Stufen zu glauben. Solche Vorbilder stärken Selbstvertrauen und die Hoffnung, dass wir wirklich in einer offenen Gesellschaft leben. Sie inspirieren dazu, dem einen Schritt einen weiteren folgen zu lassen, auch wenn es mal schwierig wird – eben den eigenen Traum zu leben. Role Models müssen sichtbar sein – im eigenen Freundes- und Bekanntenkreis ebenso wie in Politik, öffentlichem Dienst, Wirtschaft und den Medien. Denn »you can be what you see«!

Aufstiegschancen sind und bleiben Entfaltungschancen.

Wir wollen unter allen Umständen die Chancen von Vielfalt, Wandel und Erneuerung als Voraussetzung für Aufstieg und individuelle Selbstverwirklichung stärken: gegen Populismus, gegen tagesaktuelle Leidenschaften, gegen Kollektivdenken und auch im neuen weltpolitischen Systemwettbewerb mit China, und gegen einen tödlichen Rechtsterrorismus, der sich zur grässlichsten Bedrohung des freien Lebens in Deutschland entwickelt hat. Große Herausforderungen sind das für diejenigen, die das Streben nach Glück und damit die Offenheit einer Aufstiegsgesellschaft als ihre politische Maxime begreifen. Herausforderungen, vor denen wir nicht kapitulieren dürfen, zumal sie uns niemand abnehmen wird. Ebenso wie die aufstiegsoffene Gesellschaft und Politik auf aufstiegsbereite einzigartige Menschen angewiesen ist, braucht eine Politik, die allen das Streben nach Glück ermöglichen will, die engagierten Menschen, die für diese Grundwerte eintreten. Wir sollten uns nie anmaßen, persönliche Lebensziele zu bewerten. Aber wir sollten uns zumuten, aus den 2020er-Jahren das Aufstiegsjahrzehnt für Deutschland zu machen – für diejenigen, die aufsteigen wollen, für diejenigen, die umsteigen wollen, und für diejenigen, die ihren Kindern eine bessere Zukunft eröffnen wollen. Unsere Gesellschaft ist ärmer und unsere Zukunft kümmerlicher, wenn wir auch nur ein Talent verschenken. Es ist der innere Kern unserer liberalen Überzeugungen, den Menschen eine Chance zu geben, ihre Träume zu leben!

KAPITEL 15

IDEOLOGEN BITTE ABTRETEN. INNOVATIONEN GEHÖRT DIE ZUKUNFT

Daniela Kluckert

Daniela Kluckert ist seit 2017 Mitglied des Deutschen Bundestags. Die Diplom-Volkswirtin ist in der FDP-Bundestagsfraktion Expertin für innovative Mobilität und digitale Infrastruktur. Daniela Kluckert bekleidet seit Anfang 2018 das Amt der stellvertretenden Vorsitzenden des Ausschusses für Verkehr und digitale Infrastruktur und ist zugleich Mitglied der Enquête-Kommission »Künstliche Intelligenz«.

Deutschland geht es gut. Hin und wieder beschleicht uns sogar das Gefühl, auf der Insel der Glückseligen zu leben: Rechts und links neben uns brechen Wirtschaftszahlen ein, rechte Populisten regieren in befreundeten Staaten und Teile der Gesellschaft stehen sich anderswo scheinbar unversöhnlich gegenüber. Nur in Deutschland wuchs die Wirtschaft bis zum Corona-Einbruch stetig, regiert konstant eine Große Koalition und es herrscht im Großen und Ganzen sozialer Frieden. Corona hat aber nun ein Brennglas auf unsere Probleme gelegt – Probleme, die es vorher schon gab, deren Bewältigung nun aber drängender denn je ist: fehlender Fortschrittsglaube, mangelnde Digitalisierung und Wirtschaftsfeindlichkeit in Teilen der Politik und Gesellschaft. Die Milliarden zur Bewältigung der wirtschaftlichen Folgen der Corona-Krise können das alles nur kurzfristig überdecken. Die Wirtschaftskrise ist ein Vorgeschmack auf den wirtschaftlichen Abstieg, der Deutschland droht, wenn sich in unserem Land nicht bald etwas ändert, um Spitzenpositionen zu halten oder wieder zu erkämpfen. Es muss sich einiges ändern, damit die breite Bevölkerungsmehrheit ihren Wohlstand erhalten kann. Und es muss sich einiges ändern, damit diejenigen, die in ihrem Leben mehr erreichen wollen, als sie schon erreicht haben, und diejenigen, die hart arbeiten, für die Verwirklichung ihrer Träume eine Chance bekommen. Im Folgenden wird exemplarisch aufgezeigt, wo unsere Probleme liegen und was zu tun ist.

TECHNISCHEN FORTSCHRITT ANNEHMEN

Debatten im Deutschen Bundestag zum Thema »technischer Fortschritt« und »praktische Anwendung innovativer Technik« verlaufen regelmäßig so, dass große Visionen verkauft werden, die konkrete Technik aber abgelehnt wird. Wie im Folgenden an einzelnen Beispielen aus meinem parlamentarischen Tätigkeitsbereich, der Verkehrspolitik und der künstlichen Intelligenz (KI), aufgezeigt wird, tun sich die Parteien der Großen Koalition sehr schwer mit dem technischen Fortschritt. In Sonntagsreden wird er heraufbeschworen, doch die konkrete Umsetzung wird bestenfalls streng reguliert, oftmals völlig ausgebremst. Ohne technischen Fortschritt wäre jedoch eine moderne Gesellschaft wie die unsrige überhaupt nicht denkbar. Andere Länder zeigen, dass es auch anders geht: In Japan und Südkorea ist der Umgang mit Robotern alltäglich, sie werden als Lösung für das Demografieproblem gesehen. Fällt im Deutschen Bundestag jedoch das Wort »Roboter« im Zusammenhang mit »Gesundheitswesen« oder »Unterricht«, wird das Ende des Humanismus heraufbeschworen.

Die Ablehnung technischen Fortschritts hat jedoch in Deutschland nicht nur für den Einzelnen negative Folgen, sondern für unseren Wohlstand bzw. unsere Volkswirtschaft insgesamt. Werden konkrete Innovationen wie das autonome Fahren oder Anwendungen von KI im Gesundheitswesen nicht vom Gesetzgeber von Anfang an positiv begleitet, dann werden diese Produkte auch nicht in Deutschland entwickelt. Wenn anderswo entwickelt wird, werden bei uns anschließend auch keine entsprechenden Unternehmen oder Wirtschaftszweige entstehen. Die neuen Produkte verkaufen andere an uns und unsere überholten Produkte wird keiner mehr haben wollen. Schlaue Unternehmen wandern dann rechtzeitig aus Deutschland ab, die anderen werden früher oder später insolvent.

Allerdings sind die Deutschen in ihrer Gesamtheit dem technischen Fortschritt gegenüber gar nicht so kritisch eingestellt. In einer 2013 veröffentlichten Umfrage der Bertelsmann Stiftung, deren Zahlen noch immer aktuell sein dürften, zeigten sich 64 Prozent der befragten Arbeitnehmer positiv gegenüber technischem Fortschritt, nur 8 Prozent sahen diesen negativ. 80 Prozent hatten auch keine Angst vor einem Arbeitsplatzverlust durch technischen Fortschritt, nur 4 Prozent der Umfrageteilnehmer bejahten diese Frage. Interessant ist allerdings, was die Befragten als wichtigste Konsequenz folgerten: 43 Prozent erklärten, sie müssten sich stärker weiterbilden, um mit dem technischen Fortschritt schritthalten zu können. Knapp die Hälfte, 47 Prozent, hatte jedoch noch nie eine Weiterbildung in diesem Bereich besucht, 28 Prozent immerhin ein oder zwei Mal.[83]

Danach ist festzustellen, dass Akzeptanz und Bereitschaft für Veränderungen in der Bevölkerung selbst in einem solch sensiblen Bereich wie dem eigenen Arbeitsplatz vorhanden sind. Dagegen ist die Politik viel zu skeptisch, zu langsam und zu statisch, wenn es um Zukunftsfragen geht.

ENQUETE-KOMMISSION ALS FORUM FÜR ZUKUNFTSVERWEIGERER

Der Bundestag hatte im Jahr 2018 eine Enquete-Kommission für den Umgang mit künstlicher Intelligenz ins Leben gerufen. Seitdem beraten Abgeordnete und Experten zu diesem Thema. In dieser Kommission wird versucht, im Konsens Vorschläge für Regeln zu erarbeiten. Es ist erschreckend, mit wie wenig Wissen, dafür aber mit wie viel Ideologie dort Debatten von vielen Abgeordneten geführt werden. Statt die künstliche Intelligenz als Chance zur Bewältigung der großen Herausforderungen unserer Zeit – wie den globalen Hunger, den Klimawandel oder die Überalterung der westlichen Gesellschaften – zu begreifen, geht es Sozialdemokraten, Grünen und Linken um das Einfrieren und Festschreiben des Status quo.

Als Argumente gegen KI werden wahlweise vermeintliche Arbeitnehmer- oder Verbraucherinteressen angeführt. Dabei wird völlig verkannt und geleugnet, dass gerade KI die Rechte von Arbeitnehmern und Verbrauchern stärken kann. Eine gut gemachte KI kann Schwächere vor Willkür und Ungleichbehandlung schützen. Wenn nicht mehr nur der Sachbearbeiter in dem Landkreisamt, in dem sich alle kennen, über den Bauantrag entscheidet, sondern ein Computer nach vorher festgelegten Regeln (mit-)entscheidet, kann das durchaus für positive Überraschungen sorgen! Und wenn Listen nicht mehr händisch abgearbeitet werden müssen, sondern ein Computer Kindern in Berlin einen Kitaplatz zuweist, dann könnte sogar in unserer Hauptstadt das Chaos einmal ausbleiben.

Eine gut gemachte KI kann Schwächere vor Willkür und Ungleichbehandlung schützen.

Doch anstatt KI voranzutreiben und beispielsweise in jedem Ministerium zehn geeignete Anwendungen zu identifizieren, auszuschreiben und einzuführen, werden lieber langwierige Scheindebatten geführt. Häufig werden diese Debatten mit ethischen Fragestellungen aufgeladen. So wird etwa über eine fiktive sogenannte starke KI philosophiert, die selbst und themenübergreifend Ent-

Es ist völlig abwegig, von Maschinen Entscheidungen zu erwarten, die wir als Menschen seit Jahrtausenden nicht treffen können.

scheidungen treffen kann, obwohl wir von einer solchen Entwicklung – wenn eine solche KI überhaupt irgendwann möglich ist – Lichtjahre entfernt sind. Beim autonomen Fahren wird statt über das zur Realisierung Erforderliche – zum Beispiel Standards, technische Sicherheit, Zeitpunkt der Einführung – in wiederkehrender Regelmäßigkeit und unvermeidbarer Länge über das sogenannte Trolley-Dilemma debattiert. Hierbei geht es um die Frage, ob bei einem unvermeidbaren Unfall eine bestimmte Personengruppe bevorzugt geschützt werden müsste. Es ist jedoch völlig abwegig, von Maschinen Entscheidungen zu erwarten, die wir als Menschen seit Jahrtausenden nicht treffen können. Am Ende werden diese Fragen nur mit Wahrscheinlichkeiten zu lösen sein. Diese Scheindebatten bestimmen jedoch den Diskurs und lenken damit davon ab, dass wir unsere Vorherrschaft in unseren Kernkompetenzfeldern verlieren. Dazu gehört die Automobilindustrie.

DIE AUTOMOBILINDUSTRIE ALS BEDEUTSAMER WIRTSCHAFTSFAKTOR

Mein erster Besuch im Werk eines deutschen Automobilherstellers liegt nun schon einige Jahre zurück. Ich weiß aber noch, wie beeindruckt ich war. Noch heute mag ich es, in diese Fabriken zu gehen. Die Mischung aus Präzision, Hochtechnologie und Leidenschaft für das Auto fasziniert nicht nur mich, sondern Kunden weltweit. Bei Besuchen in den kleineren Fabriken der Zulieferindustrie überall im Land ist sehr schnell zu spüren, wie bedeutsam die Automobilindustrie insgesamt für unser Land ist: Sie beschäftigt in Deutschland derzeit circa 830 000 Arbeitnehmerinnen und Arbeitnehmer und generiert rund 436 Milliarden Euro Umsatz.[84] Dazu gehören auch viele kleinere und mittlere Unternehmen. Landauf, landab – und gerade im ländlichen Raum in den ostdeutschen Bundesländern – sind kleine und mittlere Unternehmen der Zulieferindustrie ansässig. Sie produzieren manchmal nur zehn unterschiedliche Teile, bauen ihre eigenen Maschinen und sind gemeinsam wirtschaftliche Motoren ganzer Regionen. Nehmen wir ihnen durch politische Entscheidungen – wie einem mutwilligen und sinnlosen ideologischen Aus für den Verbrennungsmotor – ihre Existenz, verlieren Unternehmer ihre Unternehmen, Arbeitnehmer ihre Arbeitsplätze und ganze Regionen ihre Chancen. Bedroht werden Automobilindustrie, die in dieser Branche Beschäftigten und ihre Familien von ausländischen Konkurrenten und inländischen Ideologen.

BEDROHUNG DURCH AUSLÄNDISCHE KONKURRENZ

Die ausländischen Konkurrenten der deutschen Autobauer sitzen für den Bereich Wasserstoffantrieb in Japan und für digitale Technologie in den USA. Schaut man sich die Werbefilme von Tesla oder Google an, kann man es als deutsche Abgeordnete schnell mit der Angst um heimische Arbeitsplätze und Steuereinnahmen zu tun bekommen. Als ich bei einem Besuch in den USA eine Tesla-Fabrik besichtigte, kam jedoch zunächst Erleichterung auf: von Hightech keine Spur. Stattdessen werden Fahrzeugteile noch per Hand geklebt, was auch an den Spaltabständen am Endprodukt zu sehen ist. Ein deutscher Familienvater würde ein solches Fahrzeug nie kaufen, könnte die erste Schlussfolgerung sein. Doch wir sollten uns nicht täuschen. Tesla errichtet nicht aus Nächstenliebe eine Fabrik in der Nähe von Berlin und investiert hier nicht aus sozialer Verantwortung seine Milliarden. Hervorragend qualifizierte Arbeitskräfte, die vorher wegen falscher politischer Entscheidungen unter anderem bei BMW, Daimler, VW und Bosch entlassen werden mussten, werden hier bald neue Jobs finden und das nötige Knowhow für Spitzenprodukte gleich kostenlos mitbringen. Den Rest erledigen Roboter und eine gut angewendete 5G-Technologie. Das passiert alles, während wir noch damit beschäftigt sind, Regularien für die Glasfaserförderung zu finden.

BEDROHUNG DURCH INLÄNDISCHE IDEOLOGEN

Inländische Ideologen, die unsere Automobilindustrie bedrohen, sind vor allem bei den Grünen, aber auch bei der SPD und natürlich bei den Linken zu finden. Es ist immer wieder erstaunlich, mit welcher eingeübten Nonchalance über ökonomische Gesetzmäßigkeiten hinweggesehen wird, wenn das eigene Ziel erstrebenswert erscheint.

Offensichtlich geschieht das bei den Debatten rund um Feinstaub, Dieselfahrverbote, Tempo-30-Zonen und der Vernichtung von Parkplätzen in den Städten. Wissenschaftliche Messwerte, dass sich die NOX-Werte während des Lockdowns in der Coronazeit nicht verändert haben, werden ausgeblendet und ignoriert. Was viele Experten, darunter die der Wissenschaftsakademie Leopoldina, schon in früheren Publikationen angedeutet hatten, hat der Lockdown nun bewiesen: Die Behauptungen der Deutschen Umwelthilfe, Dieselfahrverbote seien zur Luftreinhaltung nötig, sind falsch. Bedeutsam für die NOX-Werte sind vor allem das Wetter und die Winde. Gleiches gilt für Tempo-30-Zonen, die nach wie vor als Wunderwaffe bei linken Verkehrspolitiker*innen gelten, obwohl bewiesen ist, dass sie sogar zu noch mehr Schadstoffausstoß führen. Dieselfahrverbote auf einzelnen innerstädtischen Straßen wie in Hamburg führen nur zu einer Verdrängung des Verkehrs. Flächendeckend wird zwar kein NOX gespart, dafür aber werden Unternehmer und Privatpersonen mit Dieselfahrzeugen enteignet.

Der Kampf gegen das Auto wird aber auch subtiler geführt: So ist es beispielsweise bei der Frage der Pkw-Antriebstechnik ein gängiges Dogma von Grün und Rot, dass synthetische Kraftstoffe und Wasserstoff nicht für den regulären Pkw eingesetzt werden sollen. Begründet wird dieser Ausschluss vordergründig mit dem Bedarf der Industrie an diesen Kraftstoffen, der ansonsten nicht allein mit erneuerbaren Energien aus Deutschland gedeckt werden könne. Dieses Dogma basiert auf drei Fehlern, die bei näherer Analyse die Denkweise und wahre Zielrichtung der grünen und roten Ideologen offenlegen: Erstens wird als Prämisse vorangestellt, dass nur grüner Wasserstoff, also Wasserstoff, der aus erneuerbaren Energien hergestellt wird, verwendet werden darf. Es gibt aber daneben auch den blauen Wasserstoff. Dieser wird aus Erdgas hergestellt. Dabei entsteht zwar das klimaschädliche Kohlendioxid, das aber wird abgeschieden und unterirdisch eingelagert wird (Carbon Capture and Storage, kurz CCS). Blauer Wasserstoff ist damit – auch nach Definition des Bundeswirtschaftsministeriums – klimaneutral. Beim Wasserstoff steht also grundsätzlich auch der blaue Wasserstoff zur Verfügung, an dem wir aber noch weiter forschen müssen. Zweitens verlangen Grüne und Rote, dass erneuerbare Energie nicht importiert werden dürfe. Spricht man als Liberaler hingegen von großflächiger erneuerbarer Energiewirtschaft in den Ländern des Südens – ob in Europa oder Afrika –, wird uns »Energiekolonialismus« vorgeworfen. Die wirtschaftswissenschaftliche Erkenntnis, dass die Nutzung von komparativen Kostenvorteilen und der Handel mit Gütern den globalen Wohlstand insgesamt vermehrt, scheint bei linken Politikern noch nicht angekommen zu sein.

Und drittens werden wir die Klimaschutzziele 2030 unmöglich erreichen können, wenn es nicht auch Veränderungen bei den Kraftstoffen im Pkw-Bereich gibt. Nach dem Klimaschutzplan der Bundesregierung sollen die Emissionen des Verkehrssektors bis zum Jahr 2030 um 40 bis 42 Prozent im Vergleich zu 1990 sinken.[85] Gleichzeitig wurden auf EU-Ebene für das Jahr 2030 ebenfalls Minderungspflichten für alle Mitgliedstaaten vereinbart. Die Reduktionsvorgabe für die sogenannten Nicht-ETS-Sektoren – Verkehr, Gebäude und Landwirtschaft – in Deutschland entspricht dabei etwa einer Reduktion von 38 Prozent gegenüber dem Jahr 2005.[86] Bisher hat der Verkehrssektor noch keinen Beitrag zum Erreichen der Klimaschutzziele geleistet. Vielmehr sind in den vergangenen Jahren die CO_2-Emissionen sogar leicht gestiegen. Im Vergleich zum aktuellen Niveau der Treibhausgasemissionen – nach Schätzung des Bundesministeriums für Umwelt, Naturschutz und nukleare Sicherheit im Jahr 2017 über 170 Millionen Tonnen – zielt der Klimaschutzplan damit auf eine Minderung um über 70 Millionen Tonnen bis zum Jahr 2030, also innerhalb der nächsten zehn Jahre.[87] Derzeit gibt es in Deutschland nur knapp 140 000 zugelassene Elektroautos. Im Jahr 2019 sind 63 281 hinzugekommen.[88] Der Wert für 2020 dürfte ähnlich hoch sein. Zum Vergleich: Insgesamt gibt es in Deutschland 47,7 Millionen zugelassene Pkws.[89] Allein 2019 wurden 3,61 Millionen neu zugelassen.[90] Wollte man diese Autos alle durch Elektroautos austauschen, wäre das ein nicht zu leistender ökonomischer Kraftakt. Zudem müsste dieser Kraftakt wohl vom Steuerzahler geleistet werden, da die Elektroautos trotz der schon bestehenden Prämien noch nicht in großer Zahl freiwillig gekauft werden, wie die Zahlen zeigen – ganz zu schweigen von der ökolo-

Außerdem werden die besten Ergebnisse im Wettbewerb erzielt – auch für den Klimaschutz.

gischen Verrücktheit, Autos zu ersetzen, die noch tadellos zu gebrauchen sind.

Fragt man die Grünen, sagen sie, es gäbe auch noch andere Wege. Gemeint ist damit die durch Verteuerung erzwungene Abschaffung des eigenen Pkws. Ein solches politisches Ansinnen ist einerseits unsozial, weil es natürlich als Erstes Bürger mit geringem Einkommen trifft, die aber auch auf das Auto angewiesen sein können. Andererseits wird der erzwungene Verzicht auf das Auto auf dem Land schlichtweg nicht funktionieren. Wer anderes behauptet, sagt die Unwahrheit. Selbst in der Stadt wird man noch sehr viel investieren müssen, damit die Menschen auf den ÖPNV umsteigen. Doch solange der S- und U-Bahnbauer Stadler mit Sitz in der Hauptstadt Annehmlichkeiten wie Klimaanlagen nur für Züge im Ausland anfertigen darf und der rot-rot-grüne Senat weder Sauberkeit, Pünktlichkeit noch Zuverlässigkeit seines ÖPNV-Angebots in den Griff bekommt, bleibt der Umstieg garantiert nur Wunschdenken. Corona hat den Trend zum Individualverkehr noch einmal verstärkt. Durchsetzen könnte man den – für den Automobilindustriestandort Deutschland einigermaßen verrückten – massenhaften Verzicht auf das Auto und den Umstieg auf öffentliche Verkehrsmittel folglich nur nach einem Umbau der Gesellschaft hin zu einer Gesellschaft, die von Kollektivismus und Bevormundung geprägt ist. Das bedeutet aber Unfreiheit, die für Liberale nicht akzeptabel ist. Außerdem werden die besten Ergebnisse im Wettbewerb erzielt – auch für den Klimaschutz.

UNGENUTZTE INNOVATIONSPOTENZIALE FÜR DEN KLIMASCHUTZ

Wir brauchen gute Ergebnisse für den Klimaschutz. Diese können wir – anders als mit grünem Wunschdenken – sogar erreichen, und zwar mit Offenheit für Technologien und Innovationen. Das beste Beispiel hierfür sind synthetische Kraftstoffe. Synthetische Kraftstoffe können genauso verwendet, transportiert und gelagert werden wie herkömmliche. Damit entfallen auch neue Tankanlagen, neue Motorkonzepte und andere Schwierigkeiten. Bei ihrer Herstellung nehmen synthetische Kraftstoffe CO_2 aus der Luft auf, welches sie bei der Verwendung wieder abgeben. Sie sind damit CO_2-neutral und folglich eine perfekte Art und Weise, den Klimaschutzzielen näher zu kommen.

Der einzige Nachteil ist, dass die Herstellung synthetischer Kraftstoffe sehr viel Energie benötigt. Um ernsthaften Klimaschutz zu betreiben, könnten diese Raffinerien folglich nicht in Deutschland stehen, da hier erneuerbare Energie, insbesondere auch durch die EEG-Umlage, viel zu teuer ist. Aber im Wege einer globalen Kooperation – insbesondere mit den heute erdölfördernden Ländern im Süden – wäre die Produktion von großen Mengen mit Solarenergie darstellbar. Möglich ist die Produktion von synthetischen Kraftstoffen überall dort, wo es viel erneuerbare Energie durch Wasserkraft gibt. So produziert das Dresdner Unternehmen Sunfire seinen synthetischen Kraftstoff beispielsweise in Norwegen. Sunfire erwartet einen Preis pro Liter von ungefähr 1,50 Euro auf einem Markt, der 100 Millionen Liter umfasst. Um auf einen solch großvolumigen Markt zu kommen, müssen jetzt aber bestimmte Schritte gemacht werden. Dazu gehört, dass – ähnlich wie beim E10 – die Beimischung des innovativen Kraftstoffes von der EU vorgegeben wird. Die Nutzung von synthetischen Kraftstoffen ist tatsächlich ein unverzichtbarer Baustein, um die Klimaschutzziele noch zu erreichen. Nutzen wir ihn!

Aus Deutschland kommt jedoch ein solcher Vorschlag nicht. Schuld daran ist die Uneinigkeit zwischen dem Verkehrs- und dem Umweltministerium. Minister Scheuer und Ministerin Schulze können sich nicht auf ein gemeinsames Vorgehen einigen. Daher passiert nichts – ein Drama für den Klimaschutz, unsere Mobilität und unsere Automobilindustrie. Die gleiche Blockade zum Nachteil Deutschlands ist während des Abstimmungsprozesses zu den aktuellen CO_2-Emissionsnormen für Pkws und leichte Nutzfahrzeuge eingetreten. Über Monate war Deutschland nicht sprachfähig, weil sich Verkehrs- und Umweltministerium nicht einigen konnten. Für Umweltministerin Schulze war das leicht hinzunehmen, wusste sie doch, dass die Berichterstatterin im EU-Parlament die maltesische Sozialdemokratin Miriam Dalli war. Malta, ein echtes Autoland, hatte hier nichts zu verlieren. Die getroffene Neuregelung soll nun dafür sorgen, dass Neuwagen ab dem

Jahr 2030 im Vergleich zu 2021 durchschnittlich 37,5 Prozent weniger CO_2 ausstoßen. Zwischen 2025 und 2029 muss bei Pkws und leichten Nutzfahrzeugen ein Rückgang der CO_2-Emissionen um 15 Prozent erreicht werden. Ab 2030 müssen die CO_2-Emissionen neuer Nutzfahrzeuge durchschnittlich 31 Prozent niedriger liegen als 2021.[91] Auch das ist nur zu schaffen, wenn den Bürgern das Autofahren wirksam verleidet wird, sodass Autos stillgelegt werden. Alternativ könnte massiv in neue Technologien wie die Verwendung von Wasserstoff oder synthetischen Kraftstoffen unter stimmigen Rahmenbedingungen für ihre Verwendung investiert werden. Wir Liberalen treten für Letzteres ein.

DIE AUTOMOBILINDUSTRIE ALS INNOVATIONSMOTOR

Eines meiner Highlights als Abgeordnete ist das Reisen im Land. Man kommt in alle Gegenden Deutschlands, besucht die unterschiedlichsten Unternehmen und Organisationen und auch Messen. Auf diesen Messen wird der vielgestaltige Erfindergeist präsentiert. Große Firmen stellen aus, aber auch kleine Einzelingenieure ihre Nischenprodukte. Häufig finden diese Nischenprodukte ihren Anfang in den großen Unternehmen der Automobilindustrie. So habe ich bei einer Maschinenbaumesse ein Paar – Vater und Sohn – kennengelernt, die eine Maschine zur Energieeinsparung bzw. -wiederverwertung entwickelt haben. Die Idee kam dem Sohn bei der Arbeit als Ingenieur bei einem der drei großen deutschen Automobilhersteller. Jetzt sind Vater und Sohn selbstständig. Überall auf der Welt trifft man auf deutsche Ingenieurskunst – ob in reichen Ländern wie in Norwegen oder in ärmeren. Wir haben auch aus globaler Verantwortung eine Pflicht, diese Ingenieurskunst zu pflegen und weiterzuentwickeln. Dafür brauchen wir die Automobilindustrie.

DIGITALISIERUNG FÜR DIE ZUKUNFT

Wir brauchen aber auch einen politischen Turbomotorenschub für die Digitalisierung. Das gilt sowohl für die verfügbare Internetgeschwindigkeit, bei der wir international immer noch auf einem beschämenden 25. Platz liegen,[92] als auch für den Digitalisierungsgrad von Staat, Gesellschaft und Wirtschaft. Der Staat muss in seine eigenen Systeme investieren und damit Finanzierer und Vorreiter der Digitalisierung werden. So muss beispielsweise im ÖPNV mit staatlichen Mitteln in das autonome Fahren investiert werden. Wir brauchen außerdem bessere Regeln für die Kapitalaufnahme von Start-ups. Junge Menschen mit Ideen können nur dann gründen, wenn sie das nötige Kapital dafür bekommen. Die Abschreibungsmöglichkeiten von privaten Kapitalgebern für junge Firmen müssen verbessert, aber auch die Möglichkeiten erweitert werden, für Pensionskassen zu investieren!

Der nächste Elon Musk muss aus dem Land der Mobilitätsweltmeister kommen! Und deswegen hat auch die Wirtschaft Aufgaben: Wir brauchen mehr Innovationsbereitschaft der deutschen Wirtschaft. Auf der gleichen Reise, bei der ich die Tesla-Fabrik besucht habe, habe ich einen indisch-deutsch-amerikanischen Unternehmer kennengelernt. Ursprünglich hatte er nach dem Studium an der RWTH Aachen eine Firma aus der Universität heraus gegründet. Das Produkt ist simpel und nicht besonders kostenintensiv: eine 360-Grad-Kamera, die mit einer Software gekoppelt Baufortschritte aufzeichnen und dokumentieren kann. Nachdem der Unternehmer die Kamera im deutschen Baugewerbe ohne Erfolg vermarktet hatte, ging er ins Silicon Valley. Jetzt hat er dort ein sehr gut gehendes Unternehmen und dazu ein kleines Entwicklungsbüro mit Know-how-Transfer in Aachen. Der Hauptsitz ist nun in den USA, wo er auch seine Steuern bezahlt. Diese Geschichten gibt es zuhauf und sie sollten uns keine Ruhe lassen, hier bessere Chancen für kluge und talentierte junge Menschen zu schaffen, die etwas aufbauen wollen. Politik und Wirtschaft müssen daran gemeinsam arbeiten.

NOTWENDIGKEIT VON WACHSTUM

Innovationen sind der Schlüssel zu unserem Wohlstand, aber auch für die Chancen der zukünftigen Generationen. Deutschland wird weiter ein Hochlohnland bleiben. Das wollen wir auch, denn über den Preis allein werden wir keinen Wettbewerb führen können und auch nicht wollen. Schließlich sind hohe Löhne die Basis für einen breiten gesellschaftlichen Wohlstand. Runter müssen wir mit der Höhe von Steuern und Abgaben. Wenn wir folglich weiter von hohen Löhnen ausgehen, den Wohlstand in unserem Land halten und ausbauen wollen, um mehr Menschen noch stärker daran partizipieren zu lassen, dann müssen wir wachsen – in der Produktivität, im Absatz und bei den Innovationen.

Auch diese wirtschaftliche Gesetzmäßigkeit wird von Grünen, Sozialdemokraten und Linken vielfach schlichtweg negiert. Sie träumen lieber von einer schönen neuen Welt des Nullwachstums oder sogar des Rückbaus. Die Idee dahinter ist eine Gesellschaft, die gesättigt ist, nicht mehr braucht und gegebenenfalls noch mehr umverteilt. Doch eine solche Politik und (neue) Wirtschaftsordnung führt in den Sozialismus und damit in die Armut. Würden wir das Produktivitätswachstum, das heißt, die positive Veränderung des Verhältnisses von Produktionsergebnis zu den dafür eingesetzten Produktionsfaktoren, durch Regulierung auf null setzen, dann würden in einer globalisierten Welt nach und nach alle Unternehmen aus Deutschland abwandern, weil überall außerhalb Deutschlands aufgrund im Laufe der Zeit verbesserter Produktionsprozesse günstiger produziert werden könnte. Würden wir umgekehrt das Wachstum des Outputs durch Regulierung auf null setzen, würden in allen Unternehmen bald massenweise Arbeitskräfte entlassen werden, weil man diese Kräfte bei einem Wachstum der Produktivität und Stillstand des Outputs nicht mehr bräuchte. Sehr gut kann man diesen Zusammenhang anhand einer Fabrik nachvollziehen, die Roboter in der Produktion einsetzt. Wenn sowohl das Produktivitätswachstum als auch das Wachstum des Outputs durch Regulierung auf null gesetzt werden, würden die Unternehmen sowohl abwandern als auch Mitarbeiter massenweise entlassen. Das wäre das Ende unseres Wirtschaftssystems. Denn entweder die Wirtschaft wäre faktisch nicht mehr vorhanden oder wir müssten uns abschotten und die Grenzen für Menschen und Waren schließen. Ersteres führt zwangsläufig zur Armut in großen Teilen der Bevölkerung und Zweites wäre nichts anderes als eine neue DDR.

Die Betrachtung, dass die Gesellschaft gesättigt sei und kein Wachstum mehr benötige, wird bei linken Politikern übrigens immer nur aus der eigenen Wohlstandsblase oder mit Blick auf »die weit oben« gesehen. Der eigene Standard wird dann als erreicht identifiziert und die, die mehr haben, sollen bitte schön auch mehr abgeben – eine völlig verquere Vorstellung, die nur von der Sichtweise der eigenen Person ausgeht. Natürlich werden dabei persönlich eingegangene Risiken, die immer mit privaten Unternehmungen oder einem Karriereaufstieg einhergehen, ausblendet. Das Sättigungsgerede ist schließlich auch ziemlich unsozial gegenüber denjenigen, die weiter unten in der sozialen und finanziellen Hierarchie stehen und nach oben wollen, für diejenigen, die hungrig nach Erfolg und bereit sind, hart dafür zu arbeiten.

ERFINDUNG NEUER DINGE UND AUSBREMSUNG DER ERFINDER AM BEISPIEL DES PBEFG

Innovationen bedeuten jedoch nicht nur Produktivitätswachstum. Um wirtschaftlich auf Dauer erfolgreich zu sein und jungen Menschen weiterhin große Perspektiven geben zu können, müssen wir völlig neue Dinge erfinden und entwickeln – so wie den Computer oder die Plattformökonomie. Denn das Alte wird immer vom Neuen bedroht. Und kommt das Neue nicht von innen, weil wir es entdeckt und entwickelt haben, dann kommt es von außen und löst das, was wir können und haben, ab. Deutschland kann Innovationen, wir können Innovationen. Es wurde bereits oben der in den deutschen Unternehmen angesiedelte Erfindergeist erwähnt, aber auch unsere Universitäten und Forschungseinrichtungen bringen hochkarätige Erfinder hervor.

Schwer machen es der Umsetzung von Innovationen solche Politiker, die am Status quo zur Wahrung von Besitzständen festhalten, um so vermeintliche Wählerstimmen nicht zu verlieren. Ein sehr gutes Beispiel hierfür ist die versuchte Reform des Personenbeförderungsgesetzes (PBefG). Minister Scheuer – zweifelsohne der skandalumwittertste Minister der derzeitigen Großen Koalition – hatte zu Beginn der Legislaturperiode ein mutiges und für den Mobilitätsmarkt in Deutschland notwendiges Papier vorgelegt: Der Taximarkt sollte dereguliert und neue, innovative Formen wie Pooling oder auch Mietwagen mit Chauffeur sollten zugelassen werden.

Wir sind Mobilitätsweltmeister. Um das jedoch zu bleiben, müssen wir in neuen Märkten mitmischen, sie geradezu aufmischen.

Wichtig wäre eine solche Reform für junge Unternehmen und unsere großen Automobilunternehmen. Das Mobilitätsverhalten, wenn auch eher nur in den Städten, verändert sich. Junge Menschen verzichten zunehmend, zumindest für einige Jahre, auf ein eigenes Auto und nutzen vielfältige alternative Angebote vom Car- bis zum Ridesharing. Durch die Digitalisierung und die Plattformökonomie ist hier vieles erst möglich geworden. Jetzt müssen wir in Deutschland sowohl unseren etablierten Großkonzernen als auch jungen Start-ups die Möglichkeit geben, sich auf ihrem Heimatmarkt auszubreiten und hier Erfahrungen zu sammeln. Wir sind Mobilitätsweltmeister. Um das jedoch zu bleiben, müssen wir in neuen Märkten mitmischen, sie geradezu aufmischen. Die deutschen und europäischen Unternehmen drängen auf die Märkte. Kommerzielles gut organisiertes Pooling – also mit Kleinbussen unterschiedliche Personen gemeinsam zu befördern und dann individuell zu ihrem Ziel zu bringen – ist fast eine deutsche Erfindung. VW, BMW, Daimler und die Deutsche Bahn sind hier gemeinsam mit Start-ups stark engagiert. Auch im reinen Mietwagengeschäft mit Chauffeur gibt es europäische Player: Bolt, ein estnisches Unternehmen, ist ein starker Konkurrent von Uber. Aber auch Sixt aus der Nähe von München mischt in diesem Markt kräftig mit.

Wichtig wäre eine solche Reform aber vor allem für die Nutzer. Günstige Mobilität bedeutet ein großes Stück Freiheit. Die Deregulierung im Flugmarkt und die damit einhergehenden sinkenden Preise in den 2000er-Jahren haben wahrscheinlich mehr zur europäischen Integration beigetragen als jedes Erasmus- oder Schüleraustauschprogramm. Freie Marktwirtschaft verbindet und öffnet Grenzen! Das Gleiche gilt für die Liberalisierung des Fernbusverkehrs – übrigens angetrieben von der FDP in der letzten schwarzgelben Regierung. Seitdem ist es möglich, für 15 Euro quer durch Deutschland zu fahren. Das ist eine echte Mobilitätsverbesserung für alle, die nicht viel Geld für das Reisen ausgeben können oder wollen.

So könnte es auch beim Taxibetrieb sein. Realistisch betrachtet sind die Taxipreise in Deutschland so hoch, dass lediglich Geschäftsleute, Touristen oder hin und wieder einige Nachtschwärmer diese Mobilitätsdienstleistungsform nutzen. Hinzu kommt das Geschäft mit den Krankenfahrten, das vor allem im ländlichen Raum einen großen Beitrag dazu leistet, dass es erstens dort Taxis überhaupt noch gibt und zweitens diese aber für eine normale Fahrt kaum zur Verfügung stehen. Taxis sind in Deutschland teuer und dazu, zumindest in Berlin, häufig im Bezug zu Sauberkeit und Komfort ausbaufähig. Konkurrenz hingegen würde zu Preisen nach Marktlage, nach Bewertungen für Fahrzeug und Fahrer sowie – und das ist wichtig – zu einem vorher (zumindest ungefähr) festgelegten Preis führen.

Es gäbe also eine Vielzahl von sehr guten Gründen, das Neue zuzulassen und den Weg für eine Reform zu ebnen. Verkehrsminister Scheuer hatte das versucht. Gestoppt wurde er zuerst von Taxidemonstrationen, dann vor allem von seinen eigenen Parteikollegen, die die Sorge umtrieb, dass örtliche Taxiunternehmer im Wahlkreis schlecht in der Presse über sie reden könnten, und zuletzt von seiner mangelnden eigenen Courage.

Die überfraktionelle Kommission, die Scheuer ins Leben gerufen hat und der ich als stellvertretende Vorsitzende des Verkehrsausschusses angehörte, war dann nur noch eine Farce. Bereits während der Arbeit ließen CDU/CSU, SPD und Grüne, die für eine Mehrheit im Bundesrat gebraucht werden, den Willen zu einer echten inhaltlichen – und nicht nur pro forma erfolgenden – Einbindung der Freien Demokraten vermissen. Eine liberale Handschrift in Form von wettbewerbs- und innovationsfreundlichen Ideen und Konzepten ist in dem Abschlusspapier an keiner Stelle mehr zu erkennen. Bei dem Kompromiss zwischen den Regierungsfraktionen und Bündnis 90/Die Grünen handelt es sich um ein »Wettbewerbsverhinderungsgesetz«. Das Papier übervorteilt aus Steuermitteln finanzierte ÖPNV-Betriebe und lässt sowohl die Nutzerperspektive als auch das veränderte Mobilitätsverhalten der Menschen außer Acht. Private Unternehmen werden durch Ungleichbehandlung daran behindert, in dem neuen Markt des »Poolings« einen nationalen Heimatmarkt zu entwickeln, und auch Taxiunternehmen werden nicht von preistreibenden Regelungen entlastet. Ferner bleibt die kostentreibende Rückkehrpflicht für Mietwagen bestehen. Die FDP-Bundestagsfraktion hat das Eckpunktepapier in der Kommission nicht mitgetragen und wird das auch nicht beim Gesetzgebungsprozess im Bundestag tun, sollte es nicht noch zu weitreichenden Änderungen kommen.

Die Abgeordneten der CDU und CSU tragen für dieses Trauerspiel die Hauptverantwortung. Hätten sie ihrem Minister den Rücken gestärkt und nicht selbst immer wieder Zweifel an der Notwendigkeit der Reform geäußert, hätte es anders kommen können. Das ist besonders schade, weil es in der Union viele Abgeordnete gibt, die wirklich etwas verändern wollen. Mit einem von ihnen wollte ich einen Gastbeitrag darüber veröffentlichen, wie man Klimaschutz, Digitalisierung und die neuen Mobilitätsanbieter in Einklang bringt. Geschrieben war der Gastbeitrag bereits, veröffentlicht wurde er nie. Der Kollege hat einen Rückzieher gemacht. Er hat wohl zu viel Furcht vor den Besitzstandswahrern des Status quo in diesen beiden Parteien.

Wir haben die Talente, wir haben die Power, wir haben das Kapital. Jetzt müssen wir all das gemeinsam mit den Kräften der Märkte nutzen.

Leidtragende sind die Menschen in Deutschland, die weiterhin nur im Ausland innovative Mobilität nutzen und erleben können. Leidtragende sind die Unternehmen, die ohne Heimatmarkt keine globalen Player in diesem Bereich werden können. Schließlich werden denen Chancen genommen, die neue Ideen haben – klugen und anpackenden Menschen, die hier ihre Geschäftsideen nicht umsetzen können.

Für die Zukunft Deutschlands brauchen wir Mut zur Veränderung und wir brauchen mehr Marktwirtschaft. Wir haben die Talente, wir haben die Power, wir haben das Kapital. Jetzt müssen wir all das gemeinsam mit den Kräften der Märkte nutzen.

LEIDENSCHAFT, FLEISS, HARTE ARBEIT, TEAMGEIST, ELAN UND BILDUNG ALS VORAUSSETZUNGEN DES ERFOLGS

Mit 39 Jahren bin ich (noch) eine relativ junge Abgeordnete. Wenn ich nach meinem Lebenslauf gefragt werde, heißt es häufig, dass sich aus ihm eine große Zielstrebigkeit ergibt. Meine eigene Wahrnehmung dazu ist eine andere: Ich habe mich häufig in meinem Leben leiten und begeistern lassen und dann geschaut, ob es klappt. Nach dem Abitur bin ich nach Berlin gezogen, weil ich mich an einem Wochenendbesuch in die Stadt verliebt habe – die Freiheit, Vielfältigkeit und Größe hat mich magisch angezogen. Mein Studium der Volkswirtschaftslehre hat mich sehr interessiert, doch das Sitzen in der Bibliothek dafür weniger. Ich war zu Beginn keine gute Studentin, erst später, als die Noten für das Diplom zählten. Abwechslung hatte ich bei meinem Studentenjob bei der Nachrichtenagentur Reuters, den ich über einen Studienfreund bekam, und bei den Jungen Liberalen. Denen bin ich erstens aus voller politischer Überzeugung beigetreten, aber zweitens auch, weil ich sonst noch etwas machen wollte. Innerhalb von 15 Monaten wurde ich Landesvorsitzende der Jungen Liberalen Berlin. Aber nicht, weil ich das angestrebt hätte – was in einer so kurzen Zeit auch nicht funktioniert. Vielmehr war ich zur richtigen Zeit am richtigen Ort, habe »Ja« gesagt und mich dann auch durchgebissen. Danach musste ich erst einmal mein Studium beenden – dafür bin ich nach Würzburg gezogen und habe zweieinhalb Jahre die Zeit vom Beginn des Studiums in der Bibliothek nachgeholt. Direkt im Anschluss hat mir ein Abgeordneter im Bundestag einen Job angeboten, den ich sehr gern angenommen habe. Später bin ich zum Sächsischen Wirtschafts- und Verkehrsministerium gewechselt und war in der Landesvertretung in Berlin für die Bereiche Verkehr und Digitalisierung zuständig. Parteipolitisch habe ich, sobald ich wieder in der Hauptstadt war, natürlich Kontakt zu meinem alten FDP-Orts- und Bezirksverband im Prenzlauer Berg bzw. Pankow aufgenommen. Heute bin ich Bezirksvorsitzende von Pankow. Wir haben als Team mit großartigen Mitstreitern den Verband verjüngt, umgekrempelt und Verantwortung übernommen. Ich würde heute – nicht ohne Stolz – sagen, dass er einer der besten FDP-Verbände der Republik ist. Peu à peu habe ich mich auch auf Landesebene engagiert – immer mit Ambitionen, aber vor allem, weil es mit den Leuten, mit denen ich zusammenarbeite, einfach viel Freude macht. Natürlich wird die Luft oben dünner und es gehört Biss dazu, so hoch zu kommen. Genauso wichtig sind aber Teamgeist und Elan. Und deswegen rate ich jungen Menschen – und hier insbesondere jungen Frauen – vor allem dazu, der Leidenschaft zu folgen. Und es gehört unbedingt Fleiß und harte Arbeit dazu. Das gilt in der Politik wie in der Wirtschaft. Damit aber aus Leidenschaft, Fleiß und harter Arbeit Erfolg werden kann, braucht eine Gesellschaft gute Bildung, Durchlässigkeit und eine prosperierende Wirtschaft. Alles andere wird dazu führen, dass Verteilungskämpfe stattfinden, die vor allem den Aufstieg verhindern. Wird nicht ein »Mehr« an guten Jobs geschaffen, sondern bleibt ihre Zahl konstant oder sinkt sie sogar, werden diejenigen, die bereits gute Jobs haben, alles dafür tun, dass sie ihren Job behalten und ihre Kinder auf diese Jobs den ersten Zugriff erhalten. Je weniger Lücken es für neue Unternehmen gibt, weil der Markt zu klein ist, desto schwerer werden es Newcomer haben. Deswegen ist sozial, was Arbeit schafft. Folglich ist sozial, was die Wirtschaft wachsen lässt.

AUSBLICK

Innovationen sollen genutzt werden – für den Klimaschutz und für das Wirtschaftswachstum. Nicht nur das: Innovationen sollen in Deutschland erfunden werden. Beides steht jedoch in einem unauflöslichen Zusammenhang. Wo Innovationen nur langsam, nur widerwillig und unter Überwindung politisch gesetzter ideologischer Hindernisse in der Praxis implementiert werden können, dort werden sich Erfinder nicht gut aufgehoben fühlen, dort wird schließlich auch nichts mehr erfunden. Wir wollen die Stärken, die wir (noch) haben, weiter nutzen und ausbauen. Dieser fast banale Standpunkt ist in unserem heutigen Deutschland, das von einer saturierten Politikergeneration, die sprudelnde Steuereinnahmen gewöhnt ist, geprägt, schon stark umstritten. Unsere Aufgabe ist es, dafür zu kämpfen, dass er wieder selbstverständlich wird.

Deutschland geht es gut. Wenn Deutschland seinen Wohlstand für die nachfolgenden Generationen erhalten und ausbauen will, müssen wir jetzt die richtigen Weichen stellen. Wir können optimistisch sein, denn wir haben hervorragende Talente und alles, was wir brauchen, um erfolgreich zu sein. Doch Stillstand und ideologisches Denken müssen aufhören.

KAPITEL 16

AUFSTIEG KENNT ZWEI STRATEGIEN

Ulf Poschardt

Dr. Ulf Poschardt, geboren 1967, studierte Journalistik an der Universität München und der Deutschen Journalistenschule. Zudem studierte er Philosophie an der Hochschule für Philosophie S.J. und promovierte 1995 bei Friedrich Kittler über „DJ Culture" an der HU Berlin. Von 1996 bis 2000 war er Chefredakteur des Magazins der *Süddeutschen Zeitung* und arbeitete im Anschluss als Creative Director für *WELT AM SONNTAG*. Von 2005 bis 2008 war er Gründungschefredakteur von *Vanity Fair*, bevor er als Stellvertreter des Chefredakteurs zur *WELT* zurückkehrte. Seit 2016 ist er *WELT*-Chefredakteur und ab September 2020 wird er ebenfalls als Sprecher der Geschäftsführung von *WELT* tätig sein. Dr. Ulf Poschardt lebt und arbeitet in Berlin.

Aufstieg kennt zwei Strategien: sich ganz hinten bescheiden und emsig anstellen oder aber an allen vorbeirasen. Das erste Konzept ist das tradierte und von der Mehrheitsgesellschaft besonders Migranten servierte Angebot, um dafür zu sorgen, dass während des demütigen und geduldigen Anstehens die Sozialisierung in klassischen Hierarchiemustern geschieht. Der Aufstieg findet im Zweifel linear, kontinuierlich und ohne allzu großes Pathos statt. Er ist dennoch ein wertvolles Geschenk für die Gesellschaft.

Das zweite Konzept ist spannender, weil disruptiver, nicht nur für die Aufsteiger, sondern auch für den Rest der Gesellschaft. Es ist der Weg des Aufstiegs auf der Fast Lane, wozu Selbstbewusstsein, Kraft, hohe Begabung und – so die These dieses Essays – kulturelle Intuition notwendig sind, die im Idealfall Autorität erzeugen.

Für die SPD-Politikerin Sawsan Chebli zum Beispiel war es eine Mischung aus beiden Konzepten: sich zuerst anstellen und dann auf die Fast Lane. Wenn man sie fragt, was für sie gelungener Aufstieg sei, reflektiert sie ihren eigenen Weg und meint aber mehr: »Menschen, die mich sehen als einst staatenloses Flüchtlingskind und meine Biografie kennen, würden sofort sagen: Sie hat's geschafft. Gelungener Aufstieg. Sie ist Staatssekretärin, hat einen Fahrer, wohnt in einer schönen Wohnung, hat Mann, Kind und Geld und bewegt sich in den besten Kreisen der Gesellschaft. Sie trägt eine Rolexuhr und Hermesschuhe. Immer perfekt gestylt. Ein perfektes Beispiel für gelungenen Aufstieg. Aufstieg ist für mich aber so viel mehr.«

Chebli hält nichts von dem Versuch, »Aufstieg aus hauptsächlich fremdbestimmten Variablen zu definieren zum Beispiel Klasse, Ehestand, Geldbeutel. Nach der Definition wären meine Eltern, meine Geschwister Beispiele für misslungenen Aufstieg. Denn sie leben sehr viel bescheidener als ich.« Der Preis des Aufstiegs auf der Fast Lane ist hoch: »Im Äußeren sehen innere Aufstiege übrigens wie Abstiege aus und äußere Aufstiege sind oft ein inneres Absteigen. Hatte ich mehr Spaß im Leben und gelacht, als ich weniger bekannt war und es mir finanziell weniger gut ging? Mit dem finanziellen und sozialen Aufstieg ist das Leben jedenfalls weniger unbeschwert. Es ist ernster auf so vielen Ebenen. Ich habe Polizeischutz, weil ich von Rechten bedroht werde. Auch das ist der Preis meines Aufstieges. Abstieg und Aufstieg finden auf verschiedenen Ebenen oft zeitgleich statt. Ich selbst bin glücklich mit dem, was ich bin und was ich habe. Ich bin mit mir im Reinen. Ich kann nachts schlafen, ohne ein schlechtes Gewissen zu haben. Ich bin dankbar für alles, was ich habe.«

Die Sekundärtugenden sind für das Hintenanstehen ebenso wichtig wie für die Last Lane. Für Chebli bedeutete die Fast Lane vor allem auch, »mit Engagement und harter Arbeit an die selbst gesteckten Ziele zu kommen, auch wenn einem das nicht in die Wiege gelegt wurde.« Und: »Auch wenn man nicht immer die ›Erste‹ ist – Ziel soll sein, dass man dann den Weg für die Zweiten und Dritten ebnet. Als Frau, als Flüchtlingskind, als Migrantin, als Aufsteigerin. Das ist das Versprechen der SPD und daran glaube ich.«

Der Soziologe Armin Nassehi hat in seinem 1968-Buch an verschiedenen Stellen beschrieben, dass der 68er-Effekt gar nicht das war, was die Bewegung als Selbstbeschreibung geführt hat, also keine revolutionäre Form oder so etwas, sondern – so Nassehi – »die Ermöglichung von Inklusionsformen vieler Gesellschaftsschichten in die Gesellschaft. Sozialer Aufstieg des braven Bürgers war der Effekt, nicht so etwas wie ein Gesellschaftsumbau.«[93] Für den Soziologen war die 68er-Bewegung mindestens so sehr ein Effekt solcher Inklusionsschübe, wie sie diesen hervorgebracht hat. Deshalb sieht Nassehi im BAföG die revolutionärste Folge der Bewegung. Sie erfand eine Art ausbildungspolitischen Transformationsriemen zwischen Universitäten und jenen sozialen Schichten, die bislang kaum oder nur unzureichend an Universitäten repräsentiert waren.

Aufstieg im klassischen Sinne konserviert soziale Strukturen und kulturelle Codes, weil im Aufstieg die Insignien der etablierten Milieus im Zweifel kopiert oder mild weiterentwickelt werden. Sei es das kleine Reihenhaus, der größere Audi oder die Hilfiger-Jeans: Der Aufsteiger kommuniziert in den Statussymbolen nicht nur seine Aspiration, sondern auch, je nach Pedanterie der Repräsentation, den Eifer des Ankommens und die Bestimmtheit, nicht mehr jenen Mief des verlassenen Milieus zu verströmen. Der klassische Aufsteiger verdrängt im Zweifel seine Herkunft, um seine Zukunft störungsfrei zu sortieren. Die Meritokratie rettet das egalitäre Versprechen der bürgerlichen Demokratie, dass es im Zweifel jeder, so er sich müht, zu Ruhm und Reichtum bringen kann. Der Tellerwäscher wird nicht linear und via Anstellen zum Millionär, sondern durch sozialen Dreisprung, Lottogewinn oder Genie. Diese Aufstiegsvirtuosen legitimieren die Statusunterschiede in einer freien Gesellschaft als verhandelbare und eben nicht kastenhafte Zustände. Gerade in Amerika ist die Idee des »from rags to riches« eine Art gesellschaftliche Staatsraison, die hoch individualistisch ausgeprägt ist. Auch diese individualistische Grundierung verhindert die Akzeptanz jener sehr subjektiven Wege zur Beantwortung der sozialen Frage in Deutschland.

Dabei ist dieser radikale Individualismus der Schlüssel zum disruptiven, kühnen, virtuosen Aufstieg. Fangen wir provokativ mit den Gangstern an, den Clankriminellen und zwielichtigen Gestalten, die in einer Hauptstadt wie Berlin gut zu studieren sind und die in der Fernsehserie *4 Blocks* verklärend dokumentiert wurden. Der erste Schritt wird in der Aufstiegsgrammatik mit der Wahl der Automobile kommuniziert. Wie auch bei vielen anderen ehrgeizigen Migrantenkulturen ist die Liebe zu den klassischen, konservativen deutschen Marken wie Mercedes und BMW besonders ausgeprägt. Nach Jahren der eher ludenhaften Kostümierung mit Statussymbolen hat sich ein fast minimalistischer Konservatismus etabliert, der dazu führt, dass die klassische schwarze S-Klasse oder der dezent anthrazitmetallic lackierte Panamera ebenso wertgeschätzt werden wie in Bekleidungsfragen das zeitlos modische All-Black, das ebenso weltläufig wie scharf daherkommt. Hinzu kommt der Abschied von einer Hampelmann-Bodybuilder-Figur und die Hinwendung zu den neubürgerlichen Statussymbolen eines yoga-drahtigen Körperbildes. Amerikanische Rapper wie Tyler the Creator, Pharell oder Travis Scott sind dafür die Vorbilder. Nach den Autos kommen in der Repräsentation des Aufstiegs die Immobilien – popkulturell abgebildet schon in den 1990er-Jahren auf MTV, wo zuerst mit *Pimp my Ride* und dann mit *MTV Crips* eine breite Bildungsbewegung stattfand. Auch bei der Wahl des Lebensmittelpunktes und der Behausung haben sich Clanchefs und Rapper aus der Clanumgebung für den bürgerlichen Südwesten Berlins entschieden und erfreuen ihre toleranten Nachbarn im Villenviertel mit beeindruckenden Manieren. Außer SEK-Einheiten säumen die kiesaufgeschüttete Einfahrt zum Villenensemble.

Am Ende dieser Entwicklung stehen dann Schulkarrieren und Biografien der zweiten und dritten Generation, wie das Francis Ford Coppola so soziologisch messerscharf in seiner *Pate*-Trilogie ausgedeutet hat. Die Rolle der Töchter ist dabei von besonderer Bedeutung. Sie haben in patriarchalen, repressiven Ordnungen keine Chance, in der Rolle des Clan- oder Mafiapaten anzukommen, und werden auf einen Alltag des Clans nach der Kriminalität vorbereitet. In *Der Pate III* endet es tragisch, die Tochter des Clan-Chefs in *4 Blocks* ist dafür noch nicht weit genug entwickelt. Das Ankommen des Gangsters in der (groß-)bürgerlichen Welt ohne Restspuren des Verlassenen gelingt wenigen: den Kennedys zum Beispiel, die zwar keinen Gangsterhintergrund haben, sondern einen, sagen wir, in Teilen unorthodoxen Weg zum Reichtum gesucht haben.

Der wahre Gangster ist Künstler. Er erfindet nicht illegale Wege der Akquise von Status, Reichtum und Anerkennung, sondern er definiert die Kultur seiner Zeit aus dem marginalisierten Rand der Gesellschaft heraus, dem er entstammt. Die Hip-Hop-Culture ist ein Paradebeispiel einer emanzipatorischen Kulturleistung, die am Ende einen amerikanischen Präsidenten wie Barack Obama erst möglich gemacht hat. Die Geschwindigkeit, in der sich die Gesellschaften im freien Westen entwickeln, macht den Disruptor und Überholer zum Avangardisten der Gesellschaft. Sei es digitale Transformation oder die Globalisierung inklusive ihrer Migrationsbewegungen – nichts bleibt so, wie es ist. Und so kann das Stehen in der Schlange oft der ganz falsche Einstieg in den Aufstieg sein.

»Damals arm, heute rich«, rappt der in Offenbach geborene Haftbefehl, der in dem Song »Skit« einen fiktiven Besuch in einem Ralph-Lauren-Store beschreibt und wie seine Codes des disruptiven Aufstiegs bei den Verkäuferinnen auf Unverständnis stoßen, die sich noch an alten Statusrepräsentationen orientieren. »Damals G-Star tragen, heute Versace classé« – der Aufstieg ist im HipHop außen ablesbar und die Veränderung im Inneren des Aufgestiegenen werden kokett darauf reduziert, wenn auch mit all den Brüchen, die die Leere des Konsumproduktes mit sich bringen. »Egal von wo es kommt, Schlampe, ich hab Geld da. Sehen Sie den Benz dort? Schauen Sie aus dem Fenster«.

Der Aufstieg ist im Hip-Hop die Urerzählung. Der Aufstieg ist Befreiung und Teilhabe zugleich, kulturelle Selbstsetzung und selbstbewusste Eroberungswaffe im kulturellen Bürgerkrieg. Der Aufstieg als Urerzählung erzählt dabei immer auch über den Aufstieg von Hip-Hop selbst mit – jener Kunstform, die vor 45 Jahren ihre im wahrsten Sinne kometenhafte Karriere in den abgehängten Vororten New Yorks, in Teilen auch Ghettos genannt, begann. Schon in dem ersten Hit dieser damals fast unschuldigen Popkultur ist der soziale Aufstieg das zentrale Versprechen einer erfolgreichen Künstlerkarriere:

»You see, I got more clothes than Muhammad Ali
And I dress so viciously.
I got bodyguards, I got two big cars
That definitely ain't, the wack,
I got a Lincoln Continental and a sunroof Cadillac.

So rappte die Sugarhill Gang 1979 in »Rapper's Delight«. Das Thema blieb seither in Hunderten, Tausenden, Zehntausenden Songs. Bemerkenswert ist die sprachliche Selbstsetzung, die neben dem Breakdance und Graffiti, neben dem B-Boy-Style und der Sneakerkultur einen minoritären Dialekt zum Nukleus einer zum Teil rasanten Neuformierung der englisch-amerikanischen Sprache machte. Hip-Hop schuf sich eine eigene Sprache, die dem Slang afroamerikanischer, bildungsferner Schichten abgehorcht war. Im Klang der Straße wurde die Poetik künftiger Kunstwelt entdeckt.

Die Poetik des virtuosen Aufsteigers beinhaltet ein exzellentes Sensorium für das, wohin die Gesellschaft treibt. Die seismografischen Fähigkeiten des Künstlers sind dabei von großem Nutzen. Die Schumpetersche Idee von der kreativen Zerstörung ist dabei ein wichtiges Momentum. In der schnellen Veränderung sind Innovationen treibend, aber auch Exnovationen nötig. Wer die gesellschaftlichen Codes der Zukunft prägen will, kann sich nicht auf das Neuschaffen fokussieren, sondern muss auch das Alte dekonstruieren, womit wir bei der Exnovation wären: und zwar Gangsta-Style. Das Problem mit dem Exnovieren, schreibt Luisa Neubauer, »ist für uns nämlich, dass Abschied, also die Beendigung einer politischen, wirtschaftlichen, kulturellen Praxis durch unser offensichtlich (und nachvollziehbarerweise) kompliziertes kulturelles Selbstbild, mit Ablehnung und vor allem mit Abwertung konnotiert wird. Hören wir mit etwas bewusst auf, impliziert man, dass es falsch war.« Dagegen könnte Exnovation eben auch mit jener Anerkennung versehen sein, dass selbst – so Neubauer – die beste Idee irgendwann aus der Zeit fällt.

Wer die gesellschaftlichen Codes der Zukunft prägen will, kann sich nicht auf das Neuschaffen fokussieren, sondern muss auch das Alte dekonstruieren.

Das ist ein eher staatstragendes Verständnis von der Exnovation. Der Alltag in sich zügig verändernden Gesellschaften ist eher derjenige einer nahezu täglichen Selektion alltagstauglicher und aus der Zeit gefallener Konzepte, Werte, Begriffe, Waren, Haltungen, Ideen und Worte. Letztere stehen ja auch stetig zur Diskussion. Und Hip-Hop sorgt nicht nur für Innovation und Erneuerung kultureller und ästhetischer Codes, insbesondere der Sprache, sondern erledigt oft die Abschaffung überholter, nostalgischer Codes gleich mit. Die Avantgarde schafft das Zurückgebliebene ab. Das gilt insbesondere im Moment des Aufstiegs zu Weltruhm und Reichtum. Nichts markiert Paradigmenwechsel mehr als umfassender und unmittelbarer Weltruhm, der bei Hip-Hop wenige Jahre nach Entstehen sofort messbar war. Geblieben ist der Hunger nach mehr.

Hip-Hop feiert eine meritokratische Gesellschaft, in der Status und Erfolg jedes Bürgers durch eigene Leistung bestimmt wird, aber eben nicht durch Herkunft oder vererbte Privilegien. Soziale Ungleichheiten werden im Kontext der Schule stillschweigend in sprachliche Leistungsdefizite umetikettiert, wie Studien herausgefunden haben, und in der alten Logik von Karrieren und Aufstieg wäre das Lernen der Sprache der Mehrheitsgesellschaft der einzige Weg zum Aufstieg. Mit dem Hip-Hop gibt es nun ein kulturelles Paradigma einer Art Leapfrogging-Vorstellung von Aufstieg, die sich für das Hintenanstellen oder Integrieren in eine biedere bürgerliche Welt zu schade ist. Das Fortschreiben der alten Welt und Kultur wäre dabei keine Option.

Tech-Unternehmer und Gründer wie Bill Gates, Steve Jobs oder Mark Zuckerberg konnten ihre Unternehmen nur unter Missachtung überkommener Zeitachsen konzipieren. Sie sprangen mit dem Coden in eine neue Sprache eines neuen digitalen Realitätskonzepts.

Die Sprache ist nicht nur Haus des Seins, sondern die Halsschlagader unserer Kultur. Wer sie zu prägen in der Lage ist, definiert die Kultur. Haftbefehl machte aus dem Schimpf UNwort »Kanaken« das stolze »Kanackiş«. Aus Demütigung wurde Mut. Sein erstes Album hieß *Azzlack Stereotyp*, und der Azzlack stand für »asozialer Kanake« wie Miriam Davoudvandi erklärte. Wer die Sprache beherrscht, beherrscht das Urteil über sich selbst. Es ist auch kein Zufall, dass Kübra Gümüşay mit *Sprache und Sein* einen Bestseller geschrieben hat, der die gläsernen Denken sprachlicher Kommunikation als große Herausforderung beim Aufstieg reflektiert. Die Autorin seziert, wie Robert Habeck richtig bemerkte, »die Architektur unserer Sprache auf der Suche nach einem neuen Haus, in dem Platz für alle ist.«[94] Es ist auch, so ein Kritiker der taz, »Der Kampf um Individualität, um die eigenen Sprachen, der Kampf darum, den Graben zu schließen zwischen dem, was sie sich entschieden hat zu sein, und dem, worauf sie festgelegt wird – und zwar der kollektive Kampf aller Marginalisierten und im Speziellen ihrer Generation«.[95] Damit steht die kopftuchtragende Muslimin mit ihrem Vorschlag gut zwischen den Rappern ihrer Generation, aber auch jenen wenigen liberalen Freigeistern, die sich inspiriert fühlen, die Trampelpfade einer politisch fahlen Floskelei zu verlassen.

Die politischen Durchsetzungsfähigkeiten der Zukunft werden auch durch die Akzeptanz mutiger Eigensprachlichkeiten definiert. Das regeln schon längst nicht mehr die Universitäten, die es in Teilen aber gern weiter tun würden. Die aktuelle identitätspolitische Cancel Culture ist die Disziplinarmacht, die den Menschen gern erklären würde, wie zu sprechen und zu denken ist. Das ist die Kultur der Etablierten und Konservativen. Die Innovation kommt von den Rändern und den vom Etablierten Genervten und Gelangweilten. Kommen wir zum bürgerlichen liberalen Establishment, hier in solch einem Buchprojekt, das weder mit dem opportunistischen Sprach-Establishment mitheult noch eine Ahnung von Innovation in Sachen Kultur und Sprache hat. Freiheit erkennt man auch im Umgang mit Sprache, mit den kulturellen Codes, den bürgerlichen Ästhetiken. Da sieht es bescheiden aus. Die aktu-

Die Sprache ist nicht nur Haus des Seins, sondern die Halsschlagader unserer Kultur. Wer sie zu prägen in der Lage ist, definiert die Kultur.

elle Sprache der Politik ist in weiten Teilen zur Exnovation freigegebenes Areal nichtssagender Floskeln und anämischer Expressivität geworden. Der Erfolg der Populisten links, rechts und teilweise der ökologischen Mitte ist, dass sie sich nicht an das Ödnis-Protokoll politischer, ökonomischer oder liberaler Korrektheit halten.

Die politischen Durchsetzungsfähigkeiten der Zukunft werden auch durch die Akzeptanz mutiger Eigensprachlichkeiten definiert.

Der Liberalismus muss Herold des Aufstiegs sein. Leistungsgerechte Selbstsetzung durch Fleiß in Freiheit muss die Antwort auf die drängenden sozialen Fragen der Gegenwart sein. Dazu muss auch der politisch organisierte Liberalismus seine öde Honoratiorenhaftigkeit, die niemanden mehr – außer kleine lustlose Nischen – erreicht, aufbiegen und die Codes des Aufstiegs abseits des Parvenühaften, das in der FDP sehr präsent ist, verstehen lernen, weil in diesen Codes auch die Codes für eine frische, nicht öde Erzählung ihrer Anliegen versteckt sind. Nur freie Menschen können für die Freiheit werben. Ihre Poesie muss existenziell von ihrer Freiheit künden: Nichts ist verräterischer als eine stumpfe Sprache mit fahlen Wörtern.

ANMERKUNGEN

1 SPD (1959): Godesberger Programm. Grundsatzprogramm der Sozialdemokratischen Partei Deutschlands. Beschlossen vom Außerordentlichen Parteitag der Sozialdemokratischen Partei Deutschlands in Bad Godesberg vom 13. bis 15. November 1959. Online abrufbar unter: https://www.spd.de/fileadmin/Dokumente/Beschluesse/Grundsatzprogramme/godesberger_programm.pdf, S. 15.

2 Raico, Ralph (1999): Die Partei der Freiheit. Studien zur Geschichte des deutschen Liberalismus. Stuttgart 1999, S. 24.

3 Raico, Ralph (1999): Die Partei der Freiheit. Studien zur Geschichte des deutschen Liberalismus. Stuttgart 1999, S. 150.

4 Deutsches Aktieninstitut (2019): »Altersvorsorge mit Aktien Zukunftsfest machen, was Deutschland von anderen Ländern lernen kann« Studie d. Deutschen Aktieninstituts vom 26.06.2019.

5 von Humboldt, Wilhelm (1792): Ideen zu einem Versuch, die Grenzen der Wirksamkeit des Staats zu bestimmen. Online abrufbar unter: https://homepage.univie.ac.at/henning.schluss/seminare/089-Bildung-Politik-%D6ffentlichkeit/TExte/Humboldt_Grenzen_des_Staates-gek%FCrzt.pdf

6 Mill, John Stuart (1859): On Liberty. London 1859.

7 Bundesministerium für Arbeit und Soziales (2020): Sozialbudget 2019. Online abrufbar unter: https://www.bmas.de/SharedDocs/Downloads/DE/PDF-Publikationen/a230-19-sozialbudget-2019.pdf?__blob=publicationFile&v=1.

8 Menger, Carl (1871): Grundsätze der Volkswirtschaftslehre. Wien 1871.

9 Frankfurter Allgemeine Zeitung (2013): »Stille Liebe zur Planwirtschaft«, Nr. 276 vom 27. November 2013.

10 Von Mises, Ludwig (1929): Kritik des Interventionismus.

11 UN (2019): World Investment Report 2019. Online abrufbar unter: https://unctad.org/en/PublicationsLibrary/wir2019_en.pdf.

12 Kooperation international: Sophia Antipolis. Online abrufbar unter: https://www.kooperation-international.de/laender/hightech-regionen/sophia-antipolis/.

13 Zabrzynski, Katharina; Brzoska, Maike (2017: Am Tropf der Weltkonzerne. Deutschlandfunk. Online abrufbar unter: https://www.deutschlandfunk.de/sonderwirtschaftszonen-in-polen-am-tropf-der-weltkonzerne.724.de.html?dram:article_id=384417.

14 HM Government: What are Enterprise Zones? Online abrufbar unter: https://enterprisezones.communities.gov.uk/about-enterprise-zones/#businesses.

15 Kooperation international: Shenzhen. Online abrufbar unter: https://www.kooperation-international.de/laender/hightech-regionen/shenzhen/.

16 Bertelsmann Stiftung: Reurbanisierung 2018. Online abrufbar unter: https://www.bertelsmann-stiftung.de/fileadmin/files/Projekte/74_Wegweiser-Kommune/Reurbanisierung_2018_final.pdf.

17 Deutsche Bundesbank (2005): Monatsbericht April 2005, S. 15, Die Änderungen am Stabilitäts- und Wachstumspakt.

18 bpb (2020): Öffentlicher Schuldenstand. Online abrufbar unter: https://www.bpb.de/nachschlagen/zahlen-und-fakten/europa/70570/oeffentlicher-schuldenstand.

19 https://www.destatis.de

20 Bundesverbandes Deutsche Startups e.V. (2019): Deutscher Startup Monitor 2019 – Mehr Mut, neue Wege, S. 56f.

21 EY (2020): Rekordsummen für deutsche Start-ups – Standort Berlin bleibt vorn, München holt auf. Pressemitteilung. Online abrufbar unter: https://www.ey.com/de_de/news/2020/01/ey-start-up-barometer-januar-2020.

22 Taxing Wages 2020, OECD.

23 Autorengruppe Bildungsberichterstattung (2020): Bildung in Deutschland 2020. Ein indikatorgestützter Bericht mit einer Analyse zu Bildung in einer digitalisierten Welt, Online abrufbar unter: https://www.bildungsbericht.de/static_pdfs/bildungsbericht-2020.pdf, S. 62.

24 https://de.statista.com/

25 IMD Switzerland, IMD World Competitiveness Center, Imd world digital competitiveness rankings 2019, S. 26.

26 European Comission: The Digital Economy and Society Index (DESI). Online abrufbar unter: https://ec.europa.eu/digital-single-market/en/desi.

27 CB Insights: The Global Unicorn Club. Online abrufbar unter: https://www.cbinsights.com/research-unicorn-companies.

28 https://www.e-fi.de/fileadmin/Pressemitteilungen/Pressemitteilungen_2016/EFI_Pressemitteilung_E-Government.pdf

29 ZEIT Online (2018): Studierende wollen in den Staatsdienst. 24. Juli 2018. Online abrufbar unter: https://www.zeit.de/gesellschaft/zeitgeschehen/2018-07/oeffentlicher-dienst-berufswahl-studenten-studie.

30 Weltbank: Government expenditure on education, total (% of GDP). Online abrufbar unter: https://data.worldbank.org/indicator/SE.XPD.TOTL.GD.ZS?year_high_desc=true.

31 OECD (2019): Aktuelle Zahlen zu öffentlichen Sozialausgaben - Januar 2019. Online abrufbar unter: https://www.oecd.org/berlin/presse/aktuelle-zahlen-zu-oeffentlichen-sozialausgaben-23012019.htm.

32 bpb (2020): Soziale Marktwirtschaft. Online abrufbar unter: https://www.bpb.de/nachschlagen/lexika/lexikon-der-wirtschaft/20642/soziale-marktwirtschaft.

33 OECD (2018): A Broken Social Elevator? How to Promote Social Mobility. Onine abrufbar unter: https://doi.org/10.1787/9789264301085-en.

34 World Economic Forum (2020): Global Social Mobility Index 2020: why economies benefit from fixing inequality. Online abrufbar unter: https://www.weforum.org/reports/global-social-mobility-index-2020-why-economies-benefit-from-fixing-inequality.

35 Die Welt (2019): Trotz Milliardeninvestitionen ächzen Deutschlands Brücken. Nikolaus Doll, 22. Januar 2019. Online abrufbar unter: https://www.welt.de/wirtschaft/article187446704/Infrastruktur-In-diesem-miesen-Zustand-sind-Deutschlands-Bruecken.html.

36 Tagesschau (2020): Wenig Solidarität mit klammen Kommunen. Online abrufbar unter: https://www.tagesschau.de/wirtschaft/altschulden-kommunen-101.html.

37 Bundesverband Deutsche Startups e.V (2019): Deutscher Startup Monitor 2019. Online abrufbar unter: https://deutscherstartupmonitor.de/fileadmin/dsm/dsm-19/files/Deutscher_Start-Monitor_2019.pdf.

38 Ebd.

39 Deutscher Bundestag (2020): Volkswirtschaftliche Effekte von Sonderwirtschaftszonen in Entwicklungs- und Schwellenländern. Online abrufbar unter: https://www.bundestag.de/resource/blob/585450/283fc039169b49d58408f79e6e90b133/WD-5-143-18-pdf-data.pdf.

40 Europäische Kommission (2020): Ländliche Entwicklung. Online abrufbar unter: https://ec.europa.eu/regional_policy/de/policy/themes/rural-development/.

41 Europäische Kommission (2020): Eures in Grenzregionen. Online abrufbar unter: https://ec.europa.eu/eures/public/de/eures-in-cross-border-regions#/list.

42 BMI (2020): Grenzüberschreitende regionale Zusammenarbeit (GÜRZ). Online abrufbar unter: https://www.bmi.bund.de/DE/themen/heimat-integration/grenzueberschr-regionale-zusammenarbeit/grenz-regio-zusammenarbeit-node.html.

43 Pinker, Steven (2018): Aufklärung jetzt: Für Vernunft, Wissenschaft, Humanismus und Fortschritt. Eine Verteidigung. 2018, S. Fischer Verlag.

44 Siehe auch Thomas PETERSEN: »Wer sagt Ihnen, dass die Journalisten nicht Recht haben? Empirische Befunde über das Verhältnis von Wissenschaft und Medien sowie zur Risikowahrnehmung der Bevölkerung«. Online abrufbar unter: https://www.kernd.eu/kernd-wAssets/docs/fachzeitschrift-atw/2012/atw2012_06_wer_sagt_ihnen_dass_die_journalisten_nicht_recht_haben.pdf.

45 Harper‹s Magazine (2020): A Letter on Justice and Open Debate. 7. Juli 2020. Online abrufbar unter: https://harpers.org/a-letter-on-justice-and-open-debate/.

46 FinanzNachrichten (2020): ROUNDUP: EVP-Fraktionschef Weber gegen verschärften Klimaschutz »im Blindflug«. Online abrufbar unter: https://www.finanznachrichten.de/nachrichten-2020-06/50032456-roundup-evp-fraktionschef-weber-gegen-verschaerften-klimaschutz-im-blindflug-016.html.

47 Tageskarte (2020): Altmaier: »Kein Arbeitsplatz muss wegen Corona verloren gehen«. Online abrufbar unter: https://www.tageskarte.io/zahlen/detail/altmaier-kein-arbeitsplatz-muss-wegen-corona-verloren-gehen.html.

48 DLR Verkehr (2020): DLR-Befragung: Wie verändert Corona unsere Mobilität? Online abrufbar unter: https://verkehrsforschung.dlr.de/de/news/dlr-befragung-wie-veraendert-corona-unsere-mobilitaet.

49 CNBC (2016): Capitalism can‹t thrive on near-zero rates, Bill Gross says. Michelle Fox, 27. Juli 2016. Online abrufbar unter: https://www.cnbc.com/2016/07/27/capitalism-cant-thrive-on-near-zero-rates-bill-gross-says.html.

50 The European (2020): Wenn die Corona-Angst den Staat zum Leviathan macht. Gastbeitrag von Oliver Luksic, 29. April 2020. Online abrufbar unter: https://www.theeuropean.de/oliver-luksic/Corona-Angst-belebt-planwirtschaftliches-Denken.

51 The European (2019): Warnung vor dem Ökofundamentalismus. Gastbeitrag von Rainer Zitelmann, 28. Dezember 2019. Online abrufbar unter: https://www.theeuropean.de/rainer-zitelmann/die-fdp-hat-einen-neuen-vordenker/.

52 CAPX (2019): Driving in the wrong direction: the folly of Germany's green car agenda. Oliver Luksic, 25. September 2019. Online abrufbar unter: https://capx.co/driving-in-the-wrong-direction-the-folly-of-germanys-green-agenda/.

53 Siehe dazu NZZ-Gastkommentar »Bloss keine grüne Auto-Planwirtschaft«. Online abrufbar unter: https://www.nzz.ch/meinung/bloss-keine-gruene-auto-planwirtschaft-ld.1487585.

54 Memphis Talent Magnet Project: Technology, Talent, and Tolerance: Attracting the Best and Brightest to Memphis. Online abrufbar unter: https://www.networksnorthwest.org/userfiles/filemanager/1169/#:~:text=In%20short%2C%20tolerance%20attracts%20talent%3B%20talent%20attracts%20technology-driven,and%20high-technology%20success%20in%2050%20metropolitan%20.%20areas.

55 piqd (2019): Warum der Pessimismus dominiert - Steven Pinker im Interview. Thomas Wahl, 21. Juli 2019. Online abrufbar unter: https://www.piqd.de/medien-gesellschaft/warum-der-pessimismus-dominiert-steven-pinker-im-interview.

56 Lochmann, Markus (2007): 1.3.2.2 Montesquieu: Freiheit, Ehre und Angst. Online abrufbar unter: http://www.markus-lochmann.de/montesquieu-freiheit-ehre-und-angst/2396.

57 Markt der Zukunft (2010): Das Streben nach Glück – Schlüsselszene. YouTube.com, 7. März 2010. Online abrufbar unter: https://www.youtube.com/watch?v=OCKCHTv9eJQ.

58 Wikipedia: Michael Edwards. Online abrufbar unter: https://de.wikipedia.org/wiki/Michael_Edwards.

59 Kickstarter: Magnic Light iC: The first contactless rim dynamo. Online abrufbar unter: https://www.kickstarter.com/projects/dynamodirk/magnic-light-ic-intelligent-contactless-bicycle-dy?lang=de.

60 Geek Wire (2016): Amazon's Jeff Bezos on the Fire Pone: »We‹re working in much bigger failures right now«. Monica Nickelsburg, 19. Mai 2016. Online abrufbar unter: https://www.geekwire.com/2016/amazons-jeff-bezos-fire-phone-working-much-bigger-failures-right-now/.

61 Wikipedia: Großbrand von Herborn. Online abrufbar unter: https://de.wikipedia.org/wiki/Gro%C3%9Fbrand_von_Herborn.

62 Wikipedia: Auf Achse. Online abrufbar unter: https://de.wikipedia.org/wiki/Auf_Achse_(Fernsehserie).

63 Der Bank Blog (2018): Boris Becker - Ich bin drin. YouTube.com, 8. Januar 2018. Online abrufbar unter: https://www.youtube.com/watch?v=7ZL3dBE3fT0.

64 Bauernverband (2020): Situationsbericht 2019/20. 1.2 Jahrhundertvergleich. Online abrufbar unter: https://www.bauernverband.de/situationsbericht-19/1-landwirtschaft-und-gesamtwirtschaft/12-jahrhundertvergleich.

65 vgl. Statistisches Bundesamt. (28. Juli 2020). www.destatis.de. Von https://www.destatis.de/DE/Themen/Gesellschaft-Umwelt/Bevoelkerung/_inhalt.html abgerufen.

66 bpb (2018): Bevölkerungsentwicklung. Online abrufbar unter: https://www.bpb.de/nachschlagen/zahlen-und-fakten/globalisierung/52699/bevoelkerungsentwicklung.

67 European Scientist (2020): Europe‹s anti-science plague descends on Africa. James Njoroge, 17. Februar 2020. Online abrufbar unter: https://www.europeanscientist.com: https://www.europeanscientist.com/en/features/europes-anti-science-plague-descends-on-africa/.

68 vgl. Qaim, E.-M. M. (28. juli 2020). https://www.annualreviews.org/doi/10.1146/annurev-resource-100517-023252. Von https://www.annualreviews.org/doi/10.1146/annurev-resource-100517-023252: https://www.annualreviews.org/doi/10.1146/annurev-resource-100517-023252 abgerufen.

69 Kommunal (2018): Studie: Trend zum Landleben gewinnt rasant an Fahrt. Christian Erhardt, 12. Dezember 2018. Online abrufbar unter: https://kommunal.de/landleben-boomt.

70 Horizont (2020): So reagiert Twitter auf die Kampagne von Landwirtschaftsministerin Julia Klöckner. Tim Theobald, 21. Januar 2020. Online abrufbar unter: https://www.horizont.net/marketing/nachrichten/dorfkinder-so-reagiert-twitter-auf-die-kampagne-von-landwirtschaftsministerin-julia-kloeckner-180248.

71 sinus (2020): Jetzt erhältlich: Sinus-Jugendstudie 2020. Pressemitteilung. Online abrufbar unter: https://www.sinus-institut.de/veroeffentlichungen/meldungen/detail/news/jetzt-erhaeltlich-sinus-jugendstudie-2020/news-a/show/news-c/NewsItem/news-from/13/.

72 ifo Institut (2016): Diskussion: Förderung von Produktivität und Gleichheit: Eine Doppelte Herausforderung. Christian Kastrop, 27. Juni 2016. Online abrufbar unter: https://www.ifo.de/node/41209.

73 Küster, H.: Geschichte des Waldes. Von der Urzeit bis zur Gegenwart. Abgerufen am 7. 7 2019.

74 Korte, P. K. (2020). (G. Steingart, Interviewer): Gabor Steingart – Das Morning Briefing. Online abrufbar unter: https://news.gaborsteingart.com/online.php?u=eGEzqdl4327.

75 Bundesministerium für Umwelt, Naturschutz und nukleare Sicherheit: Zukunftsbild »Landwirtschaft«. Online abrufbar unter: https://www.bmu.de/wir-schafft-wunder/zukunftsbild-landwirtschaft/.

76 Deutsche Apothekerzeitung (2020): Keine Umweltverträglichkeitsprüfung bei bestimmten COVID-19-Arzneimitteln. Online abrufbar unter: https://www.deutsche-apotheker-zeitung.de/news/artikel/2020/07/17/keine-umweltvertraeglichkeitspruefung-bei-bestimmten-covid-19-arzneimitteln.

77 Focus Online (2020): Kaum Verkehr, trotzdem Stickoxid-Spitzenwerte: Corona entlarvt Fahrverbote als sinnlos. Martin Schraag, 12. Mai 2020. Online abrufbar unter: https://www.focus.de/auto/news/diesel-fahrverbote-kaum-verkehr-trotzdem-schlechte-luft-corona-entlarvt-fahrverbote-als-sinnlos_id_11866874.html.

78 Munich Startup (2020): Venture Capital erlebte 2019 Rekordjahr in Deutschland. Maximilian Feigl, 3. März 2020. Online abrufbar unter: https://www.munich-startup.de/58078/venture-capital-2019/ beziehen sich auf eine Studie von White Star Capital.

79 CB Insights: The Global Unicorn Club. Abrufbar unter: https://www.cbinsights.com/research-unicorn-companies.

80 Handelsblatt (2020): Deutschland fällt zurück, ist aber bei einigen Top-Patenten überraschend führend. Ulf Sommer, 3. Juni 2020. Online abrufbar unter: https://www.handelsblatt.com/unternehmen/management/geistiges-eigentum-deutschland-faellt-zurueck-ist-aber-bei-einigen-top-patenten-ueberraschend-fuehrend/25880530.html.

81 Umweltbundesamt Energie. Online abrufbar unter: https://www.umweltbundesamt.de/daten/energie/energieverbrauch-nach-energietraegern-sektoren.

82 Statistisches Bundesamt: Publikation „Bildung und Kultur – Prüfungen an Hochschulen". Online abrufbar unter: https://www.destatis.de/DE/Themen/Gesellschaft-Umwelt/Bildung-Forschung-Kultur/Hochschulen/Publikationen/Downloads-Hochschulen/pruefungen-hochschulen-2110420187004.pdf?__blob=publicationFile.

83 Bertelsmann Stiftung (2013): „Technischer Fortschritt und Arbeitsmarkt – Umfrageergebnisse einer repräsentativen Arbeitnehmerbefragung". Online abrufbar unter: https://www.bertelsmann-stiftung.de/fileadmin/files/BSt/Presse/imported/downloads/xcms_bst_dms_39086_39087_2.pdf, S. 6-14.

84 Bundesministerium für Wirtschaft und Energie: Automobilindustrie. Online abrufbar unter: https://www.bmwi.de/Redaktion/DE/Textsammlungen/Branchenfokus/Industrie/branchenfokus-automobilindustrie.html#:~:text=Die%20Unternehmen%20der%20Branche%20erwirtschafteten,direkt%20mehr%20als%20833.000%20Personen.&text=Die%20Fahrzeug%2D%20und%20Motorenhersteller%20tragen,zum%20Gesamtumsatz%20der%20Automobilindustrie%20bei.

85 Agora Verkehrswende (2018): „Klimaschutz im Verkehr: Maßnahmen zur Erreichung des Sektorziels 2030". Online abrufbar unter: https://www.agora-verkehrswende.de/fileadmin/Projekte/2017/Klimaschutzszenarien/Agora_Verkehswende_Klimaschutz_im_Verkehr_Massnahmen_zur_Erreichung_des_Sektorziels_2030.pdf, S. 11.

86 Bundesministerium für Umwelt, Naturschutz, Bau und Reaktorsicherheit (2016): Klimaschutzplan 2050, Klimaschutzpolitische Grundsätze und Ziele der Bundesregierung, S. 51.

87 Ebd.

88 Immen, Stephan (2020): Pressemitteilung – Kraftfahrtbundesamt: Der Fahrzeugbestand am 1. Januar 2020. Online abrufbar unter: https://www.kba.de/DE/Presse/Pressemitteilungen/2020/Fahrzeugbestand/pm06_fz_bestand_pm_komplett.html?nn=646300 [zuletzt aufgerufen am 24.08.2020].

89 Ebd.

90 Verband der Automobilindustrie (2019): Deutscher Pkw-Markt 2019 im Plus. Online abrufbar unter: https://www.vda.de/de/presse/Pressemeldungen/200106-Deutscher-Pkw-Markt-2019-im-Plus.html [zuletzt aufgerufen am 24.08.2020].

91 Europäisches Parlament (2019): Neue CO2-Emissionsgrenzwerte für Pkw und Transporter gefordert. Online abrufbar unter: https://www.europarl.europa.eu/news/de/press-room/20190321IPR32112/neue-co2-emissionsgrenzwerte-fur-pkw-und-transporter-gefordert [zuletzt aufgerufen am 24.08.2020].

92 Brandt, Mathias (2017): Deutsches Web zu langsam für die Weltspitze. Statista. Online abrufbar unter: https://de.statista.com/infografik/1064/top-10-laender-mit-dem-schnellsten-internetzugang/ [zuletzt aufgerufen am 24.08.2020].

93 Nassehi, Armin (2018): Gab es 1968?: eine Spurensuche. Hamburg 2018.

94 Gümüsay, Kübra (2020): Sprache und Sein. Berlin 2020.

95 taz (2020): Keine Angst vor bellenden Hunden. »Sprache und Sein« von Kübra Gümüsay. Armin Waibel, 3. Februar 2020. Online abrufbar unter: https://taz.de/Sprache-und-Sein-von-Kuebra-Guemueay/!5657101/.

96 bpb (2020): Öffentlicher Schuldenstand. Online abrufbar unter: https://www.bpb.de/nachschlagen/zahlen-und-fakten/europa/70570/oeffentlicher-schuldenstand.

97 European Comission (2020): Europäische Union: Prognose zur Staatsverschuldung in den Mitgliedsstaaten von 2019 bis 2021. Statista.de. Online abrufbar unter: https://de.statista.com/statistik/daten/studie/207261/umfrage/prognose-der-staatsverschuldung-von-ausgewaehlten-europaeischen-laendern/.

98 bpb (2019): Einkommensungleichheit. Online abrufbar unter: https://www.bpb.de/nachschlagen/zahlen-und-fakten/europa/70631/einkommensungleichheit.

99 bpb (2019): Armut. Online abrufbar unter: https://www.bpb.de/nachschlagen/zahlen-und-fakten/europa/70619/armut-vor-und-nach-sozialleistungen.

100 bpb (2016): Jugendarbeitslosigkeit in Europa. Online abrufbar unter: https://www.bpb.de/politik/hintergrund-aktuell/225124/jugendarbeitslosigkeit-in-europa.

101 Eurostat (2020): Europäische Union: Jugendarbeitslosenquoten in den Mitgliedstaaten im Juni 2020. Statista.de. Online abrufbar unter: https://de.statista.com/statistik/daten/studie/74795/umfrage/jugendarbeitslosigkeit-in-europa/.

102 Bildung auf einen Blick 2019, OECD-INDIKATOREN, S 332

103 Wikipedia.de: Liste der Länder nach Vermögen pro Kopf. Online abrufbar unter: https://de.wikipedia.org/wiki/Liste_der_Länder_nach_Vermögen_pro_Kopf.

Fortschritt

Johan Norberg

Unsere Welt scheint zu kollabieren. Jeden Tag werden wir von Nachrichten erschlagen, wie schlimm alles ist – Klimakollaps, Weltsystemcrash, Arbeitslosigkeit, Armut, Krankheit, Hunger und Krieg. Es scheint als stünde unsere Welt am Rande des Zusammenbruchs, und doch haben wir in den letzten 100 Jahren mehr Fortschritte gemacht als in den ersten 100 000 Jahren der Menschheitsgeschichte.

Während Politiker, Journalisten und Aktivisten auf allen Seiten über Schäden und Verursacher sprechen, bietet Johan Norberg einen erhellenden und ermutigenden Fortschrittsbericht zur Lösung der größten Probleme der Menschheit. Aller Panikmache und Schwarzseherei zum Trotz sind die Fakten eindeutig: Das goldene Zeitalter ist jetzt.

272 Seiten | Softcover | 18,99 € (D) | 19,60 € (A) | ISBN 978-3-95972-287-2

Kapitalismus ist nicht das Problem, sondern die Lösung

Rainer Zitelmann

„Der Markt hat versagt, wir brauchen mehr Staat!" – das behaupten seit dem Ausbruch der Finanzkrise vor zehn Jahren Politik, Medien und Intellektuelle. Rainer Zitelmann, mehrfacher Bestsellerautor, vertritt die Gegenthese: Mehr Kapitalismus tut den Menschen gut.
Der Autor zeigt: In Ländern, in denen der Staat seinen Einfluss beschränkt und die Menschen dem Markt mehr vertrauen, steigt der Wohlstand und geht die Armut zurück. Der Kapitalismus hat gewaltige Probleme gelöst – und dies immer wieder in der Geschichte der Menschheit. Die größte Gefahr für unseren Wohlstand ist, dass diese Erfahrungen in Vergessenheit geraten.
Ein hochaktuelles Buch in einer Zeit, in der der Staat sich immer hemmungsloser mit planwirtschaftlichen Methoden in das Leben von Menschen und Unternehmen einmischt.

288 Seiten | Hardcover | 24,99 € (D) | 25,70 € (A) | ISBN 978-3-95972-088-5

Die ältesten Familienunternehmen Deutschlands

Wolfgang Seidel

Sie sind die Erfinder des Eau de Cologne, der modernen Rotationsdruckmaschine, des Kipplasters, des Teddybärs, des Druckknopfs, der Schuhcreme, ja selbst des modernen Zoos. Familienunternehmen haben in Deutschland eine jahrhundertealte Tradition und sind Weltmarktführer und Hidden Champions.
Die Gründung der ältesten Familienunternehmen reicht bis ins 16. Jahrhundert zurück. Sie befinden sich seit über 15 Generationen im Besitz der Familie – bis heute. Der Autor zeigt, was es bedeutet, Familienbetriebe durch Revolutionen, technische Umbrüche, sich dramatisch verändernde Märkte, Geldentwertung, Familienzwiste, politisch widrige Umstände und zerstörerische Weltkriege zu bringen und dennoch erfolgreich in der Familie zu halten. Wolfgang Seidel hat mit den Eigentümerfamilien gesprochen und erzählt Wirtschafts- und Unternehmensgeschichte anhand von konkreten Unternehmensgeschichten.

336 Seiten | Hardcover | 24,99 € (D) | 25,70 € (A) | ISBN 978-3-95972-246-9